neukirchener
theologie

Rolf Theobold

Kurzzeitseelsorge

Ein Praxisbuch

Neukirchener Theologie

Dieses Buch wurde auf FSC®-zertifiziertem Papier gedruckt.
FSC® (Forest Stewardship Council®) ist eine nichtstaatliche, gemeinnützige
Organisation, die sich für eine ökologische und sozialverantwortliche
Nutzung der Wälder unserer Erde einsetzt.

Bibliografische Information der Deutschen Nationalbibliothek

Die Deutsche Nationalbibliothek verzeichnet diese Publikation in der Deutschen
Nationalbibliografie; detaillierte bibliografische Daten sind im Internet über
http://dnb.d-nb.de abrufbar.

Umschlaggestaltung: Andreas Sonnhüter, www.sonnhueter.com
Lektorat: Ekkehard Starke
DTP: Dorothee Schönau
Gesamtherstellung: Hubert & Co., Göttingen
Printed in Germany
ISBN 978-3-7887-2952-3 (Print)
ISBN 978-3-7887-2953-0 (E-PDF)

www.neukirchener-verlage.de

Inhalt

Für Barbara, Aaron und Noah

Vorwort

Mit diesem Buch ist es mein Anliegen, die Erkenntnisse über Kurzzeittherapie und Kurzzeitseelsorge, die ich in einem über 10-jährigen Promotionsprozess gewinnen durfte (und natürlich auch in der Praxis erprobt habe), nun nochmals in einer leicht lesbaren Form auch denen vorzustellen, die aus nachvollziehbaren Gründen keine Promotionsschrift lesen wollen. Gleichwohl ist, wie mein Doktorvater Michael Klessmann im Vorwort bestätigt, meine Promotion doch auch in einer durchaus verständlichen Sprache verfasst. Und so macht es Sinn, wenn Sie, liebe/r Leser/in, Lust am Thema finden, Sie zur Vertiefung auch auf die entsprechende Veröffentlichung unter dem Titel »Zwischen Smalltalk und Therapie« zu verweisen. Dort werden die hier behandelten Kurzzeitverfahren nochmals ausführlicher dargestellt und diskutiert. Außerdem finden Sie dort auch noch ergänzende Themen und Hinweise zu weiteren Verfahren, auch zu wichtigen Impulsen aus Langzeitverfahren, insbesondere der Integrativen Therapie. Überdies bin ich dort auch der Frage nachgegangen, ob und wie eine Kirchengemeinde eine soziale Ressource sein kann.

In diesem Buch habe ich dagegen versucht, mich einerseits ausdrücklich auf das zu beschränken, was unmittelbar für eine alltagstaugliche Kurzzeitseelsorge wichtig ist. Um den Anforderungen der Praxis gerecht zu werden, habe ich dabei zugleich andererseits manche Praxisstrategien auch ausführlicher dargestellt als in meiner Promotion. Zudem war es mein Ziel, die Sachverhalte so zu beschreiben, dass auch Leser/innen ohne entsprechende Vorkenntnisse die Gedankengänge möglichst gut nachvollziehen können. Das Buch folgt der Idee eines leicht lesbaren Praxisbuches. Die Wissenschaftlichkeit ist im Hintergrund vorhanden, soll aber zumindest in Form und Diktion nicht allzu sehr in den Vordergrund treten.

Um der guten Lesbarkeit willen war es mir darum auch ein Anliegen, den Anmerkungsapparat möglichst knapp zu halten. Natürlich hätte man teilweise hinter fast jeden zweiten oder dritten Satz eine Anmerkung einfügen können, häufig sogar mehrere, weil es sich bei dem kurzzeittherapeutischen Know-How oft auch um geteiltes Wissen handelt. Das bedeutet übrigens auch, dass, wenn ich zu einem bestimmten Thema auf einen bestimmten Autor verweise, damit nicht gesagt ist, dass nicht auch andere Autoren/innen das Thema so oder so ähnlich behandeln. Zu Beginn vieler Kapitel habe ich themenspezifische Literaturangaben eingefügt, die helfen sollen, die Themen schnell in der kurzzeittherapeutischen Original- und Sekundärliteratur zu finden. Gleichwohl habe ich versucht, mich insgesamt doch auf die Anmerkungen zu beschränken, die mir unerlässlich schienen. Vielleicht sind es immer noch zu viele Anmerkungen, manchem vielleicht auch zu wenig. Dieselbe Einschränkung gilt für die Auswahl an Literatur. Auch hier ging es mir vor allem um Übersichtlichkeit und Konzentration auf die m. E. wesentlichen Bücher, die dann auch den Anreiz zur eigenen Vertiefung nicht durch überbordende Literaturangaben gleich im Keim wieder ersticken. Auch hier mag es dem einen noch zu viel, dem anderen zu wenig sein.

Um denen die Ehre zu geben, die sie vor allem verdient haben, insbesondere also den Pionieren der Kurzzeitverfahren, möchte ich an dieser Stelle ausdrücklich sagen, dass ich die Erkenntnisse über Kurzzeitverfahren im Wesentlichen Milton Erickson, Richard Bandler und John Grinder, Steve De Shazer und seiner Ehefrau Insoo Kim Berg, Gunther Schmidt, Luc Isebaert, Jeff Zeig und Manfred Prior verdanke. Ihre Bücher habe ich gelesen, manche von ihnen (Schmidt, Isebaert, Zeig und Prior) auch durch Vorträge und Workshops persönlich kennengelernt. Sie stehen für mich im Hintergrund der Erkenntnisse, die ich aus den Kurzzeitverfahren für Seelsorge fruchtbar zu machen versuche. Und ich bitte alle Vertreter der Kurzzeitverfahren um Verständnis, dass ich ihnen in diesem Buch nicht durch übermäßige Zitation, sondern durch hoffentlich leicht lesbare Wiedergabe ihrer Ideen die gemessene Anerkennung zollen möchte. Sie haben mein eigenes Seelsorgeverständnis und auch meine Seelsorgearbeit sehr bereichert. Dafür fühle ich mich ihnen zu Dank verpflichtet. Der Dank gilt entsprechend auch den Autoren/innen der Sekundärliteratur, die die Gedanken der Pioniere auf je ihre Weise wiedergegeben haben.

Die Literatur dieser Pioniere und wichtige Sekundärliteratur in Auswahl sowie einige weitere ergänzende Bücher habe ich zur vertiefenden Weiterarbeit in einer kommentierten Literaturliste zusammengestellt (siehe Kapitel 12.2). Die Verweise auf die dort aufgeführte Literatur erfolgen in abgekürzter Form. Einige wenige andere Literatur wird an Ort und Stelle jeweils mit vollständigen Angaben zitiert. In beiden Fällen zitiere ich in der von mir verwendeten Auflage.

Mein eigener Beitrag in diesem Buch besteht, neben der hoffentlich adäquaten Wiedergabe kurzzeittherapeutischer Konzepte, im Wesentlichen aus Überlegungen, wie man diese Erkenntnisse für Seelsorge nutzen kann. Auch hierbei stehe ich nicht allein. Insbesondere Timm H. Lohse ist hier für seinen anregenden Vorstoß auf diesem Gebiet zu danken. In meiner Dissertation verweise ich auch noch auf Christoph Morgenthaler und Gina Schibler sowie auf Christoph Schneider-Harpprecht, die für andere Kontexte (Universität und Lateinamerika) ebenfalls wertvolle kurzzeitseelsorgerliche Ideen entwickelt haben. Auch in jüngeren praktisch theologischen Lehrbüchern bekommen Kurzzeitverfahren mittlerweile einige Aufmerksamkeit, so z.b. schon recht ausführlich bei Michael Herbst: »beziehungsweise«, Neukirchen-Vluyn 2012.

Mein Dank gilt meinem Lektor Ekkehard Starke vom Neukirchener Verlag, der auch den Anstoß zu diesem Projekt gegeben hat, und meiner Ehefrau Barbara für die kritische Durchsicht des Manuskriptes. Danken möchte ich auch allen Teilnehmenden meines Seminars in Greifswald im Sommersemester 2015 für ihre engagierte Auseinandersetzung mit dem Thema.

Stärker als in meiner Dissertation beschäftige ich mich in diesem Buch mit der Frage nach speziell christlichen Möglichkeiten, die sich aus kurzzeitseelsorgerlicher Perspektive ergeben können. Dabei gehe ich in diesen Überlegungen bewusst nicht primär wissenschaftlich vor, sondern stelle die entsprechenden Fragen und Anregungen auf dem Hintergrund meiner eigenen seelsorgerlichen Praxis und auf dem Hintergrund meines eigenen Glaubenslebens. Vielleicht mag das für manche zu wenig wissenschaftlich fundiert sein, aber dafür ist es für andere hoffentlich eine Anregung zum eigenen Weiterdenken.

Überhaupt wünsche ich mir, dass viele Seelsorger/innen auf ganz praktische und persönliche Weise oder auch auf wissenschaftliche Weise weiterhin die Möglichkeiten ausloten, die sich aus den Kurzzeitverfahren für die Seelsorge ergeben. Es gibt noch viel zu entdecken – und vielleicht auch das eine oder andere zu verändern oder zu korrigieren. Was zählt, ist am Ende ohnehin nicht die perfekte Theorie (Wem würde die helfen, wenn es sie gäbe?), sondern was zählt, ist, dass wir gemeinsam an etwas arbeiten, das sich als hilfreich und nützlich für die Menschen erweist, die Seelsorge suchen.

Köln/Greifswald, im August 2015   Rolf Theobold

1 Einleitung

1.1 Der Mensch ist keine Maschine

Wenn der Mensch eine Maschine wäre, dann müsste man im Krisenfall nur wissen, welche Knöpfe man drücken und welche Schrauben man festziehen muss, damit sie wieder funktioniert. Dann wäre Seelsorge eine Art Technik, die man nur richtig anwenden muss. Der Mensch ist aber ein Ebenbild Gottes, unergründlich wie Gott selbst. Alles, was wir vom Menschen zu verstehen glauben, sind immer nur Teilaspekte, immer nur eine Ansicht, eine »Schau«, eine »Theorie« (von altgriechisch »schauen«) aus einer bestimmten Perspektive. Innerhalb einer solch geschlossenen Perspektive scheinen wahre Einsichten aufzuleuchten. Aber sobald die Geschlossenheit einer solchen Perspektive verlassen wird, erscheint alles wieder in einem neuen Licht. Und alles, was zuvor klar wirkte, jetzt erscheint es wieder fraglich. Und mit den neuen Draufsichten drängen sich neue Einsichten auf. Bis man wieder die Perspektive wechselt. Aller theologischen, philosophischen und psychologischen Versuche zum Trotz: Das Rätsel des Menschen ist nicht gelöst. Es gibt keine abschließend gültige Theorie, die lehrt, wie der Mensch richtig funktioniert. Wäre es so, wäre der Mensch in der Tat eine Maschine.

Vielleicht ist für Philosophen das Rätsel des Menschen noch am besten auszuhalten, weil es stets zu neuem Philosophieren anhält. Vielleicht ist für die Theologen das Rätsel schon etwas schwerer auszuhalten, vor allem, wenn man glaubt, die richtige Theologie zu haben. Gleichwohl ist den Theologen mit der Metapher der »Gottebenbildlichkeit« der Respekt vor der Unergründlichkeit des Menschen von Anfang an aufgetragen. Am schwierigsten ist das Rätsel des Menschen vielleicht für diejenigen auszuhalten, die tagtäglich mit Menschen arbeiten müssen, vor allem mit Menschen, die ganz offensichtlich leiden und etwas in ihrem Leben verändern möchten. Von ihnen, den Psychotherapeuten, wird erwartet, dass sie wissen, was richtig ist und was ein gutes Leben ist und wie man dahin kommt. Und ihre Theorien lesen sich bisweilen so, als würden sie das selbst glauben. Nur scheinbar wird das dann kaschiert mit der bescheiden klingenden Ermutigung, der Patient möge doch selbst zur Einsicht kommen. Zu welcher? Zu derjenigen, die im Rahmen der eigenen Theorie die richtige ist?[1]

Für Seelsorge, die seit bald 100 Jahren immer wieder von der Psychotherapie lernt und deren methodisches Repertoire für die eigene Arbeit nutzbar zu machen versucht, ist die Gefahr mindestens genauso gegeben. Dort, wo simplifiziert wird, oft sogar noch mehr. Dennoch geht kein Weg daran vorbei, dass Menschen geholfen wird, wenn sie zum Psychotherapeuten oder zum Seelsorger kommen. Aber wie? Indem man in aller Bescheidenheit das tut, was funktioniert. Funktioniert etwas nicht oder nicht mehr, dann sollte man etwas anderes ausprobieren.[2] Die Frage der Wahrheit kann dabei in aller Demut zugleich gestellt und beiseitegestellt werden. Wichtiger ist, zu sehen, dass dort, wo Hilfe gesucht wird, etwas geschieht, was tatsächlich hilft. Dies geschieht in aller Regel dadurch, dass in der leidvollen Situation etwas ander(e)s gemacht wird oder ander(e)s gesehen, erlebt, gefühlt wird als bisher. Erlebt der Hilfesuchende diesen Unterschied als hilfreich – und er ist die einzige Instanz, die das beurteilen kann – dann ist ihm geholfen worden. Unabhängig von der jeweiligen Theorie ist das vermutlich der gemeinsame Nenner aller erfolgreichen Hilfe: einen Unterschied kreieren, der einen Unterschied macht.[3]

Was ich Ihnen in diesem Buch vorstellen möchte, sind Konzepte von Psychotherapie und davon inspirierter Seelsorge, die sich im Kern auf diese Aufgabe zu beschränken suchen, auf den Versuch also, Unterschiede einzuführen, die einen Unterschied machen. Weil dies mit Blick nach vorne auf eine mögliche Lösung geschieht, und weil dies offensichtlich vergleichsweise schnell geht, spricht man von »lösungsorientierter Kurzzeittherapie«. Kennzeichnend für diese Therapieform ist eine starke Zurückhaltung hinsichtlich der Frage, wie ein gutes Leben auszusehen hätte. Auch die quasi spiegelbildliche Reflexion über das kranke Leben (Pathologie) spielt kaum eine Rolle. Theorie beschränkt sich auf die Frage der Voraussetzungen und des Funktionierens von Unterschiedsbildungen. Ob die Unterschiede dann »gut« sind, jedenfalls nicht mehr »krank«, das entscheidet allein der jeweilige Patient. Nein, nicht der Patient, das Wort enthält ja schon die Idee der Krankheit. Die Entscheidung über die guten Unterschiede trifft das mündige Gegenüber, der Klient.

---

[1] Vgl. dazu das erhellende Buch von *Hilarion Petzold* und *Ilse Orth*, Mythen der Psychotherapie. Ideologien, Machtstrukturen und Wege kritischer Praxis, Paderborn 1999.
[2] So die ganz grundsätzliche Empfehlung von *De Shazer*, Kurztherapie, 167ff und *De Shazer*, Der Dreh, 73ff.
[3] Formulierung von Bateson, auf die sich insbesondere De Shazer immer wieder bezieht. *De Shazer*, Spiel, 170ff.

1.2 Helfen trotz knapper Zeit

Dieses Buch ist für alle geschrieben, die anderen Menschen gerne helfen möchten, die dafür aber oft nur wenig Zeit zur Verfügung haben. Auf den folgenden Seiten sollen Sie Ideen und Anregungen finden, wie man in kurzer Zeit dennoch hilfreiche Unterschiede kreieren kann. Zugleich erfordern diese Anregungen den Mut, damit gleichsam experimentierfreudig und spielerisch in der eigenen Praxis Erfahrungen zu sammeln – gemeinsam mit dem Gesprächspartner. Ob etwas hilfreich ist, kann Ihnen nur Ihr jeweiliges Gegenüber sagen. Aber ohne dass Sie ihm Impulse für hilfreiche Unterschiede geben, gibt es für ihn nichts Neues, nichts anderes, das er ausprobieren kann.[4] So entsteht ein gemeinsames »Spiel mit Unterschieden« (De Shazer) zwischen zwei Partnern. Den Aufschlag haben abwechselnd beide; die Punkte, die gelten, zählt jedoch allein Ihr Gegenüber.

In besonderer Weise, so jedenfalls meine Erfahrung, ist die Seelsorgearbeit in der Gemeinde damit konfrontiert, dass für seelsorgerliche Gespräche oft wenig Zeit bleibt. Das trifft insbesondere zu für alle hauptberuflich Tätigen. An erster Stelle vielleicht für die Pfarrer/innen, die man ja zu Recht auch als Seelsorger/innen[5] bezeichnet. Die Realität aber ist, dass neben und zwischen all den anderen Verpflichtungen, die von ihnen erwartet werden, oft nur kurze Zeitfenster für seelsorgerliche Gespräche bleiben. Und manchmal sprichwörtlich nur zwischen Tür und Angel. Aber auch Diakone, Jugendreferenten, Gemeindepädagogen, Kirchenmusiker, Küster, Gemeindesekretärinnen machen die Erfahrung, dass Menschen von ihnen gelegentlich oder regelmäßig seelsorgerliche Zuwendung erwünschen, dafür aber meist nur wenig Zeit bleibt. Etwas anders ist es auf den ersten Blick bei Krankenhausseelsorgern, die ja ihre Zeit zu fast 100% für seelsorgerliche Gespräche zur Verfügung haben. Aber wenn man das in Relation zu den eigentlich zu besuchenden Patienten setzt, wird auch hier die Zeit wieder sehr knapp. Ehrenamtliche Seelsorger werden auf ihre Weise auch die Erfahrung machen, dass die Zeit immer begrenzt ist. Neben ihrem Ehrenamt haben sie ja auch noch anderes zu tun. Die Reihe der Menschen, die solche Erfahrungen von seelsorgerlicher Zeitknappheit machen, ließe sich vermutlich noch lange fortsetzen, ich denke zum Beispiel an Mitarbeitende in den vielfältigen Aufgabengebieten der Diakonie. Der Begriff »Seelsorge« ist zwar meist nur im kirchlichen Bereich üblich, aber hilfreiche seelsorgerliche Gespräche werden auch in vielen anderen Bereichen unserer Gesellschaft immer wieder an

---

4 *Arnold Retzer*, Passagen. Systemische Erkundungen, Stuttgart 2006 (2. Auflage), 59ff.
5 Im Folgenden benutze ich um der guten Lesbarkeit willen oft nur die männliche Form. Gemeint sind aber immer beide Geschlechter.

gefragt und müssen auch dort oftmals im Rahmen großer Zeitknappheit ihre Nischen suchen.

So hoffe ich, dass die Anregungen dieses Buches von allen als hilfreich empfunden werden, die auf die eine oder andere Weise die Erfahrung machen, dass für Seelsorge eben nur begrenzte Zeit zur Verfügung steht. Die Anregungen dieses Buches sollen helfen, die begrenzte Zeit nicht nur zu bedauern oder zu betrauern, sondern zu sehen, dass darin auch ganz eigene Chancen liegen. Gerade die begrenzte Zeit zwingt, sich auf das zu beschränken, was möglichst schnell hilfreiche Unterschiede schaffen kann. Und in dieser Beschränkung liegt das Potential der Kurzzeitverfahren. Kurzzeitverfahren sind so gesehen kein Notprogramm aus Zeitmangel, sondern absichtliche Konzentration auf das, was unmittelbar funktioniert. Diese Konzentration ist die ›Tugend‹ der Kurzverfahren. Diese ›Tugend‹ trifft nun auf die ›Not‹ aller derjenigen, die anderen Menschen in kurzer Zeit etwas Hilfreiches mit auf den Weg geben möchten.

2 Die Grundlagen

Dieses Kapitel ist für alle interessant, die gerne wissen möchten, auf welche psychotherapeutischen und philosophischen Konzepte sich Kurzzeitseelsorge beruft. Alle, die lieber gleich mit Anregungen für die Praxis beginnen möchten, können dieses Kapitel auch überspringen und – bei Bedarf – später darauf zurückkommen.

Kurzzeittherapie ist keineswegs so etwas wie eine verkürzte Langzeittherapie, sondern ein eigener Ansatz. Wesentlich ist ein Paradigmenwechsel, der von der Problemorientierung zur Lösungsorientierung führt. Ich will das kurz veranschaulichen. Es gibt einen alten Songtext, der heißt »You have to get in to get out!« (Genesis). So könnte man das Paradigma der Problemorientierung beschreiben. Man muss erst in das Problem »hineingehen«, um wieder herauszukommen. Die meisten tiefenpsychologischen Verfahren arbeiten so. Das neue Paradigma der Lösungsorientierung könnte man nun umschreiben mit »You have to get out to get out!«. Man muss also einfach aus dem Problem herausgehen, um herauszukommen. Steve De Shazer hat das einmal sinngemäß so formuliert: *Wenn mich jemand fragt, wie er aus Chicago hinauskommt, dann zeige ich ihm den kürzesten Weg hinaus.*[6] Man muss also nicht mit ihm erörtern, wann und warum er nach Chicago hineingekommen ist und auch nicht klären, wieso er nicht schon früher die Stadt verlassen hat. Außerdem gibt es oftmals mehrere Möglichkeiten, aus Chicago oder dem Problem hinauszugehen. Wichtig ist dabei nur, dass es eine funktionierende Möglichkeit ist. Und die kann manchmal auch überraschend anders sein, wie ein jüdischer Witz erzählt.[7] Ein Mensch hatte panische Angst, dass nachts ein Mann unter seinem Bett liegen könnte. Er ging deswegen längere Zeit in psychoanalytische Behandlung, ohne dass diese Angst verschwunden wäre. Dann bricht er die Behandlung ab. Er sagt seinem Psychoanalytiker, dass er jetzt nicht mehr kommen würde, er sei geheilt. »Das kommt aber

---

6 Sinngemäß zitiert nach *Naumann*, Lösungsorientierte Therapie und VT: Was für eine Verhaltensanalyse darf's denn sein, auf daß die Therapie erfolgreich ist, in: *Hennig, Fikentscher u.a.*, Kurzzeit-Psychotherapie in Theorie und Praxis, Legerich 1999, 903.
7 Frei nacherzählt. – Eine etwas längere Version ist zu finden in *Marc-Alain Quaknin* und *Dory Rotnemer*, Die große Welt des jüdischen Humors, Stuttgart 1998, 118f.

plötzlich!«, meint der Psychoanalytiker überrascht und will wissen, wie das geschehen ist. Er sei, antwortet sein scheidender Patient, bei seinem Rabbi gewesen, der hätte ihm geholfen. »Wie das denn?« fragt der Psychoanalytiker zurück. »Der Rabbi sagte zur mir«, antwortet jener, »ich soll einfach die Füße meines Bettes absägen.« – Wenn etwas hilft, so sagt die Kurzzeittherapie, dann hilft es. Und gut ist.

2.1 Der Entdecker der Kurztherapie – Milton Erickson

Den Weg zu dieser ungewohnt anderen Form von Psychotherapie könnte man als Entdeckungsreise beschreiben. Der maßgebliche Entdecker und Pionier war Milton Erickson (1901–1980), ein amerikanischer Arzt, Psychiater und Psychotherapeut. Seine entscheidende Entdeckung: Lösungen müssen nichts mit den Problemen zu tun haben. Diese bahnbrechende Entdeckung verband er mit einer anderen entscheidenden Erkenntnis: Veränderung geschieht durch kleine Veränderungen, die eine große Veränderung ins Rollen bringen. Er sprach selber von einem Schneeballeffekt.[8] Dabei war Ericksons Ausgangspunkt ganz ähnlich wie auch seinerzeit bei der Psychoanalyse die Hypnose. Diese Technik hatte er erlernt. In seiner ärztlichen Arbeit erkannte er, dass im Grunde alle seine Patienten unter einer Art selbstinduzierter Hypnose stehen. Wie in einer Trance halten sie an ihren Problemen fest, als wäre ihr Problemerleben die einzig existierende Realität. Zugleich sind sie blind für Lösungsmöglichkeiten, die in ihrer Reichweite liegen. Sie sind gefangen in einer Art hypnotischem Tunnelblick, der ihr Erleben und damit ihr Leben stark einschränkt. Erickson entwickelte nun eine große Kompetenz darin, diesen Tunnelblick zu erweitern und zu verändern, teilweise durch Irritationen, teilweise durch kleine Musterveränderungen, teilweise durch Perspektivenveränderungen. Er benutzte dazu für einen Teil seiner Patienten auch die klassische Technik der Hypnose und versetzte sie in Trance. Erickson erkannte aber zunehmend, dass in jeder Kommunikation hypnotische Elemente enthalten sind – und diese vor allem nutzte er systematisch und zielführend, um seinen Patienten zu helfen. Viele Patienten sah er nur einmal – und das reichte, um nachhaltige Verbesserungen zu bewirken.

Die verändernde Kraft, die dem menschlichen Geist innewohnt, entdeckte Erickson an sich selbst.[9] Als Jugendlicher war er an Kinderlähmung erkrankt und konnte sich vom Hals abwärts nicht mehr bewegen. Seine Eltern hatten eine Farm. Wenn die Familie draußen auf dem Feld arbeiten musste, banden sie den gelähmten Jungen auf einem Schaukelstuhl fest, und abwechselnd kam jemand ins Haus, um sich mit ihm zu be-

---

8 Vgl. *Rosen*, Lehrgeschichten, 62.
9 Nachzulesen bei *Schmidt*, Liebesaffären, 52f.

schäftigen. Einmal hatten sie das vergessen. Erickson sehnte sich daraufhin intensiv nach einem Fensterplatz, um wenigstens nach draußen blicken zu können. Dabei entdeckte er zu seiner eigenen Überraschung, dass sein Schaukelstuhl ganz leicht zu wippen begann. Offensichtlich hatte sein intensives Sehnen die eigentlich gelähmten Muskeln dazu gebracht, minimale Bewegungsimpulse auszulösen, die den Stuhl zum Schaukeln brachten. Nachdem Erickson das einmal erkannt hatte, übte er intensiv, seine Muskeln anzusprechen, indem er entsprechende Bewegungsmuster imaginierte. Seine Eltern bat er, seine kleine Schwester, die gerade laufen lernte, möglichst oft in sein Gesichtsfeld zu setzen. Jeder ihrer Bewegungen studierte er und setzte sie in Gedanken in seinem eigenen Körper um. Tatsächlich gelang es ihm auf diese Weise, die Kinderlähmung weitgehend zu überwinden. Letztlich durch nichts anderes als durch Autosuggestion oder Selbsthypnose. Diese Erfahrung wurde für ihn zur zentralen Lernerfahrung seines Lebens.

Als Milton Erickson später als Arzt und Psychiater arbeitet, entdeckt und formuliert er einige Grundprinzipien[10], die bis heute zum Kernbestand kurzzeittherapeutischer Verfahren gehören.

1. Alltagstrance

Hypnose ist nicht nur ein auf spezielle Weise herbeigeführter Bewusstseinszustand (»Trance«), sondern zeigt, wie unser Bewusstsein ganz grundsätzlich funktioniert. Wir hypnotisieren uns auch im Alltag permanent selbst und gegenseitig. Das führt dazu, dass wir auf bestimmte Bewusstseinsinhalte fokussieren und andere Bewusstseinsinhalte ausblenden. Oftmals haben wir nur unsere Probleme im Blick, während wir Lösungsmöglichkeiten einfach nicht sehen.

2. Pacen

Niemand kann gegen seinen Willen in Hypnose versetzt werden. Wenn jemand in Trance versetzt werden möchte, verstärkt der Hypnotiseur zielgenau die vorhandene Bereitschaft. Dazu achtet er sehr genau auf Körpersignale. Dieses Prinzip überträgt Erickson auf den Veränderungswillen und die Veränderungsbereitschaft seiner Patienten. Niemand kann gegen seinen Willen zu Veränderungen gezwungen werden. Effektive Veränderung kann nur aus der Perspektive des Betroffenen heraus erfolgen. Darum muss der Therapeut in die Welt seines Gegenübers einsteigen, er muss versuchen, wie ein altes indianisches Sprichwort sagt, in seinen Mokassins zu gehen. Er muss ihn »pacen«. Nur wenn er sich auf die Welt des anderen einlässt, kann er sozusagen von innen heraus versuchen, die verengte Perspektive zu erweitern.

---

10 Siehe zum Folgenden insbesondere *Zeig*, Einzelunterricht, und *Schmidt*, Liebesaffären (insbesondere 133–154). Die Grundprinzipien finden sich aber selbstverständlich auch bei den anderen kurzzeittherapeutischen Autoren.

3. Potentialhypothese
Jeder Mensch trägt in sich das Potential, das er für seine Lösungen
braucht, einschließlich des Zugangs zu den erforderlichen Ressourcen.
Dieses Potential ist gespeichert in seinem Erfahrungsschatz und in dem,
was er bislang aus seinem Leben gemacht hat. Er hat nun aber in seinem
Problemerleben nur einen eingeschränkten oder auch gar keinen Zugang
zu seinen in ihm schlummernden Lösungsmöglichkeiten. Er sieht sie einfach nicht, sie sind ihm nicht bewusst.

4. Utilisation
Die Symptome, die Menschen in ihrer Problemsituation entwickeln, sind
für Erickson der »Henkel zum Topf«. Ähnlich wie im Judo versucht
Erickson nicht direkt gegen das Symptom anzugehen, sondern die Energie des Symptoms zu nutzen, um zu einer Problemlösung zu kommen.
Das geschieht oft dadurch, dass er dem Symptom eine neue Bedeutung
zuweist.[11] Das Vorgehen ist dabei ganz auf den Patienten maßgeschnei-
dert.

5. Etwas ander(e)s machen
Häufig bestehen Ericksons Interventionen darin, dass er den Patienten
anleitet, etwas anders oder etwas anderes zu machen, oftmals in einem
Bereich, der mit dem Problemerleben scheinbar gar nichts unmittelbar zu
tun hat. Erickson platziert diese Impulse aber meist sehr zielgenau in einem unauffälligen Randbereich des Problemerlebens, bei dem Veränderung ohne Widerstand relativ leicht herbeigeführt werden kann. Der
Grundgedanke dahinter ist, dass schon kleine Veränderungen weitere
Veränderungen nach sich ziehen, der sog. Schneeballeffekt.

Es gibt noch weitere Prinzipien, die Erickson einsetzte.[12] Auch wenn er
nicht unbedingt alle als erster oder einziger nutzte, so prägen sie doch seine Arbeitsweise und wirken nach auf die aus seinem Ansatz heraus ent-
standenen Verfahren. Dazu gehören insbesondere die Mehrebenenkom-
munikation, die indirekte Kommunikation (z.B. über Geschichten,
Anekdoten und Analogien), das »Säen« von Ideen, die Arbeit mit Zeit-
sprüngen (»Kristallkugeltechnik«), das »Establishing of a Yes-Set« (d.h.
bevor kommunikative Impulse kommen, die zu Veränderungen einladen,
wird eine Reihe von Äußerungen vorausgeschickt, denen der Patient
ziemlich sicher zustimmen wird), die Nutzung des Offensichtlichen, sowie die Nutzung des Kontextes. All dies verbunden mit einem großen
Zutrauen in die Weisheit des Unbewussten (»Trust your unconscious
mind!«).

---

[11] Vgl. das Beispiel mit der »Zahnlücke«. Siehe unten Kapitel 8.5.
[12] Siehe dazu *Zeig*, Einzelunterricht, insbes. 60, 73ff und 83ff.

2.2 Die Entwicklung der Kurzzeitverfahren nach Erickson

Erickson hat uns kein Lehrbuch seines Vorgehens hinterlassen. Was wir von ihm haben, sind viele praxisnahe Aufsätze und vor allem sehr viele Fallbeispiele. Diese hat er selbst gesammelt und vermutlich auch geformt, um sie als Lehrgeschichten verwenden zu können.[13] Ericksons Arbeit wurde zu einer Initialzündung für die Entwicklung einer neuen Form von Therapie, die nicht mehr an den Ursachen der Probleme interessiert war, sondern an der Frage, wie Menschen ihre Probleme aufrechterhalten und wie lösungswirksame Veränderungen angestoßen werden können. Das war der Beginn eines neuen Paradigmas von Therapie, die sich als sehr effektiv und darum auch als kurz erwies. Inspiriert von Erickson haben andere seine Konzepte systematisiert, elementarisiert und weiterentwickelt, so dass neue Kurzzeit-Verfahren entstanden, die zumindest in wichtigen Teilen im Ericksonschen Ansatz verwurzelt sind. Das sind im Wesentlichen folgende Verfahren: Neurolinguistisches Programmieren, abgekürzt NLP (Richard Bandler / John Grinder), lösungsorientierte Kurzzeittherapie (Steve De Shazer, Insoo Kim Berg) und die strategische Kurztherapie (Watzlawik und andere). Und für den europäischen Raum: die hypnosystemische Therapie (Gunther Schmidt) und, wenn auch etwas weniger bekannt, die kognitive-gesundheitsorientierte Therapie (Luc Isebaert).

An dieser Stelle möchte ich Ihnen diejenigen Verfahren kurz etwas näher vorstellen, die konzeptuell im Hintergrund der Kurzzeitseelsorge stehen und auf die später immer wieder rückverwiesen wird.

Richard Bandler (*1950) und **John Grinder** (*1940) haben Milton Erickson über die Schulter geschaut. Sie wollten sein Vorgehen möglichst präzise beobachten und beschreiben, es »modellieren«, wie sie das nannten. Ihr Ziel war es, die oft intuitiv wirkende Arbeitsweise Ericksons auf systematisierte Weise lehr- und lernbar machen. Sie bezeichneten das Ergebnis als »Milton-Modell«. Daneben haben sie auch noch andere Therapeuten, wie Virginia Satir und Fritz Perls, modelliert. Außerdem haben sie sich mit Noam Chomsky und der Struktur der menschlichen Kommunikation beschäftigt. Hier ging es vor allem um die Missverständnisse, die daraus entstehen, dass das, was wir innerlich denken und fühlen (»Tiefenstruktur«), nie völlig identisch sein kann mit dem, was wir mitteilen (»Oberflächenstruktur«). Bandler und Grinder entwickelten daraus Strategien für die therapeutische Kommunikation und bezeichneten diese als »Meta-Modell«. Aus all dem entstand Neurolinguistisches Programmieren (NLP), ein Verfahren, in das die oben dargestellten Grundprinzi-

---

13 Diese Lehrgeschichten wurden herausgegeben von *Sidney Rosen*, Die Lehrgeschichten von Milton H. Erickson, Salzhausen 2013 (10. Auflage).

pien Ericksons unmittelbaren Eingang gefunden haben. Für die Seelsorge ist NLP insgesamt zu komplex und in manchen Techniken auch zu intensiv, aber es stellt wertvolle Anregungen bereit.

Steve De Shazer (1940–2005) und seine Ehefrau **Insoo Kim Berg** (1934–2007) haben den Ansatz Milton Ericksons konsequent auf den Suchprozess nach Lösungen elementarisiert und dabei so sehr vereinfacht, dass das Vorgehen auf einer einseitigen Pfeilgrafik darstellbar ist.[14] Wobei gerade diese Einfachheit die eigentliche Herausforderung ist. De Shazer sagt: »Easy but not simple!«.[15] Wesentlich ist dabei die Idee, dass nur der Gesprächspartner beurteilen kann, welcher Unterschied zu seiner problematischen Situation einen hilfreichen Unterschied macht. Der therapeutische Kommunikationsprozess besteht in nichts anderem, als den Klienten anzuregen, solche Unterschiede herauszufinden. Der Therapeut verzichtet dabei völlig auf eigene Interpretationen. Es gilt das, was der Klient sagt. Mit ihm gemeinsam werden Lösungen konstruiert, die auf den gefundenen hilfreichen Unterschieden aufbauen. Dazu haben De Shazer und Berg im Anschluss an Erickson die »Wunderfrage« entwickelt. Das ist ein imaginärer Sprung in eine Zukunft, in der das Problem nicht mehr existiert. So kann herausgefunden werden, wie sich der Klient eine Lösung vorstellen kann. Doch auch in der Vergangenheit zeigt sich die Lösungsrichtung. Jeder Mensch hat nämlich immer auch Ausnahmen vom Problemerleben, Zeiten, in denen es ihm besser geht. Oft werden diese Ausnahmen ausgeblendet oder als rein zufällig abgetan. In diesen Ausnahmen stecken aber Lösungspotentiale, die es genau zu erkunden und sich anzueignen gilt. Hilfreich bei allen Formen des genauen Nachfragens haben sich Skalierungen erwiesen. Ein beliebiger Sachverhalt wird im Zahlenraum von 0 – 10 eingestuft, verliert dadurch seine Totalität und wird als graduell und damit auch als prozesshaft erlebt und kommunizierbar. Falls es mehr als eine Sitzung gibt, werden für die Zeit dazwischen »Hausaufgaben« vereinbart, die von Beobachtungsaufgaben bis zum Ausprobieren alternativer Verhaltensweisen reichen. De Shazer und Berg achten bei der ganzen Kommunikation darauf, dass die Sprache lösungsorientiert ist. Denn schon durch die Art, wie wir über etwas sprechen, lenken wir unser Bewusstsein. Wertschätzendes Feedback (»Komplimente«) sind darum ein wesentlicher Bestandteil der therapeutischen Kommunikation von Anfang an.

Gunther Schmidt (*1945) knüpft nun sowohl an Erickson an wie an De Shazer und Berg. Er fügt aber einige prägnante eigene Akzente und Konzepte hinzu. Das geschieht unter anderem dadurch, dass er hypnotische und systemische Konzepte kombiniert. Wie für Erickson ist auch für

---

[14] *De Shazer*, Dreh, 103. Abgebildet auch in *Theobold*, Smalltalk, 134.
[15] Zitiert nach *Stollnberger*, Ausnahmen, 23.

Schmidt das menschliche Bewusstsein im Grunde hypnotisch strukturiert. Das bedeutet: Wir schaffen in äußeren und inneren Kommunikationsprozessen permanent Einladungen, wohin wir unsere Aufmerksamkeit fokussieren und wohin dann auch unsere Energie fließt. Auf diese Weise erschaffen wir uns auch unsere Probleme, indem wir unsere Aufmerksamkeit fokussieren auf die Diskrepanz zwischen einem realen Ist-Zustand und einem erwünschten Soll-Zustand. Der Ist-Zustand wird negativ benannt, bewertet und erlebt, der Sollzustand entsprechend positiv.[16] Und unter der so in den Blick genommenen Diskrepanz leiden wir und reiben uns daran. Wir befinden uns sozusagen in einer »Problemtrance«. Schmidt legt nun allerdings großen Wert darauf, Menschen in ihrem Problemerleben zu würdigen. Letztlich ist ein Problem ein kompetenter Lösungsversuch zu einem hohen und schmerzhaften Preis. Ein Problem kann darum erst dann durch eine Lösung ersetzt werden, wenn die Lösung mindestens dasselbe leistet wie zuvor das Problem, jetzt aber nicht mehr zu einem so hohen Preis. Muster, mit denen das Problem aufrechterhalten wird, können darum wertvolle Hinweise geben, wie man eine Lösung konstruieren kann. Therapie wird dabei verstanden als ein »Ritual der Aufmerksamkeitsfokussierung« auf Lösungswege, um so immer mehr zu einer »Lösungstrance« zu kommen. Manchmal müssen dabei auch Ambivalenzen im Blick behalten werden oder beste aber unrealistische Lösungen durch zweitbeste Lösungen ersetzt werden. Die therapeutische Kommunikation ist dabei geprägt von hoher Wertschätzung und Transparenz.

Der belgische Arzt und Klinikleiter **Luc Isebaert** (*1941) bezieht sich sehr stark auf De Shazer und natürlich auf Erickson im Hintergrund, kombiniert das aber mit kognitiven verhaltenstherapeutischen Konzepten. Er versteht Probleme als fixierte ganzheitliche Gewohnheiten, die sich der eigenen Kontrolle entzogen haben und als leidvoll erlebt werden. Solche Gewohnheiten können nicht verlernt werden, wohl aber durch neue bessere Gewohnheiten ersetzt werden. Therapie bietet dafür einen hilfreichen Kontext der Wahlfreiheit, innerhalb dessen der Klient erwünschte Gewohnheiten einüben kann. In der therapeutischen Kommunikation arbeitet Isebaert ähnlich wie De Shazer und Berg, darüber hinaus hat er aber eine ganze Reihe von verschiedenen kognitiven und verhaltenstherapeutischen Übungen im Angebot. Gesundheit ist für Isebaert synonym mit Wahlfreiheit. Therapie ist also dann erfolgreich, wenn zwischen alten und neuen Gewohnheiten frei gewählt werden kann.

Nicht alle auf Erickson zurückgehenden oder von ihm angeregten Verfahren können unbesehen für die Seelsorge übernommen werden. In der Seelsorge sind wir Geschwister vor Gott. Auch wenn der Seelsorger gera-

---

16 Schaubilder dazu finden sich in *Schmidt*, Einführung, 58ff.

de in der Rolle des Helfenden ist und der andere in der Rolle des Hilfesuchenden, muss darauf geachtet werden, dass wir uns geschwisterlich und auf Augenhöhe begegnen. Dazu gehört auch, dass ich transparent und offen kommuniziere und dem anderen das Recht und die Würde lasse, in freier Entscheidung das für ihn Hilfreiche zu wählen und zu tun. Alle subtilen Tricks, alle gutgemeinten Unterstellungen, alle entmündigenden Expertenweisheiten haben darum aus meiner Sicht in der Seelsorge keinen Platz. Damit sind bestimmte therapeutische Vorgehensweisen für Seelsorge ausgeschlossen. Die strategische Therapie von Watzlawik und anderen bietet im Einzelnen durchaus wertvolle Anregungen, ist aber aufgrund des häufig intransparenten und strategisch ›trickreichen‹ Vorgehens für Seelsorge aus meiner Sicht insgesamt mit Vorsicht zu genießen und allenfalls auszugsweise geeignet. Ähnliches gilt auch für bestimme intransparente Vorgehensweisen, die sich schon bei Erickson finden.[17] Auch von NLP können nur solche Techniken in der Seelsorge verwendet werden, die mit transparenter und geschwisterlicher Kommunikation auf Augenhöhe vereinbar sind.

2.3 Der philosophische Hintergrund: Konstruktivismus und Systemtheorie

Es hat sich gezeigt, dass das Vorgehen Milton Ericksons und die Verfahren, die sich daraus entwickelt haben, mit der Systemtheorie und dem Konstruktivismus so viele Ähnlichkeiten und Übereinstimmungen aufweisen, dass beide Theorien sich als philosophische Hintergrundtheorien für Kurzzeittherapie geradezu anboten und sich auch schnell dafür etabliert haben. Beide Theorien verlangen außerdem – ähnlich wie der neue Ansatz der Kurzzeittherapie – von uns einen Abschied von gewohnten Denkweisen. Der Konstruktivismus verabschiedet uns von der Vorstellung, wir könnten die Gegebenheiten der Welt erkennen, wie sie objektiv sind, und darum – zumindest der Idee nach – das einzig Richtige tun. Die Systemtheorie verabschiedet uns von der Vorstellung, die Gegebenheiten der Welt wären das, was sie sind, aufgrund linear-kausaler Ursachen und als hätte das alles nichts mit uns zu tun. Für alle, denen diese beiden Theorien noch nicht vertraut sind, seien sie ganz kurz erklärt.[18]

Der **Konstruktivismus** lehrt, dass es kein objektives Wissen von der äußeren Welt gibt, sondern lediglich innere Konstruktionen von der äußeren Wirklichkeit.[19] Eine Konstruktion ist dabei eine innere Abbildung der Wirklichkeit, die wir uns sowohl durch persönliche Erfahrungen als auch

---

17 Vgl. die Kritik von *Schmidt*, Einführung, 97.
18 Vgl. zum Folgenden Simon: Konstruktivismus und Systemtheorie.
19 Diese These deckt sich übrigens auch mit den Erkenntnissen der modernen Hirnforschung. Darauf hat G. Schmidt öfter hingewiesen. Z.B. *Schmidt*, Einführung, 15.

durch soziale Vermittlung angeeignet haben. Das Verhältnis dieser inneren Konstruktionen zur äußeren Wirklichkeit entspricht in etwa dem Verhältnis einer Landkarte zur Landschaft.[20] Diese innere Konstruktion ist nie objektiv richtig oder wahr, sondern allenfalls mehr oder weniger genau, mehr oder weniger hilfreich für unsere Orientierung in der äußeren Wirklichkeit. Ähnlich wie beim Gebrauch einer Landkarte orientieren wir uns in der äußeren Wirklichkeit nur anhand der Wege, die eingezeichnet sind. Dort, wo die Landkarte nicht oder nicht exakt genug mit der Landschaft übereinstimmt, verirren wir uns. Auf der psychologischen Ebene gesprochen: Wenn wir eine von der Realität abweichende innere Konstruktion eines bestimmten Sachverhaltes haben (z.B. zu der Frage, wie in einer modernen Ehe die Hausarbeit aufgeteilt wird), dann kommt es zu Problemen. Eine Lösung besteht dann im hinreichenden Anpassen der Landkarte, also in einer Neu-Konstruktion der inneren Abbildung von Wirklichkeit. Dabei wird auch die Neu-Konstruktion nie objektiv sein, aber sie wird insofern besser funktionieren, als der übersehene Sachverhalt jetzt eingezeichnet ist. Dabei ist es genauso, wie wenn Sie in einer Landkarte für ein bislang unwegsames Gelände einen Weg einzeichnen. Zugleich gibt es in der Regel immer mehrere Möglichkeiten, um von A nach B zu gelangen. So auch bei Problemen. Richtig schwierig wird es nur für die Menschen, die an einer falschen Landkarte festhalten, obwohl die eingezeichneten Wege immer wieder in dieselbe Sackgasse führen.

Die **Systemtheorie** lehrt uns, dass alles mit allem zusammenhängt. Alles, was wir als eine existierende Einheit erleben (z.B. einen Menschen, eine Familie, eine Organisation) ist ein »System«. Nach innen hat ein System »Elemente« und nach außen »Umwelt«. Ein Mensch hat nach innen z.B. die Elemente Körper, Psyche, Denken, nach außen die Umwelt Familie, Freunde, Arbeitswelt, Gesellschaft. Eine Familie hat nach innen die »Elemente«[21] Vater, Mutter, Kind A und Kind B, nach außen die Umwelt Nachbarschaft, Verwandtschaft, Schule, Arbeitswelt, Gesellschaft. Alles wirkt nun auf alles ein, und zwar niemals nur einseitig, sondern immer gegenseitig, man spricht vom Prinzip der »Zirkularität«. Jedes System versucht sich selbst in einem stabilen überlebens- und zukunftsfähi-

---

[20] Dieser Vergleich wurde von Gregory Bateson verwendet und geht zurück auf Alfred Korzybski. Hinweis von *Peter Held,* Systemische Praxis in der Seelsorge, Mainz 1998, 65.
[21] Nach Luhmann bestehen die Elemente eines sozialen Systems aus »Kommunikation«. Die Menschen sind insofern Umwelt der Kommunikation und austauschbar. (*Simon,* Konstruktivismus und Systemtheorie, 87ff.) – Das macht für Organisationen Sinn, trifft aber m.E. für Familien nicht zu. Personen in einer Familie sind nicht austauschbar. Deswegen meine ich, macht es Sinn, in einer Familie auch die konkreten Familienmitglieder als »Elemente« zu bezeichnen. Außerdem sei daran erinnert, dass es Systeme und Elemente ja nicht wirklich gibt, sondern dass es sich um eine Theorie handelt, die bestimmte Erkenntnisse möglich machen soll. Vgl. die Diskussion bei *Peter Held,* Systemische Praxis in der Seelsorge, Mainz 1998, 33ff.

gen Zustand zu erhalten (»Homöostase«). Die dafür erforderliche Selbst-
organisation (»Autopoiese« – nach Maturana und Varel[22]) geschieht
durch Musterbildungen, d.h. durch bestimmte Verknüpfungen der Elemente im Inneren und durch bestimmte Verknüpfungen des Systems mit
der Umwelt. (Der Vater geht arbeiten, die Mutter macht den Haushalt,
die Kinder gehorchen oder auch nicht). Wird eine bewährte Selbstorgani-
sation gestört (Mutter fühlt sich ausgenutzt), versucht sich ein System
zunächst durch Wiederholung der bisherigen Muster erneut zu stabilisie-
ren (größeres Geschenk zum Muttertag). Führt das nicht zu dem gewünschten Erfolg, muss ein System neue Muster ausprobieren. Diejenigen Versuche, die zum Erfolg führen, werden als neue Muster integriert
und stabilisiert (z.b. beide Eltern arbeiten teilzeit, der Haushalt wird ge-
teilt, mit den Kindern wird transparent verhandelt). Dabei reicht es oftmals, an einzelnen Mustern oder auch nur Musterelementen etwas zu
verändern (Mutter streikt), um eine Veränderung der gesamten Situation
herbeizuführen. Jede beliebige Änderung an einem Muster oder Element
betrifft und verändert das gesamte System sowie sein Verhältnis zur Umwelt (Nachfrage nach mehr Teilzeitarbeitsplätzen).

2.4 Die gemeinsamen Grundprinzipien der lösungsorientierten
   Kurzzeittherapien

Die wichtigsten gemeinsamen Grundprinzipien, auf denen das neue Paradigma der Kurzzeitverfahren basieren, seien nun abschließend zusammenfassend dargestellt. Unschwer lassen sie sich auch auf Seelsorge übertragen. Und sie dienen gleichzeitig auch als kritisches Korrektiv, um in
der praktischen Arbeit oder in theoretischen Konzepten auf dem Lösungsweg zu bleiben.

– Bei der Suche nach Lösungen ist zu unterscheiden zwischen Problemen, die grundsätzlich lösbar sind, und Problemen, die eigentlich Einschränkungen[23] sind und aus einem problematischen Umgang mit Einschränkungen resultieren. Hier besteht die »Lösung« darin, mit den Einschränkungen möglichst gut leben zu lernen.

– Das therapeutische Gespräch fokussiert auf Lösungen und Ressourcen,
nicht auf Probleme. Probleme können gewürdigt werden als leidvolle Lö-

---

[22] *Humberto R. Maturana* und *Francisco J. Varela*, Der Baum der Erkenntnis. Die
biologischen Wurzeln des menschlichen Erkennens, Frankfurt am Main 2011 (4.
Auflage).
[23] Darauf hat *Isebaert*, Kurzzeittherapie, 66f, deutlich hingewiesen. Ebenso auch
Schmidt, Einführung, 105. Er spricht von Einschränkungen als »Restriktionen«. Diese
Unterscheidung ist m.E. sehr wichtig, um von vornherein im Blick zu behalten, dass
nicht alle Probleme einfach lösbar sind.

sungsversuche, aber ihnen soll nicht die überwiegende Aufmerksamkeit gelten.

– Die Aufmerksamkeitsfokussierung auf Lösungen und Ressourcen ist der Weg zur Veränderung, die erkannten oder geschaffenen Unterschiede zum Problemerleben sind die Mittel der Veränderung.

– Der Gesprächspartner ist Klient oder Kunde – und nicht Patient. Therapie ist also Dienstleistung und verlangt beraterische Demut.

– Der Gesprächspartner bestimmt die Ziele – und nicht die Expertenweisheit oder die gut gemeinten Ideen des Therapeuten. Vorschläge sind möglich, aber nur als Angebote, die auch verworfen werden können.

– Der Gesprächspartner ist der Experte für sein Leben – nicht der Therapeut. Dieser ist allenfalls Experte für lösungsorientierte Kommunikation.

– Der Gesprächspartner wird beim Wort genommen. Es wird in der Regel nichts in den Gesprächspartner und seine Situation hineingedeutet.

– Gibt es doch Vermutungen, dass das Problem des Gegenübers Aspekte hat, die dieser selbst noch nicht sieht, dann sind das lediglich Hypothesen. Sie haben ihren Wert ausschließlich in ihrer konkreten Nützlichkeit für das Gegenüber – und werden niemals gegen ihn aufrechterhalten.

– Der Gesprächspartner hat – wenn auch noch unerkannt – alle notwendigen Potentiale, die er braucht, um zu einer Lösung zu finden. Dazu gehört auch der (potentielle) Zugang zu seinen Ressourcen.

– Jedes wertschätzende Feedback stärkt den Klienten in seinen Potentialen, in seinem Zugang zu seinen Ressourcen und seiner Suche nach Lösungen. Treffsichere »Komplimente« sind darum ein wichtiger Bestandteil der therapeutischen Arbeit.

– Widerstand seitens des Klienten gibt es nicht. Was als Widerstand empfunden werden kann, ist ein kritisches Feedback an den Therapeuten, dass er gerade nicht zieldienlich im Sinne des Klienten arbeitet.

– Die therapeutische Kommunikation sollte immer auf Augenhöhe geschehen, transparent sein und die Wahlfreiheit des Gesprächspartners ernstnehmen und fördern. (Dieses Prinzip wird allerdings nicht von allen Verfahren konsequent angewendet).

Kurzum: Lösungsorientierte Kurzzeittherapie ist dort hilfreich, wo sie den Gesprächspartner in einer wertschätzenden Atmosphäre darin unterstützt, seine Potentiale aktiv zu nutzen, einen guten Zugang zu seinen Ressourcen zu finden und in Richtung auf ein selbstbestimmtes Ziel sowie in freier Wahl solche Unterschiede zu seinem Problemerleben zu erproben und zu etablieren, dass sie ihn auf den Weg zu einer von ihm als gut empfundenen Lösung bringen. Gelingt das, dann ist eine lösungsorientierte Therapie in der Regel auch kurz. Für alle Problemlagen, in denen der Zugang zu den eigenen Potentialen und Ressourcen sehr hartnäckig verschüttet und die eigene Lösungskompetenz sehr stark unterentwickelt oder blockiert sind, haben längere Therapien ihr bleibendes Recht. Die Diskussion darüber kann und soll aber an dieser Stelle nicht geführt werden (siehe unten Kapitel 11.4). Hier soll es jetzt darum gehen, zu zeigen, wie eine kurzzeitseelsorgerliche Beratung[24] in der Praxis funktionieren kann.

---

[24] Da die dargestellten kurzzeittherapeutischen Konzepte als methodische Grundlage eine entscheidende Rolle spielen, spreche ich in Anlehnung an den Begriff »kurzzeittherapeutisch« bzw. »Kurzzeittherapie« von »kurzzeitseelsorgerlich« bzw. »Kurzzeitseelsorge«.

3 Angefragt werden

Die nun folgende Beschreibung einer kurzzeitseelsorgerlichen Beratung folgt einem idealtypischen Ablauf, der in der Praxis natürlich auch variieren kann. Entlang dieses Ablaufes werden alle damit zusammenhängenden Fragen besprochen und auf mögliche Interventionen hingewiesen. Es gibt konzeptionelle Ansätze, die – zumindest im Prinzip – eher streng nach Regeln arbeiten. Und es gibt Ansätze, die eher mit einer Palette von Interventionsmöglichkeiten arbeiten, die personen- und situationsspezifisch variiert angewandt werden. Beide Formen gibt es aber nicht in Reinform, sondern eher so wie zwei unterschiedliche Brennpunkte in derselben Ellipse. Und beide Formen haben darum selbstverständlich ihr relatives Recht – und hängen vermutlich auch mit persönlichen Vorlieben zusammen. Ich selber bevorzuge eher die flexible Vorgehensweise, die aber gleichwohl insofern regelgeleitet ist, als dass sie weiß, wie ein idealtypischer Ablauf aussehen kann und wie und warum einzelne Interventionen angebracht sind. Die nun folgende Darstellung ist so zu verstehen: als Orientierung einerseits, und als Ermutigung, auch zu variieren, wenn es Ihnen sinnvoll und passend erscheint.

3.1 Wie kurz ist kurz?

Nach dem kritischen Einspruch von Klaus Grawe[25] brauchen effektive Therapien maximal 40 bis 50 Sitzungen. Das ist für die Maßstäbe vieler Therapieverfahren wenig bis zu wenig, für Seelsorge aber immer noch viel zu viel. De Shazer und Berg arbeiten dagegen in der Regel mit 1–4 Terminen, selten mehr.[26] Das kommt der zeitlichen Möglichkeiten der Seelsorge schon sehr nahe. Timm H. Lohse, der als einer der ersten kurzzeittherapeutisches Vorgehen für die Seelsorge adaptierte, konzentriert sein Konzept des »Kurzgesprächs« auf einmalige kurze Gesprächssituationen, die in verschiedenen Kontexten spontan angefragt werden und denen sofort und an Ort und Stelle entsprochen wird. Nach meiner eigenen Erfahrung hat es sich bewährt, bei seelsorgerlichen Anfragen in der Regel

---

[25] *Klaus Grawe u.a.*, Psychotherapie im Wandel. Von der Konfession zur Profession, Göttingen 1994 (4. Auflage). Zur maximal empfohlenen Sitzungsanzahl siehe S. 697f.
[26] *De Jong / Berg*, Lösungen, 352f.

ein einmaliges Gespräch an einem geschützten Ort anzubieten. Dazu ist meist eine Terminvereinbarung erforderlich. Ein solches Gespräch sollte nicht länger als 45–60 Minuten dauern. Die Vielfältigkeit und Komplexität der Seelsorge und des Seelsorgekontextes (z.B. in der Gemeinde) erfordert es jedoch, gelegentlich von diesem Standardangebot ›nach unten‹ abzuweichen und sich zwischen Tür und Angel auf kurze Gespräche einzulassen. Das wäre dann ein Kurzgespräch im Sinne von Lohse. Die Bedürfnisse und die Komplexität der Anliegen des Gesprächspartners erfordern es umgekehrt von diesem Standardangebot manchmal ›nach oben‹ abzuweichen, und mehrere Termine anzubieten. Hier ist dann aber eine Beschränkung auf höchstens 4 bis 5 Termine sinnvoll.

3.2 Entscheiden Sie zwischen Kurzgespräch oder Terminvereinbarung

Kurzgespräch an Ort und Stelle oder Terminvereinbarung für ein geschütztes Gespräch mit genügend Zeit, beides hat Vor- und Nachteile. Eine der großen Herausforderungen für jeden Seelsorger liegt darin, sich spontan für die eine oder andere Option zu entscheiden, genauer gesagt herauszufinden, was das Gegenüber wirklich möchte und was er selbst realistischerweise anbieten kann. Beides ist nicht immer deckungsgleich. Doch der Seelsorger muss in jedem Fall, und zwar unmittelbar, entscheiden, was er anbietet. Dazu ist es sinnvoll, sich über die Vor- und Nachteile der beiden Optionen Gedanken zu machen.

Exkurs: Das Kurzgespräch nach Timm H. Lohse

Timm H. Lohse vertritt in seinem Buch »Das Kurzgespräch in Seelsorge und Beratung – eine methodische Anleitung« (2003) die deutliche Empfehlung, sich immer sofort auf die Anfrage zu einem Kurzgespräch einzulassen. Er geht davon aus, dass der Gesprächspartner die Zeit, den Ort und die Person nicht zufällig, sondern ganz bewusst gewählt hat. Auch wenn es der um Rat angefragten Person oft nicht passt, sei es gut, hier über seinen Schatten zu springen und sich auf die Anfrage an Ort und Stelle einzulassen. Darin, so Lohse, läge eine besondere Chance, dem Gegenüber auf genau die Weise gerecht zu werden, wie es die ratsuchende Person selbst für günstig hält. Terminangebote würden dagegen ins Leere laufen und oft auch als Zurückweisung empfunden. Wichtig sei allerdings, sich beim Kurzgespräch ganz strikt an das oft im ersten Satz erkennbare konkrete und beschränkte »Mandat« zu halten. »Kann ich Sie kurz mal sprechen ...?« heißt wirklich, nur kurz mal miteinander zu reden. »Ich bräuchte mal Ihre Meinung ...« heißt nur, zu einem bestimmten Thema die Meinung wissen zu wollen. Wichtig ist dabei, auf ausführliches Verstehen des angesprochenen Problems oder gar auf eine Diagnose zu verzichten, sondern stattdessen im Rahmen eines kurzen Gesprächs einen ersten weiterführenden Schritt für das vorgetragene Anliegen zu finden. Lohse bietet dazu eine ganze Reihe von Gesprächstechniken, die dazu helfen sollen, dass das Kurzgespräch gelingt. Dazu gehören zunächst das passgenaue »Andocken« an das Anliegen des Gegenübers. Hierbei ist es sehr hilfreich, auf »Schlüsselworte« zu achten, die recht schnell helfen können, zum Kern des Anliegens zu kommen. Das Gesprächsverhalten der beratenden Person soll so ausgerichtet sein, dass das häufig asymmetrische Gefälle im Kontakt abgebaut wird, das dadurch entsteht, dass der Ratsuchende sich als hilflos empfindet und den Ratgeber als kompetent. Wobei auch umgekehrt zu sehen ist, dass der Ratsuchende sein Problem sehr genau kennt, der Ratgeber dagegen gar nicht. Gerade darum aber ist es zu vermeiden, in das Problemdenken (»Konfliktkarussell«) des Gesprächspartners einzusteigen. In der Kürze der Zeit kann das nur scheitern. Fragen an die ratsuchende Person dienen also nicht der Informationserhebung, sondern allein der Klärung für das Gegenüber. Es ist eine Art sokratische Fragetechnik aus einer Haltung des Nichtwissens heraus, eine Hebammentechnik. Erkennbar werden dabei auch Ressourcen, die zur Lösung beitragen können. Am Ende steht ein erster konkreter, überschaubarer und gangbarer Schritt, der der ratsuchenden Person hilft, aus der Festgefahrenheit ihrer Situation in ein wieder befreites Leben aufzubrechen. Im Hintergrund des Ansatzes von Lohse erkennbar sind kurzzeittherapeutische Konzepte wie von De Shazer, Watzlawik oder NLP. Aber Lohse verdichtet das nochmals in ein eigenes Profil mit klaren Regeln für das spontane Kurzgespräch. Sein Ansatz kann in Ausbildungsangeboten erlernt werden.

***

Der Vorteil, sich spontan auf ein Kurzgespräch einzulassen, besteht zweifellos darin, die Gunst des Augenblicks (Lohse spricht vom »kairos«) zu nutzen. Vielleicht ist es auch wirklich genau das, was der Gesprächspartner in diesem Moment will und braucht (»Mandat«). Der Nachteil besteht darin, dass ein solches Gespräch in aller Regel in mehrerer Hinsicht störanfällig ist. Andere Menschen können – je nach Ort – jederzeit hinzukommen. Der äußeren Störanfälligkeit korrespondiert häufig eine innere Störanfälligkeit in Form von Zeitdruck oder geteilter Aufmerksamkeit, insbesondere auf Seiten des Seelsorgers. Das ist eine typische Situation im Kontakt mit mehreren Menschen zwischen zwei Terminen (z.B. zwischen zwei Gottesdiensten). Es liegt nicht immer in der Hand des Seelsorgers, das zu ignorieren und sich spontan auf ein Kurzgespräch einzulassen. Dort, wo das geht, ist ein spontanes Kurzgespräch eine gut und gerne zu wählende Option, jedenfalls soweit erkennbar wird, dass das mein Gesprächspartner auch wirklich will. Aber vielleicht will er ja auch nur in einen ersten Kontakt kommen, der dann woanders und in Ruhe

seine Fortsetzung braucht. Dann macht es Sinn, einen Termin anzubieten. Es macht aber auch Sinn, dann einen Termin zu vereinbaren, wenn
die Situation trotz bestem Willen keine wirkliche Option für ein Kurzgespräch zulässt.

Die Vorteile einer Terminvereinbarung liegen darin, dass dem Gesprächspartner die Wahlmöglichkeit für eine günstige Zeit an einem geschützten Ort angeboten wird. Damit wird zugleich ungeteilte und kon-
zentrierte Aufmerksamkeit in Aussicht gestellt, was das Gegenüber durchaus als Zeichen der Wertschätzung verstehen kann. Außerdem wird jegli-
cher Zeitdruck herausgenommen und umgekehrt die Möglichkeit eröff-
net, dass bis zum vereinbarten Gesprächstermin schon hilfreiche Prozesse
in Gang kommen, sog. »pre-session changes«. Dafür können auch schon
gezielte Impulse gesetzt werden.[27] Andererseits besteht ein nicht zu ver-
nachlässigender und manchmal auch erheblicher Nachteil von Termin-
vereinbarungen darin, dass das Anliegen des Gegenübers mit mehr Gewicht aufgeladen wird, als es eigentlich hat. Der Gesprächspartner hört
unter Umständen die unterschwellige Botschaft: *Mein Problem ist offensichtlich so groß, dass dafür ein eigener Termin erforderlich ist.* Das kann wie
eine hypnotische Suggestion wirken und das Problemerleben vergrößern.
Deswegen ist es unbedingt erforderlich, ›harmlose‹ Formulierungen zu
verwenden, etwa: »Ich habe gleich noch einen Termin, fände es aber
schön, wenn wir in Ruhe reden können ...« Die unterschwellige Botschaft, die ankommen soll, muss also lauten: *Nicht Ihr Problem braucht
einen Termin, sondern ich brauche einen Termin, weil ich Ihnen ungeteilte
Aufmerksamkeit schenken möchte.* Dann wird ein Terminangebot geradezu
zum Ausdruck einer Wertschätzung für mein Gegenüber, und ich kann
diese darüber hinaus noch mit hilfreichen Impulsen ergänzen.

3.3 Setzen Sie vorbereitende Impulse bei einer Terminvereinbarung

Von Manfred Prior stammt die Idee, Erstkontakte am Telefon für kurze
vorbereitende Interventionen zu nutzen, die den Gesprächspartner für die
Zeit bis zum ersten Termin bereits auf ressourcen- und lösungsorientiertes Denken einstimmen sollen.[28] Hilfreiche Veränderungen, die sich häufig zwischen Beratungsanfrage und erstem Termin ergeben, die sog. »pre-
session changes« (auch »pre-treatment changes« genannt), sollen damit
angeregt werden. Das lässt sich auf Seelsorge übertragen. Kommt es zu

---

[27] Vgl. dazu die Ideen von Manfred Prior im nächsten Abschnitt.
[28] Zum Folgenden siehe *Manfred Prior*, Beratung, insbes. 49ff, 58ff, 71ff, 78ff und
82ff. – Die eingestreuten Vorschläge für Gesprächsformulierungen im ersten Abschnitt sind von Prior (a.a.O., 53) bzw. orientieren sich im zweiten Abschnitt sinngemäß an Priors Grundgedanken.

einer Terminvereinbarung für ein Seelsorgegespräch, können etwa folgende Impulse gesetzt werden:

– Sie können Ihrem Gegenüber durch Wiederholung ein erstes Verständnis des Anliegens vermitteln, und zwar – das ist entscheidend wichtig – in Lösungssprache, nicht in Problemsprache. Also etwa: »Sie möchten *bessere Wege finden* ...«; »Sie möchten *einige Schritte weiterkommen in Richtung* ...«. Ein solcher Impuls vermittelt dem Gesprächspartner schon jetzt den Eindruck, mit seinem Anliegen bei Ihnen auf Verständnis zu treffen, signalisiert Ihre Anerkenntnis seiner Zieldefinitions-Hoheit und verankert bereits die Idee, dass das Gegenüber eigene Wege und Schritte zu einer Lösung gehen können wird. Die Hoffnung, die daraus entsteht, ist schon eine erste wichtige Ressource.

– Durch bestimmte Impulse kann bereits auf die lösungsorientierte Perspektive des späteren Seelsorgegespräches eingestimmt werden. Z.B. »Mich wird interessieren ... was Sie schon gemacht haben ... ob sich jetzt, da Sie das angehen, schon ein klein wenig etwas verändert ... welche Ideen für erste Schritte Sie zu unserem Gespräch mitbringen ...« Egal, welche Formulierung Sie wählen, wichtig ist, dass Sie Ihren Gesprächspartner nicht ungewollt ermutigen, noch mehr über das Problem nachzudenken (das tut er ohnehin die ganze Zeit), sondern dass er anfängt, auf hilfreiche Unterschiede zu achten, sei es in Form von bereits spürbaren Veränderungen, sei es in Form von erkennbaren Ressourcen. Es mag vielleicht wenig sein, was bis zum ersten Termin erkennbar wird, aber es ist ein Anfang, an den Sie anknüpfen können.

– Wenn Sie im Erstkontakt bereits hilfreiche Ressourcen beim Gegenüber erkennen, dann kann es für Ihr Gegenüber ermutigend und stärkend sein, in Form eines wertschätzenden Feedbacks darauf hinzuweisen. Oftmals ist es sinnvoll, das aber eher wie beiläufig zu tun, weil viele Menschen auf einen zu ausdrücklichen Hinweis auf ihre Ressourcen eher abwehrend oder selbstentwertend reagieren.

3.4 Vermeiden Sie Nebenwirkungen bei einer Terminvereinbarung

Eine Terminvereinbarung ist nie nur eine rein formale oder organisatorische Frage. Eine Terminvereinbarung »spricht« zu unserem Gegenüber, vermittelt ihm unterschwellige Botschaften, sogenannte »Suggestionen« (oder »Rahmensuggestionen«[29], weil sie den Rahmen eines Gespräches betreffen). Dazu gehört die bereits angesprochene Frage, mit welchen

---

29 Begriff von *Schmidt*, Einführung, 100. Siehe auch *Schmidt*, Liebesaffären, 124. Vgl. dazu auch *Prior*, Beratung und Therapie, insbes. 43 und 69.

Formulierungen ich überhaupt einen Termin anbiete. Wie auch immer ich das tue, das Problem darf dadurch nicht ›vergrößert‹ werden. Diese Problemvergrößerung geschieht übrigens fast ausnahmslos, wenn Sie gleich mehrere Termine anbieten. Das signalisiert dem anderen, dass Sie sein Problem für so groß halten, dass es auf jeden Fall nicht so schnell gelöst werden kann. Das kann sogar durch solch harmlose Formulierungen geschehen, wie: »Wir treffen uns zu einem *ersten* Gespräch am ...«. Sollte jedoch von Seiten des Gesprächspartners von vornherein der Wunsch nach mehreren Gesprächen geäußert werden, dann betone ich immer ausdrücklich, dass wir dennoch erstmal nur einen Termin ausmachen und dann am Ende des ersten Termins gemeinsam entscheiden, ob überhaupt ein weiterer Termin oder vielleicht auch mehrere weitere Termine sinnvoll sind. Wird dann am Ende eines solchen ersten Gesprächs von beiden Seiten eine Fortsetzung für sinnvoll erachtet, dann ist es erforderlich, auch gleich eine maximale Anzahl festzulegen, eventuell bei Bedarf auch einen Nachsorgetermin in größerem Abstand. Im Sinne der Kurzzeittherapie empfehle ich auch für Seelsorge eine Beschränkung auf maximal 4 bis 5 Termine. Auch die Terminfrequenz sollte festgelegt werden. Bewährt hat sich für Kurzzeitseelsorge ein Terminabstand von ca. 3 bis 5 Wochen. Damit wird unterschwellig zugleich signalisiert, dass die eigentliche Veränderung im Alltag stattfinden wird. Mit einem solchen Angebot kann auch Kurzzeitseelsorge einen Menschen bis zu etwa einem halben Jahr begleiten. Sollte in dieser Zeit keine hilfreiche Veränderung eingetreten sein, ist es ohnehin an der Zeit, mit dem Gesprächspartner Alternativen zu überlegen, z.B. die Empfehlung für eine Psychotherapie. Auch Ort und Zeit des Termins (Pfarrhaus, Kirche, Wohnung, Spaziergang, ...) können Botschaften vermitteln, die nicht pauschal festgelegt sind, die aber erfordern wahrzunehmen, was sie für das Gegenüber bedeuten.

Übung

Gemeinsam mit Kollegen/innen können Sie im Rollenspiel zu realen oder frei erfundenen Beispielen die im Folgenden dargestellten Fragestellungen üben. Im Rollenspiel kann auch geübt werden, auf unterschwellige Suggestionen zu achten und sie sich bewusst zu machen. Die nachfolgenden Fragen eignen sich auch zur nachträglichen persönlichen Reflexion über Seelsorgebegegnungen.

– Überlegen Sie: Sind Sie eher der Typ, der genaue Verfahrensvorgaben und Ablaufregeln für ein Seelsorgegespräch haben möchte?[30] Oder sind

---

30 Dann ist vermutlich die Vorgehensweise von Steve de Shazer und Timm H. Lohse für Sie eher ansprechend.

Sie eher der Typ, der mit einer Palette von Interventionsmöglichkeiten »im Ärmel« diese eher personen- und situationsspezifisch flexibel anwenden möchte?[31] Bedenken Sie dabei: Es geht lediglich um Tendenzen innerhalb einer grundsätzlich übergeordneten lösungsorientierten Vorgehensweise.

– Wie entscheide ich bei einer konkreten spontanen Anfrage: sofortiges Kurzgespräch oder Terminvereinbarung? Was bewegt mich, die eine oder die andere Entscheidung zu treffen? Was sehe ich im konkreten Beispiel als Vor- und als Nachteil?

– Wenn Sie sich für das spontane Kurzgespräch entscheiden: Wie schaffen Sie es, dass es ein Kurzgespräch bleibt? Was kann Ihr Gegenüber von Ihnen in der kurzen Zeit erwarten und was nicht? Was können Sie geben und was nicht? (Als Lektüre empfehle ich dazu Lohse: Kurzgespräch)

– Wenn Sie sich für eine Terminvereinbarung entscheiden, wie tun Sie das so, dass das Problem nicht ›vergrößert‹ wird, sondern Hoffnung genährt und Wertschätzung spürbar werden? Überlegen Sie auch, was der vereinbarte Ort und die vereinbarte Zeit für unterschwellige Botschaften vermitteln können (»Rahmensuggestionen«). Wie reagieren Sie auf den Wunsch nach mehreren Terminen?

– Welche vorbereitenden lösungs- und ressourcenorientierte Impulse können Sie Ihrem Gegenüber mit auf den Weg geben? (Zur Vertiefung empfehle ich Prior: Beratung und Therapie)

---

31 Dann ist vermutlich die Vorgehensweise von Gunther Schmidt und Luc Isebaert für Sie eher ansprechend.

4 Ins Gespräch kommen

»Jedem Anfang wohnt ein Zauber inne.« In gewissem Sinne gilt dieser Gedanke Hermann Hesses auch für den Beginn eines Gespräches. Worte können wie Zaubersprüche wirken – und legen somit von vornherein einen Zauber auf das Gespräch. Es kann ein Problemzauber sein oder ein Lösungszauber, ein schwerer betrübter Zauber oder ein leichter hoffungsvoller Zauber. Um diesen Zauber des Anfangs soll es nun gehen.

4.1 Beginnen Sie mit Smalltalk

Schon mit der Art, wie Sie ein Gespräch eröffnen, stellen Sie erste Weichen. Sie können von Anfang an eine freundliche, ressourcenorientierte, hoffnungsvolle Atmosphäre schaffen, oder eine Atmosphäre von ernster Schwere und beklemmender Problemlastigkeit. Mit letzterem hat man zwar in der Regel das Gefühl, man nimmt den Gesprächspartner mit seinen Problemen sehr ernst, mit der ersten Variante werden Sie ihn aber von Anfang an daran erinnern, dass das Leben bei allem Ernst der Lage auch freundlich und hoffnungsvoll sein kann.

Beginnen Sie darum, wo immer möglich, das Gespräch mit wertschätzendem Smalltalk.[32] Dieser Vorschlag mag Sie irritieren, weil Smalltalk in der Regel als oberflächlich und belanglos eingestuft wird. Das Gegenteil aber ist der Fall. Mit Smalltalk können Sie von Anfang an entscheidend dazu beitragen, dass eine hoffnungsvolle und ressourcenreiche Gesprächsatmosphäre entsteht. Unter Smalltalk verstehe ich dabei nicht nur das Gespräch über das Wetter, sondern ein Gespräch über schöne und gelingende, alltägliche oder besondere Ereignisse im Leben des Gesprächspartners, sei es der letzte Urlaub, sei es ein Hobby, seien es seine Kinder, oder was auch immer. Wenn Sie mit Ihrem Gesprächspartner in interessiertem Smalltalk über etwas sprechen, das nicht unmittelbar mit seinen Problemen zu tun hat, erinnern Sie ihn wie beiläufig daran, dass es in seinem Leben neben allen Schwierigkeiten auch Schönes und Gelingendes gibt. Smalltalk wird auf diese Weise zu einer Intervention, mit der Sie das Ge-

---

[32] Vgl. *De Jong / Berg*, Lösungen, 89ff.

lingende groß schreiben. Die Primingforschung[33] hat herausgefunden, dass wir Menschen durch unsere Gesprächsthemen neuronale Netzwerke bahnen, die unsere Aufmerksamkeit, ja selbst unser Verhalten in die entsprechende Richtung lenken. Smalltalk ist in diesem Sinne also nicht oberflächlich und belanglos, sondern kann gleich zu Beginn das Gegenüber daran erinnern, dass es in seinem Leben schöne und gelingende Aspekte gibt. Das bahnt seine Aufmerksamkeit schon in Richtung auf vorhandene Ressourcen und Kompetenzen und kann dazu führen, dass Sie regelrecht sehen, wie Ihr Gegenüber sich innerlich und äußerlich aufrichtet. Er erlebt sich als jemand, der nicht nur als Problemfall wahrgenommen wird, sondern als jemand, der ganz offensichtlich den Seelsorger interessierende gelingende Aspekte seines Lebens erzählen kann. Wenn Sie dabei auch noch das eine oder andere stimmige direkte oder indirekte Kompliment einfließen lassen (siehe unten Kapitel 9.3), stärken Sie das Selbstwertgefühl. Solchermaßen durch Smalltalk aufgerichtet, kann sich das Gegenüber nun seinem eigentlichen Anliegen zuwenden.

Bei Gesprächspartnern, die Sie ohnehin kennen, ergeben sich ganz von selbst Anknüpfungspunkte für einen kurzen Smalltalk. Bei Gesprächspartnern, die Sie nicht kennen, können Sie eingangs sagen: »Bevor wir zu Ihrem Anliegen kommen, möchte ich Sie gerne ein wenig kennenlernen. Erzählen Sie mir doch kurz etwas über sich.« Es gibt natürlich auch Gesprächssituationen, bei denen Smalltalk nicht passt. Dann verzichten Sie darauf.

4.2 Verwenden Sie Lösungssprache

Die Art und Weise, wie wir über etwas sprechen oder etwas benennen, lenkt unsere Aufmerksamkeit in die entsprechende Richtung. Oder noch deutlicher gesagt: Wir erschaffen unsere Wirklichkeit immer auch durch die Sprache, mit der wir über etwas reden – im zwischenmenschlichen Gespräch und in unseren inneren Dialogen mit uns selbst.[34] Ohne es zu wollen, erschaffen wir darum mit »Problemsprache« oftmals erst die Probleme oder verstärken sie zumindest. Und ohne in »Lösungssprache« zu wechseln, werden wir nur schwer zu Lösungen finden. Wenn Sie darum den Gesprächspartner nun fragen, was das Thema ist, weswegen er Sie sprechen will, macht es einen großen Unterschied, ob Sie fragen: »Was ist Ihr Problem?« oder »Was ist Ihr Anliegen?« Sowohl das Wort »Problem« als auch das Wort »Anliegen« lösen beim Gesprächspartner unterschiedliche innere – bewusste und unbewusste – Reaktionen aus.

---

33 Vgl. *Schmidt*, Liebesaffären, 54ff; *Schmidt*, Einführung, 40ff.
34 Besonders ausdrücklich hat De Shazer immer wieder darauf hingewiesen – mit Bezug auf Wittgenstein. Ausführlich in *De Shazer*, Worte. Siehe auch *Stollnberger*, Ausnahmen, 48ff, sowie *Isebaert*, Kurzzeittherapie, 40ff.

Mit »Problem« suggerieren Sie ihm, dass er ein hilfebedürftiges Problemopfer ist, und verstärken seine ›Problemtrance‹. Mit »Anliegen« suggerieren Sie ihm, dass er ein aktiver Lösungssucher ist, und sprechen ihn an in seiner Lösungskompetenz, die sich schon darin zeigt, dass er aktiv sein Anliegen verfolgt, indem er das Gespräch sucht. Sie bringen Ihr Gegenüber damit auf Augenhöhe, geben ihm die Rolle eines mündigen Gegenübers. Und Sie trauen ihm etwas zu, sprechen ihn als jemand an, der für sein Anliegen Verantwortung übernimmt, als jemand, der selber aktiv an der Lösung arbeiten wird.

Für dieses Ansprechen der aktiven Lösungsverantwortung und Lösungskompetenz sind natürlich auch andere Formulierungen geeignet. Zum Beispiel: »Worum geht es Ihnen in unserem Gespräch?« – »Worüber möchten Sie mit mir sprechen?« – »Was möchten Sie in unserem Gespräch für sich erreichen?« – »Was ist das Thema, bei welchem Sie im Gespräch mit mir einen Schritt weiterkommen möchten?« – »In welchem Bereich Ihres Lebens suchen Sie im Gespräch mit mir nach weiterführenden Ideen?« – »Was möchten Sie in unserem Gespräch erreichen, so dass Sie hinterher mit dem Gefühl nach Hause gehen, es war gut, dass wir miteinander gesprochen haben?« – »Erzählen Sie mir mal, wofür Sie gerade auf der Suche nach einer Lösung sind.« Selbst die Frage »Wie kann ich Ihnen helfen ...?« kann dann Sinn machen, wenn im weiteren Verlauf des Gesprächs klar wird, dass die Satzergänzung heißt: »... sich selbst zu helfen?«[35] Wenn die Grundhaltung klar ist, sind letztlich sehr viele Formulierungen denkbar. Am besten Sie legen sich zwei, drei Standardformulierungen zurecht, die zu Ihnen passen und mit denen Sie dann in »Lösungssprache« auf das eigentliche Thema des Gesprächs lenken können.

4.3 Vermeiden Sie »problem talk«!

Sehr wahrscheinlich wird Ihr Gegenüber nun bei der Schilderung seines Anliegens dennoch sofort wieder in Problemsprache verfallen. Das entspricht ja in der Regel seinen bisherigen inneren und äußeren Dialogen. »Mein Problem ist ...« Und er wird Ihnen sprachlich ein Problem präsentieren, das er innerlich so erlebt, als wäre er ein Opfer des Problems, als würde sein Leben vor allem um dieses Problem kreisen, als würde er sich nur schwach und hilflos fühlen und hätte er keine Ahnung und auch keine Mittel, wie er diese Problem aus der Welt schaffen kann. Was er aber nicht weiß, ist, dass er durch die Art und Weise, wie er innerlich, und jetzt Ihnen gegenüber äußerlich, über das Problem redet, dazu beiträgt, das Problem als Problem aufrechtzuerhalten. Es ist, so ein Bild von

---

35 Mündlicher Hinweis von Isebaert.

Lohse, als würde er ein »Konfliktkarussell« in Gang setzen.[36] Seine Worte wirken wie negative Zauberformeln, die ihn immer mehr wie mit unsichtbarer Magie auf seinem Konfliktkarussell festhalten und es gleichzeitig beschleunigen. Darum hat De Shazer ganz großen Wert darauf gelegt, dass der »problem talk« möglichst vermieden werden soll, und wenn dann nur kurz.[37] Keinesfalls sollte durch entsprechendes Nachfragen das Kreisen um das Problem weiter beschleunigt werden. Möglichst schnell gilt es in Lösungssprache zu wechseln, also damit anzufangen, im gemeinsamen Sprechen über Wünsche, Ziele, problemfreie Zeiten, Ressourcen, Lösungsschritte die Sprache als positive Zauberformel zu nutzen, mit der eine erwünschte Zukunft Konturen gewinnt. Gunther Schmidt hat allerdings zu Recht ergänzend darauf hingewiesen, dass eine zu rigide Vermeidung von »problem talk« auch als Mangel an Wertschätzung und Einfühlung verstanden werden kann.[38] Er empfiehlt daher, durchaus auch über das Problem etwas länger zu reden, aber dabei das Problem mit großer Wertschätzung zu verstehen als einen im Grunde kompetenten Lösungsversuch, für den das Gegenüber aber einen hohen Preis zahlt, nämlich sein Leiden am Problem. Dieses Leiden gilt es zu würdigen, ohne die Hilflosigkeit zu verstärken, sondern im Gegenteil die im Problem enthaltene bis dato bestmögliche, wenn auch leidvolle Lösungsstrategie wertzuschätzen.[39] Das könnte dann z.B. so formuliert werden: »Sie müssen Ihre Frau sehr lieben, dass Sie das alles bislang mit sich alleine ausgemacht haben.« Das Gegenüber fühlt sich dadurch in seinem Problemerleben verstanden, ohne noch tiefer darin zu versinken. Er erahnt stattdessen, dass in seinem Problem ungeahnte Kompetenzen enthalten sind, die es nun zur Schaffung einer weniger leidvollen Lösung zu nutzen gilt.

4.4 Sprechen Sie normal und zugewandt

Die Sprache, die Sie im Seelsorgegespräch sprechen, sollte möglichst normal, zwanglos und zugewandt sein. Verwenden Sie normale Alltagssprache, so wie Sie mit einem Nachbarn oder einem guten Bekannten reden würden. Orientieren Sie sich dabei am Gegenüber.[40] Welche Sprache spricht er? Soweit es Ihnen auf authentische Weise möglich ist, gehen Sie auf seinen Sprachstil ein. Das hat natürlich auch Grenzen. Es wirkt lächerlich, wenn ein gesetzter Seelsorger plötzlich Jugendsprache spricht. Aber selbst wenn Ihr Gegenüber eine solche ganz andere Sprache spricht, können Sie einzelne Begriffe und Ausdrucksweisen immer mal wieder als bewusstes Zitat verwenden. Sie zeigen Ihrem Gegenüber damit, dass Sie

36 *Lohse*, Kurzgespräch, 35ff.
37 Kritisch dazu *Schmidt*, Liebesaffären, 68 und 83f, und *Schmidt*, Einführung, 111.
38 Schmidt im Nachwort zu *De Shazer*, Kurztherapie, 236f.
39 *Schmidt*, Einführung, 108ff.
40 Vgl. dazu z.B. *Stollnberger*, Ausnahmen, 119f, und *Schmidt*, Einführung, 86.

sich auf seine Sprache und damit auf seine Welt einlassen. Das ist insbesondere am Anfang wichtig, um zu zeigen, dass Sie den anderen verstehen. Da darf dann auch mal einfach nur wörtlich wiederholt werden, was der Andere sagte.[41] Es ist eine erstaunlich effektive Form, den Gesprächspartner zu »pacen«, sich also auf seinen »Pfad« zu begeben. Das Gegenüber wird sich dadurch mit hoher Wahrscheinlichkeit wertgeschätzt und verstanden fühlen. Vermeiden Sie dagegen jedoch möglichst jegliche Form von Psychosprache, auch lösungsorientierte Psychosprache. Wenn bestimmte Ausdrücke unvermeidbar sind oder Ihnen hilfreich erscheinen, dann führen Sie diese Wörter mit einer kurzen Begründung wie »Vokabeln« ein, und erläutern, warum Ihnen das wichtig ist. Sollte Ihr Gegenüber von sich aus Psychosprache nutzen, können Sie natürlich darauf eingehen, achten Sie aber darauf, was ihm die Begriffe bedeuten. Es muss nicht dasselbe sein, was Sie darunter verstehen. Wichtig ist, dass Sie Ihr Interesse am Anderen und an seiner Welt auch noch durch eine entsprechende zugewandte Körperhaltung unterstreichen. Achten Sie auch dabei auf Stimmigkeit. Übertreiben würde auch hier eher befremdlich wirken. Eine gelegentlich zurückgelehnte Körperhaltung signalisiert auch, dass Sie außerhalb des Problems stehen, ja, dass es tatsächlich ein Außerhalb des Problems gibt. Isebeart empfiehlt daher einen Wechsel zwischen zugewandter und zurückgenommener Körperhaltung.[42]

4.5 Stellen Sie lösungsorientierte Fragen

Fragen sind nie neutral. Fragen haben immer eine Absicht, eine Tendenz, die vom Gegenüber bewusst oder unbewusst erkannt wird. Es macht einen Unterschied, ob Sie fragen: »Warum konnten Sie bislang mit Ihrer Frau nicht darüber reden?« Oder ob Sie fragen: »Wovor möchten Sie Ihre Frau schützen, indem Sie nicht mit ihr darüber reden?« – Die erste Frage spricht ganz deutlich eine Inkompetenz an und verleitet obendrein zum Spekulieren über mögliche Gründe für diese Inkompetenz. Die zweite Frage zielt auf eine im Problemverhalten verborgene Kompetenz, der mit Wertschätzung begegnet wird. Ist diese verborgene Kompetenz einmal offengelegt, kann sie dazu genutzt werden, eine weniger leidvolle Lösung zu konstruieren. Stellen Sie im Gespräch also Ihre Fragen immer möglichst so, dass Sie Ihr Gegenüber damit auf dem Lösungsweg voranbringen, statt ihn tiefer in das Problemerleben hineinzutreiben.[43] Selbst scheinbar harmlose Fragen, die Ihnen dazu verhelfen sollen, das Problem

[41] Mündlicher Hinweis von Isebaert. Er widerspricht auch der Befürchtung, dass eine solche wörtliche Wiederholung negativ erlebt werden könne. Wichtig ist natürlich eine empathische Haltung.
[42] Mündlicher Hinweis.
[43] Ausführlich zum Thema »Fragen/Zuhören« siehe *Stollnberger*, Ausnahmen, 117f und 125ff; *De Jong / Berg*, Lösungen, 47ff, *Schmidt*, Einführung, 87ff. Vgl. auch *Lohse*, Kurzgespräch, 71ff.

besser zu verstehen, haben ganz schnell diesen suggestiven Sog in den Problemstrudel. Überlegen Sie darum, ob Sie auf solche Fragen nicht weitgehend verzichten können, oder dosieren Sie diese Fragen zumindest auf das unbedingt Notwendige. Die stets bessere Option ist jedoch, wenn es Ihnen gelingt, alle Fragen, auch die Verstehensfragen, so zu stellen, dass Lösungen, Ressourcen, Kompetenzen, Stärken, Ziele wachgerufen werden.[44] Um im angedeuteten Beispiel zu bleiben: »Wie haben Sie es geschafft, Ihre Frau so lange durch Schweigen zu schützen?« – »Wie können Sie in Zukunft Ihre Fürsorge für Ihre Frau auf eine solche Art und Weise gestalten, dass Sie nicht alles mit sich alleine ausmachen müssen und Ihrer Frau auch eine Chance zu geben, vielleicht ganz anders zu reagieren, als Sie befürchten?«

Dem lösungsorientierten Fragen entspricht ein lösungsorientiertes Zuhören. Wann immer Sie versuchen, bei der Schilderung des Gegenübers vor allem darauf zu hören, wo das Problem liegt, womöglich sogar wo das eigentliche oder das verborgene Problem liegt, werden Sie unwillkürlich den Gesprächsverlauf in diese Richtung lenken. Wenn Sie hingegen beim Zuhören vor allem darauf achten, wo Unterschiede zum Problemerleben sichtbar werden, wo Kompetenzen und Ressourcen aufleuchten, wo – vorhandene oder potentielle – Lösungsansätze sich erahnen lassen, dann werden Sie das Gespräch in eine Lösungsrichtung lenken.

4.6 Nehmen Sie Ihr Gegenüber beim Wort

Durch populär gewordene tiefenpsychologische Theorien haben wir es kollektiv gelernt, oftmals ein verborgenes eigentliches Problem hinter dem zu vermuten, was uns vordergründig erzählt wird. Gerne lassen wir uns dann von unseren Vermutungen leiten, statt genau hinzuhören und unser Gegenüber beim Wort zu nehmen. Hilfreich ist eine sokratische Grundhaltung: »Ich weiß, dass ich nichts weiß.« Mein Gegenüber muss mir alles erklären, was ich über ihn wissen muss. De Shazer spricht von einer je neuen Anfängerhaltung,[45] mit der dem Gegenüber mit einer beinahe naiv anmutenden Neugierde zugehört wird. Wie das Gegenüber sein Problem erlebt, was es für ihn bedeutet, wo er hilfreiche Unterschiede erkennen kann, all das kann ich als Seelsorger nicht wissen. Ich muss es in jedem Einzelfall genau erfragen, auch wenn es mich noch so sehr an bekanntes Erleben oder vertraute Theorien erinnert. Dabei ist es hilfreich, wenn ich das Gegenüber sehr genau beim Wort nehme – und wenn ich die Bedeutung der Wörter aus dem ›Text‹ des Gegenübers heraus zu verstehen suche, anstatt sie einfach stillschweigend aus meinem Hintergrund

---

[44] Vgl. *Schmidt*, Einführung, 87f.
[45] *De Shazer / Dolan*, Wunder, 225.

heraus zu deuten.[46] Ähnlich wie bei der Bibelinterpretation gilt es auch hier, keine Eisegese sondern Exegese zu betreiben.

Natürlich stellen sich beim Seelsorger dennoch manchmal Ideen und Vermutungen ein, aus denen er Hypothesen bildet sowohl hinsichtlich des Problemerlebens als auch hinsichtlich einer möglichen Lösung. Während De Shazer es radikal ablehnt, an solchen Stellen Hypothesen zu bilden, sind andere Kurzzeittherapeuten (wie Schmidt und Isebaert) hier etwas entspannter. Hypothesen sind möglich, aber sie sind »Wegwerfartikel«.[47] Sie werden dem Gesprächspartner präsentiert wie »Menüangebote«,[48] die vom ihm jederzeit abgelehnt werden können. Es ist immer das Gegenüber, das entscheidet, ob er damit etwas anfangen kann, ob es ihm schmeckt oder nicht. Diagnosen und Expertenwissen, das unser Gegenüber von uns übernehmen und für sich gelten lassen müsste, sind aber strikt ausgeschlossen. Wir sind bestenfalls Experten für eine mal neugierige, mal ermutigende, aber stets demütige Kommunikation, die dem Anderen hilft, Wege zu seiner Lösung zu finden. Wer stark tiefenpsychologisch geprägt ist, wird sich möglicherweise mit einer solchen möglichst hypothesenfreien Kommunikation schwer tun. Tiefenpsychologische Hypothesen, z.B. über Prägungen aus der frühen Kindheit, sind trotz allem wissenschaftlichen Anspruch letztlich auch nichts anderes als Konstruktionen, die vom Klienten durch authentische Reaktionen verifiziert werden müssen und erst dann hilfreich werden können. Dazu bedarf es aber einer längeren tiefenpsychologischen Therapie. Im Rahmen der Kurzzeitseelsorge sollte mit tiefenpsychologischen Hypothesen sehr zurückhaltend umgegangen werden[49] oder ganz darauf verzichtet werden. Systemische Hypothesen sind den lösungsorientierten Verfahren etwas näher. So ist es durchaus denkbar zu fragen, welche – im Kern gut gemeinte – »Leistung« für das »System« (z.B. Ehe, Familie) unseres Gesprächspartners durch sein Problemverhalten erreicht wird. In der Wertschätzung dieser »Leistung« läge dann die Nützlichkeit einer entsprechenden Hypothese.

Exkurs: Schlüsselworte

Timm Lohse empfiehlt insbesondere am Anfang sehr genau auf »Schlüsselworte« zu achten.[50] Er versteht darunter solche Worte und Ausdruck-

---

[46] Zum Thema »Beim Wort nehmen« siehe *De Shazer*, Dreh, 29f, sowie in *De Shazer / Dolan*, Wunder, 151–164. Und nochmals ganz grundsätzlich in *De Shazer*, Worte.

[47] *Isebaert*, Kurzzeittherapie, 18ff, und *Schmidt*, Einführung, 72.

[48] *Schmidt*, Liebesaffären, 65.

[49] Siehe unten Kapitel 5. 2 (zweiter Absatz) und den Exkurs »Wenn die Vergangenheit Muster vorgibt (Übertragungen)«

[50] *Lohse*, Kurzgespräch, 47ff. – Kurz zur Theorie: Es war für mich nicht ganz klar zu erkennen, welche Konzepte für Timm Lohse dabei im Hintergrund stehen. Am ehes-

weisen, die wie ein »Schlüssel« zum eigentlichen Anliegen führen. Es genüge dazu, diese Worte treffsicher zu wiederholen, in der Regel als Bestandteil der eigenen Rückfrage oder der eigenen Antwort. Gelegentlich arbeitet Lohse auch mit einer sinngemäßen assoziativen Umstellung in der Rückfrage.[51] Solchermaßen widergespiegelte Schlüsselworte würden wie ein »Sesam-Öffne-Dich« wirken und den Gesprächspartner dazu bringen, recht schnell vom eigentlichen Anliegen zu erzählen.

Ich selbst würde empfehlen, mit der Idee von Schlüsselworten neugierig spielerisch umzugehen, und einfach zu probieren, ob es beim Gegenüber eine hilfreiche Reaktion auslöst oder nicht. Wenn ja, ist gut, wenn nicht, ist auch gut. Dabei können folgende Variationen ausprobiert werden.

1. Einfaches Wiederholen. »Sie hatten sich heute Morgen ›missmutig‹ gefühlt und trotzdem haben Sie sich aufgerafft ...« Das wäre eine Form des ›pacen‹, kann aber auch als »Sesam-Öffne-Dich« im Sinne von Timm Lohse wirken.

2. Ansprechen und Nachfragen: »Sie haben eben erwähnt, dass Sie sich ›missmutig‹ gefühlt haben. Können Sie mir in Ihren Worten erklären, welche Gefühle, Gedanken und Bilder Sie mit ›missmutig‹ verbinden. Vielleicht so, wie Sie es einem kleinen Kind erklären würden?« Das wäre eine Form von »eigensprachlichem« (ideolektischem) Nachfragen, um die Bedeutung der Vokabel »missmutig« aus dem ›inneren Lexikon‹ des Gegenübers erklärt zu bekommen. Denn neben der allgemeinen Wortbedeutung gibt es immer auch eine individuelle, die sich nur auf dem Hintergrund der persönlichen Erfahrungen verstehen lässt.

3. Schlüsselworte können auch assoziativ umformuliert zurückgespiegelt werden, um eine mögliche verdeckte Bedeutung offenzulegen. Das ist aber mit großer Vorsicht zu handhaben, um das Gegenüber nicht bloßzustellen oder zu beschämen. Denkbar wäre zum Beispiel: »Sie sagten eben, Sie seien ›missmutig‹ gewesen. Mir kommt dabei die Frage in den Sinn: Wo haben Sie den ›Mut‹ vermisst? Können Sie damit etwas anfangen?« Die letzte Rückfrage halte ich für unerlässlich, um dem Gegenüber die Deutungshoheit über seine Formulierung zu lassen. Diese Form des Umgangs mit Schlüsselworten entspricht der bei Lohse zu findenden assoziativen Umstellung.

---

ten erinnert mich das an das Konzept der Eigensprache (Ideolektik) von *Adolphe D. Jonas*, Was Alltagsgespräche uns verraten, Würzburg 2013 (5. Auflage). Aber auch an das »pacen« bei Erickson oder das von Lohse an anderer Stelle (64) selbst erwähnte Erschließen der »Tiefenstruktur« bei NLP.
[51] Siehe dazu die Beispielsätze in *Lohse*, Grundlagen. 79. Vgl. auch 74f und 102.

Übung

– Üben Sie im Rollenspiel, ein Gespräch mit wertschätzendem Smalltalk anzufangen. Reden Sie wertschätzend und ressourcenorientiert über Gelingendes im Leben des Gegenübers. Machen Sie dabei auch anerkennende Komplimente. Themen können sein: Lieblingsbeschäftigung, Hobbies, Interessen, Stärken, Urlaub, Kinder, ... Überprüfen Sie, was ›es mit Ihnen macht‹. Diskutieren Sie, wo Chancen und Grenzen liegen. Überlegen Sie, bei welchen Gesprächen Sie Smalltalk als hilfreich erlebt haben oder bei welchen Gesprächen Smalltalk zu Beginn vielleicht eine ressourcenreiche Atmosphäre geschaffen hätte? Nehmen Sie sich vor, in einem der nächsten Gespräche anfangs eine kurze wertschätzende Smalltalkphase einzubauen. Achten Sie auf die Reaktionen des Gegenübers. Wie merken Sie, dass es hilfreich ist? Wie merken Sie, dass es reicht oder womöglich sogar Ihr Gegenüber irritiert? Gibt es auch Gesprächssituationen, in denen es gar nicht passt?

– Üben Sie zusammen mit Kollegen oder in einem Ihrer nächsten Gespräche ganz bewusst das Pacen. Überprüfen Sie, wie weit Sie sich auf authentische Weise auf die Sprache des Gegenübers einlassen können oder – wenn das nicht geht – wie Sie auf stimmige Weise immer wieder wichtige Begriffe des Gegenübers zitieren können. Nehmen Sie auch wahr, wie Sie mit Ihrer Körperhaltung Zugewandtheit ausdrücken. Und im Wechsel dazu: Wie drücken Sie mit Ihrer Körperhaltung aus, dass Sie außerhalb des Problems stehen, um von dort aus hilfreich sein zu können? Überprüfen Sie, was sich jeweils als stimmig anfühlt und was nicht. Im Rollenspiel können Sie die Wahrnehmung des Gegenübers erfragen. Nehmen Sie das Ganze nicht als Technik, sondern als sprachlichen und körperlichen Ausdruck eines echten Interesses.

– Üben Sie im Rollenspiel das Eröffnen des eigentlichen Gesprächsthemas in Lösungssprache. Welche Formulierungen verstärken eher die Rolle als Problemopfer, welche Formulierungen trauen dem Anderen etwas zu? Suchen Sie für sich Standarderöffnungen, die zu Ihnen passen.

– Üben Sie eine Würdigung des Problems, ohne in »Problemtrance« zu verfallen und ohne in das »Konfliktkarussell« einzusteigen. Welche Formulierungen sind hilfreich? Welche Formulierungen bringen das »Konfliktkarussell« erst recht zum Drehen? Welche Formulierungen zeigen dem Anderen, dass Sie sein Leid sehen und würdigen, und dass Sie darin zugleich eine wertvolle Ressource erkennen? Ein Beispiel: »Sie müssen Ihre Frau sehr lieben, dass Sie das so lange ausgehalten haben.« Achten Sie auch auf die Gefahr des Schönredens oder der Bagatellisierung.

– Üben Sie, bei allem, was Ihr Gegenüber sagt, lösungsorientiert zuzuhören. Fragen Sie sich innerlich: »Wo kann ich Lösungsansätze und Ressourcen erkennen oder zumindest erahnen? Wo zeichnen sich hilfreiche Unterschiede ab?« Wenn Sie bislang problemorientiert zugehört haben, versuchen Sie es mal beim Zuhören mit »Problem-Fasten«, also mit dem Verzicht, vor allem auf das zu hören, was ein Hinweis auf das eigentliche Problem sein könnte. Wie erleben Sie sich anders, wenn Sie lösungsorientiert zuhören?

– Wenn Sie die Idee der Schlüsselworte anspricht, dann üben Sie die drei oben dargestellten Varianten im Rollenspiel. Sie können auch in einem Ihrer nächsten Gespräche damit versuchsweise arbeiten. Achten Sie dabei sehr darauf, ob es für Ihr Gegenüber hilfreich ist. Wenn nicht, dann beharren Sie nicht darauf, sondern legen die Schlüsselworte einfach still beiseite.

5 Wer begegnet wem?

Auch wenn in der kurzzeittherapeutischen Literatur zumindest manchmal der Eindruck entsteht, dass die Beziehung zwischen Klient und Therapeut nicht Gegenstand allzu ausführlicher Reflexion ist, so heißt dies nicht, dass in der kurzzeittherapeutischen Praxis dieser Beziehung keine Bedeutung geschenkt wird. Im Gegenteil: Eine wertschätzende, zugewandte Haltung des Therapeuten, die eine vertrauensvolle Beziehung herstellen möchte, spielt in der Praxis (und zum Teil dann doch in kürzerer Form auch in der Theorie) eine wichtige Rolle.[52] Allerdings wird – im Unterschied zu manch anderen Therapieverfahren – nicht allzu intensiv und allzu komplex über die Beziehungsqualität reflektiert.[53] Eine gewisse vereinfachte und auf die Qualität des Wollens unseres Gegenübers fokussierte Form bieten die weiter unten im Kapitel 5.3 dargestellten Kategorien »Kunde, Klagender und Besucher«. Ein Grund für das knapp gehaltene Nachdenken über die Beziehung liegt in der Kürze der Begegnung sowie in der grundsätzlichen Idee, dass der Klient seinen Lösungsweg ohnehin selbst gehen muss – in seinem eigenen Leben und mit den Menschen, mit denen er dort zu tun hat. Aus diesem Grund soll auch von vornherein eine zu intensive therapeutische Beziehung und vor allem jede Form von Abhängigkeit vermieden werden. Dennoch gelten auch für kurze Begegnungen einige grundsätzliche Voraussetzungen, die aus meiner Sicht zu beachten sind, gerade auch in der seelsorgerlichen Begegnung.

5.1 Suchen Sie geschwisterliche Augenhöhe

In einer Seelsorgebegegnung begegnen sich zwei Menschen. Das klingt banal, hat aber, wenn man es ernst nimmt, weitreichende Bedeutung. Das wird vielleicht etwas deutlicher, wenn wir im christlichen Sprachgebrauch sagen: Es begegnen sich zwei Geschwister, zwei Kinder Gottes. Der Mensch, der mir im Seelsorgegespräch begegnet, ist zuallererst meine Schwester, mein Bruder. Das bedeutet, dass es in jeder Begegnung von vornherein eine vorgegebene Gleichwertigkeit, eine grundlegende Ge-

---

[52] Vgl. z.B. *Isebaert*, Kurzzeittherapie, 32 und 64.
[53] Vgl. *Stollnberger*, Ausnahmen, 22.

schwisterlichkeit gibt. Natürlich gibt es Unterschiede in der Rolle und in der Kompetenz, aber diese Unterschiede dürfen nicht missbraucht werden, um eine Begegnung auf geschwisterlicher Augenhöhe zu vermeiden. Wenn wir das nicht beachten, dann geschieht es, dass lediglich der Experte dem Laien begegnet, der Helfer dem Hilflosen, der Arzt dem Patienten, der Pastor dem ›Schäfchen‹, schlimmstenfalls der Guru dem Anhänger oder der Mystagoge dem Einzuweihenden. Das aber sind bestenfalls Rollen, die unsere Begegnung mit anderen Menschen mitprägen und strukturieren, die die Begegnung als solche aber nicht vermeiden oder gar ersetzen dürfen. Der Andere, die Andere ist mein Bruder, meine Schwester, und zwar auch dann, wenn ich gerade in der Rolle des Helfenden bin und der Andere in der Rolle des Hilflosen. Es gilt, dem anderen in geschwisterlicher Augenhöhe zu begegnen, und zwar selbst dann, wenn der Andere in seiner Hilflosigkeit nur mit gesenktem Blick vor mir sitzt. Die Vermeidung einer echten Begegnung auf Augenhöhe kann nämlich nicht nur durch den Helfenden geschehen, sondern auch durch den Hilfsbedürftigen. Er sucht dann lediglich den Experten, der ihm sagt, was er zu tun hat, weil er sich selber (noch) gar nicht zutraut, in einer aufrichtigen Begegnung zu sich selbst zu finden. Insofern müssen wir als Seelsorger oftmals stellvertretend für den anderen die Augenhöhe herstellen. Das geschieht auf zweierlei Weise. Erstens indem wir dem Gegenüber zutrauen, dass er dazu prinzipiell nicht nur die Würde sondern auch die Fähigkeit hat. Ich behandle mein Gegenüber so, dass ich ihm die Augenhöhe unterstelle, die er im Moment selber (noch) nicht spüren kann.[54] Zweitens werde ich in meinem Gesprächsverhalten, in meinen Formulierungen, in meinen Interventionen immer darauf achten, das Gegenüber zu dieser Augenhöhe einzuladen, aufzufordern, zu ermutigen.[55] »Alles wirkliche Leben ist Begegnung« hat Martin Buber einmal gesagt. Und das gilt auch für Seelsorgebegegnungen, und seien sie nur kurz.

5.2 Seien Sie sympathisch

Es ist nicht die Technik, die heilt. Die Psychotherapieforschung hat seit langem mehrfach herausgefunden, dass die vertrauensvolle und wertschätzende Beziehung zwischen Therapeut und Patient ein ganz wesentlicher Faktor einer gelingenden Therapie ist.[56] Sándor Ferençzy hat es

---

54 Vgl. *Hilarion Petzold*, Integrative Therapie. Modelle, Theorien und Methoden für eine schulenübergreifende Psychotherapie, Paderborn 1993, 1079ff. Er spricht von »unterstellter Intersubjektivität«.
55 Vgl. *Lohse*, Kurzgespräch, 28ff. Lohse spricht von der Herstellung »symmetrischer Solidarität«.
56 So insbesondere in der Erforschung der allen Therapieverfahren gemeinsamen Wirkfaktoren (common factors). Zusammenfassend dargestellt in: https://en. wikipedia.org/wiki/Common_factors_theory (Abruf 17.6.2015).

schon vor über 80 Jahren auf den Punkt gebracht: »Ohne Sympathie keine Heilung.«[57] Mit Sympathie ist gemeint, dass ich meinem Gegenüber
mit Zuneigung, Wertschätzung, Respekt, Einfühlung, Mitgefühl, Achtsamkeit und Zutrauen begegne, etwas, das besser mit dem griechischen
Wort »Agape« zusammengefasst ist als in dem missverständlichen deutschen Wort »Liebe«. Insofern könnte man auch sagen: Ohne Agape keine
Heilung. Es geht also um eine Sym-Pathie für den Anderen, wörtlich
übersetzt »Mit-Fühlen«, mich in den Anderen liebevoll einzufühlen, ihm
mit geschwisterlicher Liebe zu begegnen. Es gibt zugegebenermaßen
Menschen, mit denen das nicht auf Anhieb gelingt. Die Erfahrung lehrt
aber, dass sobald sich jemand in einer Begegnung öffnet und als bedürftiger Mensch, als verletzlicher Bruder, als suchende Schwester erkennbar
wird, dass sich dann Sympathie oftmals wie von allein einstellt. Für Seelsorger bedeutet dies, in zunächst schwierigen Begegnungen darauf zu vertrauen, dass genau das geschehen wird – und bis dahin dem Gegenüber
mit einem Vorschuss an Agape zu begegnen. Stellt sich dagegen Sympathie überhaupt nicht ein, dann bin ich vermutlich für den Anderen nicht
der richtige Seelsorger. Vielleicht kann ich trotzdem für ihn in gewissen
Grenzen etwas Gutes tun, aber dieser Grenzen muss ich mir dann sehr
bewusst sein. Dazu kann auch gehören, dass ich respektvoll und behutsam an andere seelsorgende Personen delegiere.

Manchmal geschieht es in seelsorgerlichen Begegnungen, dass alte Beziehungsmuster den sympathischen Kontakt auf Augenhöhe erschweren. In
der Psychologie redet man von Übertragungen.[58] Das kann in beide
Richtungen gehen. Da reagiert mein Gegenüber auf mich so, als würde
ich ihn bevormunden, weil er Erlebnismuster mit seinem bevormundenden Vater auf mich überträgt. Das wäre ein Beispiel für klassische »Übertragung«. Oder mein Gegenüber bringt mich dazu, dass ich ihn übermä
ßig fürsorglich wie ein unselbständiges Kind behandele. Durch bestimmte Verhaltensmuster mir gegenüber schafft er es, dass ich mich unwillkürlich so fühle und ansatzweise auch so verhalte, wie er es bei seinem Vater
erlebt hat. Diese bei mir ausgelöste Reaktion nennt man »Gegenübertragung.« Oder ich reagiere trotzig oder gekränkt auf Kritik meines Gegenübers, weil ich mich durch diese Kritik unbewusst an meinen eigenen kritisierenden Vater erinnert fühle. Diese Form der Übertragung ist dann
meine eigene Übertragung als Seelsorger. Solche und ähnliche Schieflagen
sind also darauf zurückzuführen, dass alte Beziehungsmuster sowohl in
meinem Gegenüber als auch in mir aktiviert werden. In kurzen Begeg-

57 So lautet der Titel eines seiner Bücher. *Sándor Ferenczi*, Ohne Sympathie keine
Heilung. Das klinische Tagebuch von 1932, Frankfurt am Main 1988.
58 *J. Laplanche* und *J.-P. Pontalis*, Das Vokabular der Psychoanalyse, Frankfurt am
Main 1973, 164f und 550ff. Zu den verschiedenen Übertragungsformen siehe auch
Dorothea Rahm u.a., Einführung in die Integrative Therapie, Paderborn 1993 (2. Auflage), 355ff.

nungen geschieht dies in der Regel nicht so schnell und nicht so intensiv wie in langfristigen Begegnungen. Insofern muss in der Kurzzeitseelsorge diesem Thema keine übermäßige Aufmerksamkeit geschenkt werden. Gleichwohl ist damit zu rechnen, dass sich Übertragungen einstellen, gerade auch dort, wo sich auch außerhalb der Beratungssituation (z.B. in der Kirchengemeinde oder in diakonischen Einrichtungen) langfristige Kontakte ohnehin ergeben haben. Aber es gilt auch, vorsichtig zu sein. Denn was wie Übertragung aussieht, kann auch ein ganz realer Konflikt in der Gegenwart sein. Vielleicht bin ich wirklich bevormundend, überfürsorglich oder kritikempfindlich. Sollten also solche Schieflagen im seelsorgerlichen Kontakt erkennbar werden, dann gilt es immer zuerst zu klären, ob es sich um einen akuten Konflikt zwischen mir und meinem Gegenüber handelt. Erst wenn das ausgeschlossen ist, kann überlegt werden, ob es sich um Übertragung handelt. Dazu kann Supervision und kollegiale Beratung sehr hilfreich sein. Das Gegenüber sollte allenfalls ganz behutsam und in einer nicht festlegenden Weise darauf aufmerksam gemacht werden. Statt einer ausführlichen Auseinandersetzung mit dem Phänomen der Übertragung (dafür fehlen Mittel und Zeit!) sollte stattdessen recht schnell auf die partnerschaftliche Lösungssuche umgeschaltet werden.

»Entgegen meiner Gewohnheit habe ich Ihnen sehr viele konkrete Vorschläge gemacht, die Sie alle aber sehr schnell abgelehnt haben. Das ist Ihr gutes Recht. Ich spüre allerdings auch einen leichten Ärger bei Ihnen, und ich habe gerade die Sorge, Sie könnten sich von mir bevormundet fühlen. Spüre ich das richtig?« – »Ja! Sie haben gerade auf mich eingeredet wie damals mein Vater. Der wusste auch alles besser.« – »Ok. Das tut mir leid. Das war nicht meine Absicht. Was hat Ihnen denn damals geholfen, dass Sie trotzdem Ihren eigenen Weg gefunden haben? Welche Stärken haben Sie daraus entwickelt, die Ihnen heute noch helfen?«

5.3 Finden Sie heraus, wie sich das Gegenüber die Zusammenarbeit vorstellt

In den Kurzzeitverfahren gibt es keine Persönlichkeitsmodelle. Jeder Mensch wird als einzigartiges Individuum behandelt, das weder in Schemata noch in Diagnosemodelle eingeordnet wird. So mag es vielleicht manchen wundern, dass als erster Steve De Shazer nun doch Schemata für die Beziehung zu seinen Gegenübern eingeführt hat, nämlich Kunde, Klagender und Besucher.[59] Diese Schemata sind aber alles andere als Persönlichkeitsmodelle. Sie sagen überhaupt nichts aus über den Charakter

---

59 Ausführlich zum Thema »Kunden, Klagender und Besucher« siehe *De Shazer*, Der Dreh, 102–106; *De Jong / Berg*, Lösungen, 97–118; *Schmidt*, Einführung, 104–107; sowie – mit anderer Begrifflichkeit – *Isebaert*, Kurzzeittherapie, 64–118.

oder das Wesen des Anderen. Es sind lediglich Modelle, die helfen sollen, die Art der Beziehung, die das Gegenüber zum Therapeuten aufnimmt, besser zu verstehen, vor allem, welche Erwartungen er an den Therapeuten hat, insbesondere welche Rolle er dem Therapeuten für die Veränderung seines Problemerlebens zuschreibt. Man könnte abgekürzt von Modellen des Wollens sprechen. Da gibt es Menschen, die wollen aktiv an ihrem Leben etwas verändern und suchen dazu die hilfreiche Beratung durch den Therapeuten. Solche Menschen bezeichnet De Shazer als »Kunden«. Da gibt es Menschen, die wollen zwar etwas verändern, haben aber nicht die Idee, dass sie das selbst tun könnten, und erwarten eher, dass der Therapeut oder andere Personen etwas für sie verändern. De Shazer spricht hier von »Klagenden«. Und da gibt es Menschen, die wollen nichts verändern. Das sind dann schlicht »Besucher«. Die Unterscheidung des Wollens der Hilfesuchenden anhand dieser drei Modelle soll helfen, die therapeutischen Interventionen passgenau auf das Wollen des Gegenübers abzustimmen. (Die ergänzenden Bezeichnungen in Klammern stammen von Isebaert.)

Kunden (= Consulting-Beziehung oder Expertenbeziehung)

Mit einem Kunden kann gezielt an gewünschten Veränderungen gearbeitet werden. Bei allen Schritten, die gemeinsam unternommen werden, kann vorausgesetzt werden, dass der Kunde zur aktiven Mitarbeit bereit ist und dass er sich bewusst ist, dass er selbst die Verantwortung für den Lösungsweg trägt. Einen Kunden, der in sehr hohem Maße Selbstverantwortung und Eigeninitiative übernimmt und seine Ziele klar vor sich sieht, nennt Luc Isebaert einen Experten. Mit ihm kann eine Expertenbeziehung eingegangen werden, die eher den Charakter eines partnerschaftlichen Coaching hat.

Klagende (= suchende Beziehung)

Bei Klagenden ist dagegen darauf zu achten, dass sie zunehmend die Eigenverantwortung für die Lösung ihres Leidens erkennen. Solange sie noch das Gefühl haben, dass die Anderen oder die Umstände für ihr Leiden verantwortlich sind und am besten der Therapeut die Lösung kreieren soll, so lange ist es hilfreich, mit ihnen solche Schritte zu planen, die ihnen zunehmend klar machen, wie sie selbstständig und selbstverantwortlich an ihrer Situation etwas verändern können. Dazu sind Beobachtungsaufgaben[60] ein hilfreiches Mittel. Ziel ist es, sie in den Status eines Kunden zu erheben.

---

[60] Siehe unten Kapitel 10.1.2.

»Sie sagen, wenn Ihre Frau nur anders wäre ... Aber eben haben Sie mir erzählt, dass sie manchmal tatsächlich anders ist. Ist das nur Zufall? Beobachten Sie einmal, in welchen Situationen Ihre Frau anders ist. Und beobachten Sie auch, was Sie selbst davor und währenddessen gemacht haben.«

Gunter Schmidt ergänzt hier noch die Rolle des »Ko-Beraters«.[61] Das sind Menschen, die genau wissen, was andere verändern sollten. Mit ihnen wird so gearbeitet, dass zunehmend erkennbar werden kann, was sie selbst durch eigene Veränderungen zum Verhalten anderer in Zukunft positiv beitragen können.

Besucher (= unverbindliche oder freibleibende Beziehung)

Besucher sind dagegen Menschen, die für sich kein Veränderungsziel sehen. In Beratungssituationen sind das z.B. Menschen, die von anderen (z.B. Ärzten oder Richtern) zum Therapeuten geschickt werden oder die von Familienangehörigen mitgebracht werden. Sie tun anderen den Gefallen, sehen aber nicht, dass sie für sich ein zu lösendes Problem haben. Sie wollen am liebsten in Ruhe gelassen werden. Besucher gilt es als Besucher zu akzeptieren und wertzuschätzen. Allenfalls kann angeboten werden, mit ihnen daran zu arbeiten, diejenigen zufriedenzustellen, die sie geschickt oder mitgebracht haben. (»Was müssten Sie tun, damit Ihre Ehefrau, die Sie unbedingt dabei haben wollte, zufrieden wäre und Sie nicht mehr mitkommen müssen?«). Es kann durchaus sein, dass sich dann aus solchen Sekundärzielen eigene Ziele entwickeln und der Besucher zum Klagenden oder zum Kunden wird. Aber das ist stets seine freie Entscheidung. Ansonsten werden Besucher wertschätzend verabschiedet. (»Schön, dass Sie gekommen sind. Aber es gibt kein Ziel, an dem wir hier gemeinsam in Ihrem Interesse arbeiten könnten.«)

Alle drei Modelle können sinngemäß auch für Kurzzeitseelsorge ein hilfreiches Raster sein, um einzuschätzen, mit welcher Motivation jemand in die Seelsorge kommt und zu welchem Maß an Eigeninitiative und Selbstverantwortung er gerade in der Lage ist. Besucher im oben genannten Sinne werden dabei eher selten sein, sind aber nicht ausgeschlossen. (»Meine Frau hat gesagt, ich soll mal mit dem Pfarrer reden.«). Am häufigsten werden wir es mit Klagenden und Kunden zu tun haben, oder Ko-Seelsorgern. Mit ihnen allen gilt es herauszufinden, wohin es gehen soll und wohin es realistischerweise gehen kann. Das Ziel aber weiß nur Ihr Gegenüber – auch wenn ihm selbst das womöglich noch gar nicht klar ist.

---

61 *Schmidt*, Einführung, 107.

Übung

– Notieren Sie für sich oder besprechen Sie mit Kollegen, welche Qualitäten aus Ihrer Sicht eine seelsorgerliche Beziehung haben sollte? Welche
Qualitäten helfen dem Gegenüber, möglichst schnell eigenständig und
selbstverantwortlich seinen Weg Richtung Lösung zu gehen? Welche
Qualitäten bergen in sich die Gefahr, Abhängigkeitsgefühle oder -wün-
sche auszulösen, so dass das Gegenüber in Unselbständigkeit verharrt?

– Überlegen Sie / beobachten Sie in welchen Seelsorgegesprächen der Gesprächspartner eher »Kunde«, eher »Klagender« oder eher »Besucher«
war/ist. Woran erkennen Sie das? (Es geht erstmal nur um die Einschät-
zung, noch nicht um die Reaktion. Das kommt später.) Wie vermeiden
Sie, dass aus den reinen Wollens-Kategorien für die jetzt aktuelle und
konkrete Begegnung allgemeine Persönlichkeitszuschreibungen werden?

6 Wohin soll es gehen?

Eines der wichtigsten Grundprinzipien des lösungsorientierten Vorgehens besteht darin, herauszufinden, was Ihr Gegenüber möchte. Dazu zählt zunächst die im vorausgegangenen Kapitel behandelte Frage, was er von Ihnen als Seelsorger möchte. Erwartet er, dass Sie sein Problem für ihn lösen? Oder erwartet er, dass Sie ihn dabei begleiten und unterstützen, sein Problem aus eigenen Kräften selbst zu lösen? Das ist zunächst zu klären. Danach gilt es die Aufmerksamkeit der Frage zuzuwenden, wie ein Leben des Gegenübers aussehen wird, wenn das Problem gelöst ist. Das ist die Frage nach seinem Ziel. Das aber kann nur er selbst herausfinden und festlegen – mit Ihrer unterstützenden Begleitung. Die anfängliche Klärung dieser Frage nach dem Ziel ist aber unerlässlich, um überhaupt Schritte in die richtige Richtung gehen zu können. Es gehört darum zu Ihren wesentlichen Aufgaben, möglichst innerhalb der ersten Hälfte des Gespräches mit Ihrem Gesprächspartner in eine Zielfindungsklärung einzusteigen. Vergessen Sie dabei aber niemals, dass es Ihr Gegenüber ist, der die Zielfindungshoheit hat.

6.1 Sie wissen nicht, wohin es gehen soll

Sie wissen nichts! Weder über den anderen Menschen noch über das, was ihn belastet, noch über das, was ihm gut tun würde und wie sein Lösungsweg aussehen wird.[62] Alles, aber auch wirklich alles, muss Ihnen das Gegenüber sagen. Denn: Sie wissen nichts. Das mag vielleicht provozierend klingen und ist auch so gemeint. Denn natürlich wissen Sie etwas. Aber gerade das, was Sie wissen, kann Ihnen den unvoreingenommenen Blick auf andere Menschen verstellen. Menschen mit psychologischen Theorien sind hier vermutlich besonders gefährdet. Wenn Sie erfüllt sind von Ideen, was für den Anderen hilfreich und richtig wäre, legen Sie diese Ideen bitte zur Seite und versuchen Sie es mit der sokratischen Haltung: Ich weiß, dass ich nichts weiß. Niemand kennt das Leben Ihres Gesprächspartners besser als dieser selbst. Niemand trägt in sich ein besseres Navigationsgerät für die Lösungsrichtung als Ihr Gegenüber. Was ist

---

62 Vgl. *De Jong / Berg*, Lösungen, 46f.

dann noch Ihre Aufgabe? Ihre Aufgabe ist es, durch beharrliches Nachfragen den Anderen dazu zu bringen, sein Navigationsgerät auch zielführend zu benutzen. Denn in seinem Problemerleben hat Ihr Gegenüber viele gelingende Aspekte seines Lebens, viele hoffnungsvolle Perspektiven und zahlreiche gangbare Alternativen meist völlig ausgeblendet. Er fixiert sich stattdessen auf sein Problem. Es ist, als hätte er nur eine einzige Adresse in seinem Navigationsgerät eingegeben, und die führt permanent in dieselbe Sackgasse. Dabei gibt es noch viele mögliche andere Adressen im Leben Ihres Gegenübers. Sie kennen diese Adressen nicht. Aber Sie können Ihrem Gegenüber helfen herauszufinden, welche vergessenen, bereits erfolgreichen Adressen mal wieder einprogrammiert werden könnten oder welche ganz neuen Adressen vielleicht ein vielversprechendes Ziel sein könnten. Ihr Gegenüber ist also sowohl der Experte für sein Navigationsgerät als auch für seine Adressen. Sie sind allenfalls Experte für die optimale Ausnutzung von Navigationsgeräten. Oder, um das Bild wieder zu verlassen: Ihr Gegenüber ist der Experte für sein Leben und für seine Ziele. Sie sind Experte für Kommunikationsformen, die dem Anderen helfen, sein Leben vollständiger zu sehen, seine Potentiale zu erkennen und seine Ziele zu finden.

6.2 Nicht weg von, sondern hin zu

Nun ist es aber gar nicht so einfach, die Ziele zu finden. Die meisten Menschen wollen lieber weg von etwas als hin zu etwas.[63] (»Ich will, dass das Problem weg ist!«). Aber das ist nicht hilfreich, sondern fixiert das Problem. Probieren Sie es aus. Sagen Sie zu sich selbst: »Ich möchte dass diese Verspannung in meinen Schultern weggeht!« Sollten Sie bis dahin die Verspannung noch nicht gespürt haben, so werden Sie die Verspannung jetzt vermutlich spüren. Ohne ein positives Ziel kann die Reise nicht beginnen. Stellen Sie sich vor, Sie gehen ins Reisebüro und werden dort gefragt, wohin Sie denn reisen möchten. Sie antworten: »Weg aus Deutschland!«. Das reicht nicht für eine konkrete Reiseplanung. Sie müssten sich schon für ein für Sie attraktives konkretes Reiseziel entscheiden, dann erst kann die Reiseplanung Schritt für Schritt beginnen. Gleichzeitig mobilisiert ein attraktives Ziel auch Ihre Bereitschaft, in die Reise Zeit, Energie und Ressourcen zu investieren. Dabei sind Sie schon so beschäftigt, dass das Leiden an Ihrer Heimatadresse bereits Stück für Stück in den Hintergrund gerät. Auch das können Sie gleich mal mit Ihren Schultern ausprobieren: »Ich stelle mir vor, wie ein weiches, warmes Gefühl durch meine Schultern fließt und sich mit jedem Atemzug tiefe wohlige Entspannung ausbreitet ...«

---

63 Zum Thema »Weg von / Hin zu« siehe *Schmidt*, Liebesaffären, 64ff und *Schmidt*, Einführung, 102ff. – Die Idee zu der dazu passenden Vergleichsübung mit den Schultern findet sich in *Schmidt*, Liebesaffären, 64f.

Unser Körper wie unser Unbewusstes sind nicht auf Negativ-Ziele ansprechbar. Negativ-Ziele wirken vielmehr wie unerwünschte Positiv-Ziele. (Denken Sie jetzt bitte nicht an einen rosaroten Elefanten!) Also gilt es, auch für das Problemerleben, in dem unser Gegenüber sich gefangen fühlt, Positiv-Ziele zu finden und sich möglichst genau auszumalen. Als Orientierung für das Finden und Erfinden positiver Ziele hat die Kurzzeittherapie verschiedene Kriterien für wohlformulierte Ziele zusammengestellt.[64] Trotz teilweise unterschiedlicher Begrifflichkeit sind sich die verschiedenen Autoren dennoch einig, dass es vor allem die folgenden Kriterien sind.

Kriterien wohlformulierter Ziele

positiv: Ist das Ziel attraktiv? Ist es in eigener Sprache positiv formuliert?
konkret: Ist Ziel so spezifisch wie möglich?
realistisch: Passt das Ziel in die tatsächlichen Lebenszusammenhänge?
prozesshaft: Beschreibt das Ziel ein konkretes anderes Verhalten?
gangbar: Sind erste kleine und zeitnah umsetzbare Schritte erkennbar?
eigenverantwortlich: Geht es um eigene Handlungsmöglichkeiten?
überprüfbar: Woran genau wird erkennbar, dass das Ziel erreicht ist?

Und, denken Sie noch an den rosa Elefanten? Etwas nicht zu wollen, bewirkt paradoxer Weise das Gegenteil. Es bindet uns daran. Unsere Energie fließt dahin, wohin unsere Aufmerksamkeit geht. »Energy flows, where attention goes.« Mit diesem schamanischen Zitat fasst Gunther Schmidt prägnant den Kerngedanken lösungsorientierter Therapie zusammen.[65] Und positive Ziele sind ein entscheidender Punkt, unsere Aufmerksamkeit dahin zu lenken, wohin wir gehen wollen.

Diese positiven Ziele können im Gespräch direkt erfragt werden oder miteinander tastend gesucht werden. Vertiefende und klärende Nachfragen können helfen, die Ziele so zu konturieren, dass sie nach und nach den oben genannten Kriterien entsprechen. Es macht durchaus auch Sinn, mit dem Gesprächspartner sich darüber zu verständigen, dass Ziele nur dann hilfreich und wirklich zielführend sind, wenn sie solchen Kriterien entsprechen. Die Metapher vom Besuch im Reisebüro oder die Metapher der Planung einer Wanderung können dabei helfen. Je genauer die Ziele im Laufe des Gespräches auf diese Weise formuliert werden, desto eher wird der Gesprächspartner merken, dass Sie mit ihm nicht über Utopien reden, sondern über etwas, das in seiner Reichweite liegt. Und

---

64 Zum Thema »Wohlformulierte Ziele« siehe *Walter / Peller*, Kurztherapie, 73ff; *De Jong / Berg*, Lösungen, 127ff; *Stollberger*, Ausnahmen, 83ff; *O'Connor / Seymour*, NLP, 36ff; *Lohse*, Trainingsbuch, 144ff.
65 *Schmidt*, Liebesaffären, 51.

das wiederum weckt Hoffnung und Motivation, nun auch die ersten Schritte in Angriff zu nehmen.

Es ist im Zusammenhang der Kurzzeitseelsorge übrigens nicht verboten, dass der Seelsorger auch gelegentlich selbst gute Ideen über mögliche Ziele einbringt. Aber dies darf nur auf eine sehr zurückhaltende Art und Weise geschehen, die dem Anderen seine Wahlfreiheit nicht nur belässt, sondern sie geradezu fördert.[66] Das geschieht noch besser, wenn nicht nur ein, sondern zwei oder drei Vorschläge gemacht werden, aus denen das Gegenüber wählen kann oder sie auch ganz ablehnen kann. Gunther Schmidt bezeichnet sich selbst in dieser Funktion als »Realitätenkellner«. Das »Menü« auswählen und dann auch essen, das tun immer seine »Gäste«.[67] Vorschläge sind also durchaus erlaubt, aber müssen ganz klar als Vorschläge etikettiert werden. Das Gegenüber soll spüren, dass er der Souverän ist, sowohl über seine eigenen zielführenden Ideen als auch über Ihre Vorschläge. Seine Wahlfreiheit gilt es zu ermutigen. Keinesfalls dürfen Sie besserwisserisch auftreten, Ihre Vorschläge womöglich noch verteidigen oder beleidigt zurückziehen. Wenn Ihre Vorschläge als hilfreich erlebt werden, gut! Wenn nicht, auch gut! Vielleicht haben Ihre Vorschläge das Gegenüber in Abgrenzung dazu zu etwas Eigenem angeregt, oder ihr Gegenüber weiß einmal mehr, was es nicht will.

Es kann nun in der Tat auch sein und kommt häufig vor, dass jemand sich so schwer damit tut, ein positives Ziel zu formulieren, dass er letztlich nichts anderes sagen kann als: »Ich weiß es nicht.« »Ich kann kein Ziel erkennen.« Manchmal ist das nur eine Blockade, weil der direkte Zugriff auf das Ziel zu unmittelbar ist oder der Respekt vor dem bisherigen Leiden es quasi verbietet, jetzt mal so einfach ein positives Ziel zu formulieren.[68] Dann hilft manchmal der Konjunktiv: »Ich sehe, es fällt Ihnen schwer, ein Ziel zu benennen. Nur mal angenommen, Sie könnten – rein theoretisch! – ein Ziel formulieren, was wäre es dann ...« Denkbar ist auch der Umweg über Dritte.[69] »Wenn wir Ihren besten Freund fragen würden, was hätte der für eine Idee, was Ihr Ziel sein könnte?« Einen Versuch wert ist auch der unmittelbare Sprung in die Zukunft: »Stellen Sie sich vor, Ihr zukünftiges Ich[70] könnte Ihnen heute einen Vorschlag machen, wohin es gehen soll ...« Wenn auf solche und ähnliche Fragen

---

66 *Isebaert*, Kurzzeittherapie, 25. Vgl. auch 45ff.
67 *Schmidt*, Liebesaffären, 65.
68 So ähnlich ein mündlicher Hinweis von Schmidt.
69 Die indirekten Fragetechniken wie Konjunktiv, etwas probehalber als gegeben annehmen (»als ob«), raten und insbesondere der Umweg über Dritte gehören zum Standardrepertoire der Kurzzeitverfahren. Beispielhaft veranschaulicht z.B. bei *Stollnberger*, Ausnahmen, 148f im Nachgang zur Wunderfrage.
70 Vgl. dazu die Arbeit mit dem »Wunsch-Ich« nach *Schmidt*, Gut beraten, 81ff. Vgl. auch den »Brief aus der Zukunft« sowie die »ältere und weisere Version von sich selbst« bei *Isebaert*, Kurzzeittherapie, 101.

Antworten gefunden werden, kann damit weiter gearbeitet werden. Aber manchmal scheint es so, als könnte der Gesprächspartner etwas anderes als sein Problem gar nicht sehen. Dann hilft nur noch ein Wunder.

6.3 Erfinden Sie ein Wunder – und nutzen es als Blick in die Zukunft

Da viele Menschen oftmals leichter sagen können, was sie nicht wollen, als dass sie beschreiben könnten, was sie stattdessen wollen, brauchen sie manchmal unsere Hilfe, um sich zu ihrem eigenen und eigentlichen Ziel heranzutasten. Dazu hat De Shazer in Weiterentwicklung der Kristallkugeltechnik von Milton Erickson die sog. »Wunderfrage« entwickelt.[71] Der Gesprächspartner wird dazu angeleitet, sich vorzustellen, was er in einer zukünftigen Situation anders macht als heute. Hilfsweise wird ihm suggeriert, das Problem sei wie durch ein Wunder verschwunden. Damit ist ihm die Erlaubnis gegeben, sich möglichst konkret auszumalen, mit was er sich beschäftigt, wenn er sich nicht mehr mit dem Problem beschäftigt. Auf diese Weise kann in der Vorstellung unseres Gegenübers eine alternative Zukunft Konturen gewinnen, die eben nicht mehr nur durch die bloße Abwesenheit des Problems (das will er ja ohnehin) sondern durch Anwesenheit einer Lösung im konkreten Lebensvollzug möglichst detailreich erkennbar wird. Es wird also sichtbar, was dann anders sein wird. Dieses Andere sind die positiven Zielkoordinaten, die in den nächsten Schritten dann angesteuert werden können. Wichtig ist, dass sowohl die Hinführung und Einleitung der Wunderfrage möglichst nah am konkreten Alltag des Gegenübers sich orientiert als auch die spätere Konkretisierung des Wunders ganz alltagsnah beschreibbar wird. Und zwar nicht so sehr in allgemeinen Befindlichkeiten, sondern in konkretem und auch für Dritte erkennbarem alltagsnahem anderem Verhalten. Nur so ist gewährleistet, dass die Wunderfrage nicht in losgelöstes Phantasieren abgleitet, sondern möglichst nah an das konkrete Leben des Gegenübers angebunden bleibt. Deswegen hat De Shazer immer relativ großen Wert darauf gelegt, die Wunderfrage wie eine Art hypnotische Induktion möglichst genau einzuführen und anschließend genau auszuwerten. Darum macht es auch Sinn, sich, wenn schon nicht unbedingt wörtlich, aber doch vom Aufbau her sinngemäß an De Shazers Formulierungsvorschlag anzulehnen.[72] Auch Pausen sind einzufügen, damit das Gegenüber Zeit hat,

---

71 Ausführlich zum Thema »Wunderfrage« *De Shazer / Dolan*, Mehr als ein Wunder, 70–118, sowie *Stollnberger*, Ausnahmen, 138–162.
72 Eine sehr kurze Formulierung findet sich in *De Shazer*, Der Dreh, 24. Eine Formulierung mittlerer Länge bei *De Jong / Berg*, Lösungen, 139. Und eine sehr ausführliche – mit eingestreuten methodischen Hinweisen – bei *Stollnberger*, Ausnahmen, 144ff. – Die hier vorgeschlagene Formulierung versucht in Kurzform alle wichtigen Elemente der Wunderfrage aufzunehmen.

diese Phantasiereise jenseits des Problemerlebens Schritt für Schritt zu vollziehen.

»Stellen Sie sich vor, Sie gehen heute Abend wie gewohnt zu Bett ... Und über Nacht, während Sie schlafen, wäre das Problem wie durch ein Wunder gelöst ... Sie wissen es aber nicht, denn Sie haben ja geschlafen. Woran würden Sie als erstes am nächsten Morgen erkennen, dass das Problem gelöst ist? ... Und woran würden andere (z.B. Ihr Partner) das erkennen? ...«

Es gibt manchmal aber auch klar erkennbare Grenzen, die den Rahmen eines möglichen Wunders von vornherein festlegen. Ein verstorbener Partner kehrt nicht wieder, eine tödliche Krankheit lässt sich nicht wegreden, oder was auch immer uns als »Sterbliche« definitiv und nachhaltig begrenzt. Für all jene unabänderlichen Situationen, denen wir in unseren Gesprächen begegnen, kann folgende Variation der Wunderfrage gestellt werden. Zunächst gilt es, das Unabänderliche zu benennen und dann die Wunderfrage im Rahmen dieser Grenzen zu stellen. »Wir wissen beide, dass Situation X unabänderlich ist.« Und danach dann die klassische Wunderfrage mit folgender Änderung: *»Über Nacht geschieht wie durch ein Wunder etwas, das Ihnen hilft, besser / getroster mit Ihrer Situation umzugehen. Sie wissen aber nicht, dass es passiert ist. Woran erkennen Sie (Ihr Partner, usw.) es am anderen Morgen?«*

Lassen Sie Ihrem Gegenüber zunächst einmal genug Zeit, um seine Antwort auf die Wunderfrage zu finden, und nehmen Sie sich auch Zeit, diese dann auszuwerten. Denn im Anschluss an die Wunderfrage gilt es nun, sehr genau zu erkunden, was konkret anders ist, und vor allem, woran erkennbar wird, dass etwas anders ist. Fragen nach Gefühlen sind dabei weniger hilfreich als Fragen nach konkretem anderen Verhalten und den zugehörigen Kontexten. Denn Verhalten und Kontexte können, im Unterschied zu Gefühlen, direkt angesteuert werden und somit zum Ziel werden. Und weil genau das die Absicht der Wunderfrage ist, sollen die Anschlussfragen auch genau darauf gerichtet werden. Z.B. »Wie genau beginnen Sie den Tag nach dem Wunder, und an welchem anderen Verhalten erkennen Sie: Wow, das Problem ist ja gelöst!«. (Mögliche Antwort: »Ich stehe früher auf und mach mir erstmal einen guten Kaffee«). – »Und woran noch?« (Mögliche Antwort: »Ich nehme mir Zeit für Gebet und Stille.«) – »Und woran noch ...?« – »Woran erkennt Ihre Frau/ Mann/Sohn/Tochter, die/der es ja auch nicht weiß, dass das Problem gelöst ist? Und zwar ohne, dass Sie es ihr/ihm sagen.« (Mögliche Antworten: »Meine Frau hört mich unter der Dusche singen.« – »Ich gebe meinem Mann einen Kuss zum Abschied.«). »Woran noch ...?« »Woran erkennen Ihre Kinder ...? – »Woran noch ...?« – »Wo geschieht das, wo befinden Sie sich?« Und so fort. – Wenn mit Gefühlen geantwortet wird (»Ich fühle mich besser am nächsten Morgen.«), dann nehmen Sie das auf und fragen nach dem zugehörigen Verhalten und Kontext (»Beschreiben Sie mir, wo Sie sich befinden und was Sie machen, während Sie sich besser fühlen.« / »Was haben Sie gemacht, in der Zeit unmittelbar bevor Sie merkten, dass Sie sich besser fühlen?« / »Gibt es etwas, das Sie aktiv getan haben und das Ihre Gefühle zum Besseren verändert hat?«)

Auch für die eingeschränkte Wunderfrage gilt es sehr genau zu erfragen, woran das dennoch mögliche Wunder genau erkennbar ist. Antworten könnten sein: »Ich werde endlich weinen können.« / »Ich fühle mich in Gottes Hand geborgen, egal was kommt.« / »Mein Mann wird sich wundern, dass ich ihm keine Vorwürfe mehr mache.« / »Ich freue mich schon morgens über den Besuch am Mittag.« Auch hier nehmen Sie sich bitte Zeit, sich einfühlsam und genau zu erkunden, woran das Wunder erkennbar wird. Dazu sind meist mehrere Fragen hilfreich. Scheuen Sie sich auch nicht vor Wiederholungen. »Wie genau ...?« Woran noch ...?« »Wer noch ...?«

Sie sehen, es erfordert eine gewisse beharrliche Geduld, möglichst konkret und alltagsnah zu erfragen, an welchen veränderten Verhaltensweisen nach dem Wunder für einen selbst und für andere erkennbar ist, dass das Problem gelöst ist. Und an diesen veränderten Verhaltensweisen lässt sich nun ablesen, was das positive Ziel unseres Gegenübers sein könnte. Jetzt gilt es dem Wunder im bisherigen realen Leben auf die Spur zu kommen. Noch ist es ja nicht da, das Wunder, aber in aller Regel hat es schon seine Vorzeichen.

6.4 Suchen Sie nach Zeiten und Gelegenheiten ohne Problem (»Ausnahmen«)

6.4.1 ... im Anschluss an die Wunderfrage

Niemand kennt nur Zeiten, die zu 100 Prozent mit Problemerleben gefüllt sind, auch wenn es Menschen oftmals so vorkommt, als würde das Problem alles allezeit gleichbleibend dominieren. Aber wenn man genau hinschaut, sieht man, dass es immer Ausnahmen gibt, dass es also Tage und Stunden gibt, in denen das Problem nicht so belastend erlebt wird oder möglicherweise auch gar nicht.[73] Meist werden diese Ausnahmen aber entweder erst gar nicht bewusst wahrgenommen oder als rein zufällig und bedeutungslos abgetan. Aber genau diese Ausnahmen gilt es im Nachgang zur Wunderfrage zu erhellen. Denn in diesen Ausnahmen finden sich zumindest in Ansätzen schon Elemente des Wunders, und seien

---

73 *De Shazer*, Der Dreh, 23. Ausführlich zum Thema »Ausnahmen« siehe *Stollnberger*, Ausnahmen, 78–81, sowie *De Jong / Berg*, Lösungen, 162–178.

es nur Spurenelemente. Und es gilt ferner zu erkunden, was der Betreffende selbst dazu beigetragen hat, um das Wunderfragment zu ermöglichen. Denn hier liegen die bislang vor ihm selbst verborgenen Potentiale und Ressourcen, um zukünftig selber bewusst und aktiv etwas zu tun, was ihn dem Lösungsziel näher bringt, das durch die Wunderfrage erkennbar wurde. Die Suche nach Ausnahmen gehört damit zu einem der wichtigsten »Instrumente« der Lösungssuche – und der Begriff »Ausnahmen« hat sich für problemfreie oder problemreduzierte Gelegenheiten als Fachbegriff eingebürgert.

»Wir haben eben in der Wunderfrage gemeinsam herausgefunden, wie Sie sich ganz konkret Ihr Leben so vorstellen können, dass für Sie selbst und andere erkennbar ist, dass es Ihnen besser geht. Nun möchte ich Sie bitten, den Blick zurückzuwenden auf die Vergangenheit, und mal zu schauen, ob es nicht kleine Spuren dieses eben beschriebenen Wunders in Ihrem Leben schon gab, und seien es nur Spurenelemente. Beschreiben Sie eine solche Situation. Was genau haben Sie da gemacht? Was war da anders?« Wichtig sind auch Fragen nach dem Kontext: »Wo waren Sie? Mit wem waren Sie zusammen? Was haben andere gemacht und – noch wichtiger – wie haben Sie darauf reagiert?« Bei diesen erinnerten Ausnahmen gilt es, sehr genau die Unterschiede zum Problemerleben herauszuarbeiten, weil in diesen Unterschieden der Lösungsweg liegt, der nun bewusst und in beschreibbaren und gangbaren Schritten angesteuert werden kann.

Die Art und Weise, wie Sie mit Ihrem Gesprächspartner über das Wunder und die Ausnahmen reden, bahnt bereits durch die Sprache erste Schritte auf dem Lösungsweg. Sprache ist insofern auch in diesem Zusammenhang nicht nur Austausch von Information, sondern Erschaffung von Wirklichkeitserleben. Darauf hat De Shazer immer wieder hingewiesen. Es ist – im Unterschied zur Problemsprache (»problem talk«) – gerade die Lösungssprache (»solution talk«), die etwas Hilfreiches und Hoffnungsvolles bewirkt und erweckt.[74] Je plastischer sowohl der Zustand nach dem Wunder beschrieben wird, als auch je konkreter erkennbar wird, welche vom Klienten handhabbaren und beeinflussbaren Bedingungen zu den Ausnahmen geführt haben, desto mehr besteht die Chance, dass unser Gegenüber sich in »Lösungstrance« begibt. Er hypnotisiert sich selbst in Bezug auf eine mögliche Lösung, d.h. er sieht Dinge, die er bislang übersehen hat, er hat eine motivierende Vision, wohin er gehen möchte, und er spürt zumindest ansatzweise, dass er offensichtlich das Potential besitzt, in diese Richtung auch zu gehen. In solchen Gesprächsphasen ist in der Regel regelrecht erkennbar, wie der Gesprächspartner

---

[74] De Shazer formuliert das kurz und bündig: »Problem talk creates problems, solution talk creates solutions!« Zitiert nach *Schlippe / Schweitzer*, Lehrbuch, 35.

sich aufrichtet und seine Augen zu leuchten beginnen. Er hat Hoffnung geschöpft. Es wird nun darum gehen, mit ihm zu überlegen, wie sich diese Hoffnung in konkrete erste Schritte umsetzen lässt.

6.4.2 ... ohne vorherige Wunderfrage

Selbstverständlich lassen sich Ausnahmen vom Problemerleben auch erfragen, ohne zuvor die Wunderfrage zu stellen. Das ist vor allem dann sinnvoll, wenn unserem Gegenüber schon recht klar ist, wo er sein Ziel sieht. (»Wo in der Vergangenheit haben Sie schon mal etwas erlebt, das Sie annähernd so ähnlich empfunden haben, wie das, was Sie jetzt erreichen möchten, und sei es nur ausnahmsweise oder vielleicht auch nur bruchstückhaft?«) Das Nachfragen nach den Ausnahmen, also jenen Episoden, in denen das genannte Ziel in der Vergangenheit schon gelegentlich ansatzweise erreicht wurde, geschieht dann auf ähnlich intensive Weise wie im Anschluss an die Wunderfrage. Manchmal zeigt sich auch, dass jemand zwar einen guten Zugang zu seinen Ausnahmen hat, aber nicht so sehr zu einem positiv formulierbaren attraktiven Ziel. Dann kann auch umgekehrt gefragt werden, ob die Ausnahmen vielleicht die Richtung angeben, in der das Ziel gesucht werden soll.

»Sie haben mir erzählt, dass es Ihnen sehr schlecht geht. Sie möchten, dass es Ihnen besser geht und dass dieses schmerzliche Problemerleben einfach verschwindet. Sie haben aber keine so richtige Idee, was Sie dann stattdessen tun würden. Lassen Sie uns doch mal zurückblicken. In den letzten Wochen, in den letzten Monaten, war es da immer gleichbleibend schlimm? Oder gab es Zeiten, in denen es auch mal etwas weniger schlimm war?« – »Doch das gab es schon. Aber selten.« – Erzählen Sie mir mal von einer solchen seltenen Situation. Was haben Sie da gemacht? Wo waren Sie? Mit wem waren Sie zusammen? Was war anders als sonst?« ... »Ist das etwas, von dem Sie sich vorstellen können, dass Sie das in Zukunft häufiger und vielleicht intensiver auch so erleben möchten?«

Die Suche nach Ausnahmen kann auch als Beobachtungsaufgabe für den Alltag vorgeschlagen werden. (»Beobachten Sie bitte bis zu unserem nächsten Termin, ob jeder Tag gleich ist oder ob es Unterschiede gibt. Beobachten Sie, was Sie jeweils tun.«) Solche Aufgaben sind dann sinnvoll, wenn das Gegenüber entweder keine Ausnahmen erkennen kann oder zwar Ausnahmen erkennen kann, aber überhaupt keine Idee hat, was er selbst dazu beisteuert. (Siehe unten unter Hausaufgaben Kapitel 10.) Stets gilt es, durch das, was an den Ausnahmen beschrieben wird, die darin erkennbaren Lösungsschritte herauszuarbeiten und sie zukünftig auszubauen. Sowohl die Wunderfrage als auch die Frage nach den Ausnahmen haben nebenbei den enormen Vorteil, dass die Lösung nicht von außen via Expertenwissen an unser Gegenüber herangetragen wird, sondern von innen heraus und vom eigenen Lebenskontext her erarbeitet wird. Es ist sozusagen eine Autodiagnose nicht der Krankheit, sondern der Lösung.

6.5 Achten Sie auf erforderliche Nachjustierung von Zielen (Ambivalenzcoaching / Zweitbeste Ziele)

Auch wenn es direkt oder indirekt z. B. über die Wunderfrage gelungen ist, ein attraktives Ziel zu finden, so kann es sein, dass im weiteren Gespräch erkennbar wird, dass es mit dem attraktiven Ziel auch Probleme gibt. Vielleicht wurden Interessen wichtiger Menschen nicht berücksichtigt oder eigene Bindungsbedürfnisse nicht klar genug gesehen. Was nützt es z.b., wenn die Lösung in einem Berufswechsel gesehen wird, aber damit ein Umzug verbunden wäre, den der Partner und die Kinder nicht mitmachen möchten. Vielleicht wurden auch umgekehrt die eigenen Ziele vor lauter Rücksicht auf andere noch zu schwach formuliert. Was nützt es z.b., wenn man dem Partner keinen direkten Konflikt zumutet, dafür aber permanent frustrierte Stimmung verbreitet? Es sind viele Varianten denkbar, in denen erkennbar wird, dass eine erste Zielformulierung in die eine oder andere Richtung nachjustiert werden muss. Meistens ist das dann der Fall, wenn ein Ziel mit Ambivalenzen verbunden ist und eine der Seiten der Ambivalenz zu kurz gekommen ist oder gar ganz ausgeblendet wurde. Gunther Schmidt spricht hier von »Ambivalenzcoaching.«[75]

Manchmal wird aber bei genauerem Hinsehen erkennbar, dass selbst wohlformulierte Ziele bei bestem Willen nicht erreichbar sind, z.B. ein Wechsel in eine andere Abteilung, die aber in absehbarer Zeit keine freie Stelle hat. Oder es zeigt sich, dass ein Ziel zwar erreichbar wäre, aber der Preis so hoch ist, dass man ihn nicht bezahlen möchte: z.B. eine Traumstelle in Australien, während der Partner in Deutschland bleibt. Auch hier sind viele Beispiele denkbar, bei denen konkret vorstellbare und im Prinzip realistische Ziele zwar das ideale Wunschziel darstellen, aber im konkreten Fall dann entweder durch nicht beeinflussbare Faktoren blockiert sind oder einen Preis verlangen, den man nicht bezahlen möchte. Dann hat es keinen Sinn, weiterhin an solchen Zielen festzuhalten. Gunter Schmidt empfiehlt, solche besten Ziele ausdrücklich wertzuschätzen, zu betrauern, dass sie nicht realisierbar sind, und sich mit Würde von ihnen zu verabschieden. Danach gilt es dann, alternative Ziele zu suchen, durchaus im Bewusstsein, dass es zweitbeste Ziele sind, aber eben solche, die unter den gegebenen Bedingungen das Bestmögliche sind.[76]

---

[75] *Schmidt*, Liebesaffären, 129f, und *Schmidt*, Einführung, 118.
[76] Mündlicher Hinweis von Schmidt. Siehe auch *Schmidt*, Gut beraten, 78ff.

Es ist auch denkbar, dass Sie im Gespräch ganz aktiv von sich aus einen solchen Prozess der Zielüberprüfung einleiten, insbesondere dann, wenn Sie den Eindruck haben, dass beim formulierten Ziel etwas ausgeblendet wird. In diesem Fall können Sie natürlich Ihre Bedenken auch direkt äußern. Hilfreicher ist es allerdings, Sie regen Ihren Gesprächspartner dazu an, mit Hilfe einer Zukunftsvision sein Ziel selbst zu überprüfen.[77] »Stellen Sie sich vor, Sie haben das eben formulierte Ziel erreicht ... Wie sieht dann Ihr Leben in einem Jahr aus? Beschreiben Sie es möglichst genau, auch unter Einbezug der Auswirkung auf andere Menschen.« Wenn dann erkennbar wird, dass ein erfolgreich erreichtes Ziel unerwünschte Nebenwirkungen hat, ist es sinnvoll, die Zielkoordinaten nachzujustieren.

Eine solche Zukunftsvision ist übrigens auch ein sehr probates Mittel, wenn jemand sich nicht zwischen zwei sich gegenseitig ausschließenden Zielen entscheiden kann. Dann kann man ihn bitten, für jedes der beiden Ziele eine eigene Zukunftsprojektion zu entwerfen und zu überprüfen, was sich für ihn dann stimmiger anfühlt.

6.6 Klären Sie, wann das Ziel erreicht sein wird

Von Anfang an sollte auch festgelegt werden, wann das erkennbar gewordene Ziel auf ausreichende Weise erreicht ist.[78] Die meisten Menschen werden sich in der Regel mit einer realistischen Zielerreichung begnügen. Es geht darum, dass der Erfolg »gut genug« sein wird,[79] nicht dass er perfekt ist. Deshalb ist es wichtig, möglichst schon zu Beginn festzulegen, woran zu erkennen ist, dass das Ziel gut genug erreicht ist. Für die meisten Menschen dürfte eine Annäherung von 70 bis 90 Prozent ausreichen. Das lässt sich hervorragend mit einer Skalierung (siehe unten Kapitel 7.3) festhalten, auf die ich an dieser Stelle schon einmal vorgreifen muss: »Wenn 0 der Punkt ist, an dem es Ihnen am schlechtesten ging, und 10 der Punkt ist, an dem Sie Ihr Ziel in vollendeter Weise erreicht haben, bis zu welchem Punkt auf der Skala müssen wir kommen, dass Sie sagen: Ja, jetzt geht es mir gut genug. Jetzt kann ich mein Leben wieder zuversichtlich leben.« – »Ich glaube, eine 7 wäre gut.« – »Ok. Das halten wir für unser Gespräch im Blick. Wichtig ist noch: Woran genau werden Sie erkennen, dass Sie bei einer 7 angekommen sind?«

Sollte jemand an einer perfekten Zielerreichung festhalten wollen, kann die Formulierung auch noch etwas bewusster darauf eingehen »Wenn 10 für die perfekte Erreichung Ihres Zieles steht, sozusagen der Himmel auf

---

77 Zu dieser und folgender Intervention siehe *Isebaert*, Kurzzeittherapie, 102.
78 *Schmidt*, Einführung, 123.
79 »gut genug« – die Formulierung spielt an auf eine von Winnicott geprägte Formulierung »good enough mother«.

Erden, den es ja leider nicht gibt, bis zu welchen Punkt auf der Skala müssen wir kommen, dass Sie sagen, nach menschlichen Maßstäben bin ich damit zufrieden und dankbar und kann gut weiterleben?« Und im Anschluss: »Wie hoch ist Ihre Zuversicht, dass Sie auch damit ein zufriedenstellendes Leben führen können?«

6.7 Gibt es Ziele, die Sie nicht unterstützen können?

Der Gesprächspartner ist der Zielsouverän. Darauf wurde bislang mehrfach hingewiesen. Vielleicht kam Ihnen beim bisherigen Lesen der Gedanke: Was ist, wenn mein Gegenüber Ziele verfolgen möchte, die ich ethisch nicht teilen kann? Zunächst kann ich Sie beruhigen. In meiner bisherigen Seelsorgepraxis ist noch nie jemand gekommen, der sein Ziel darin sah, eine Bank auszurauben oder seinen Partner ›um die Ecke zu bringen‹. Obwohl das für Geld- und Eheprobleme eine nicht selten anvisierte ›Lösung‹ ist. Aber niemand erhofft sich dabei Unterstützung vom Seelsorger. Insofern wird man in der Seelsorge in der Regel nicht mit unmittelbar unethischen Zielen konfrontiert. Die allermeisten Menschen wollen das Gute für sich und ihre Lieben, oder zumindest das, was sie für das Gute halten. Hierbei kann es dann allerdings schon mal Gesprächsbeiträge geben, bei denen Sie als Seelsorger sich fragen: Ist das wirklich gut? (»Ich schick mein Kind aufs Internat.« / »Niemals werde ich meine Mutter ins Altenheim geben. Lieber gebe ich meinen Beruf auf und pflege sie zuhause.« / »Ich bin dagegen, dass meine Frau wieder Vollzeit arbeiten geht.«) Statt über solche Ziele zu urteilen oder sie gar zu verurteilen, macht es weit mehr Sinn, mit dem Gesprächspartner einen Art sokratischen Dialog zu führen, um herauszufinden, ob das Gute, das er will, auch das Gute ist, das eintreten wird.[80] Auch hier kann es – wie bereits dargestellt – hilfreich sein, den Gesprächspartner zu bitten, er möge sich einmal möglichst genau vorstellen, wie sein Leben in ein, zwei oder fünf Jahren aussieht, wenn er das durchgesetzt hat, was ihm gut erscheint.[81] Oder ihn zu bitten, das, was ihm als gut erscheint, aus Sicht ihm wichtiger Menschen zu betrachten. Oftmals zeigt sich, dass hinter problematischen Zielvorstellungen nachvollziehbare Bedürfnisse stecken, die sich dann auch in andere Ziele transformieren lassen, die den Bedürfnissen auf bessere und nachhaltigere Weise gerecht werden. Es ist nicht unsere Aufgabe, diese alternativen Ziele vorzugeben, wohl aber dazu anzuregen, problematische Ziele zu hinterfragen und zu prüfen, ob sich dahinter nicht authentischere und stimmigere Ziele finden lassen. Was am Ende authentisch und stimmig ist, bestimmt aber nach wie vor das Gegenüber.

---

[80] Isebaert mündlich. Vgl. auch *De Jong / Berg*, Lösungen, 117f.
[81] *Isebaert*, Kurzzeittherapie, 102.

Sollte ausnahmsweise aber auch dann noch tatsächlich mal ein Ziel angesteuert werden, das Sie aus ethischen oder sonstigen Gründen nicht unterstützen können und wollen, dann seien Sie so frei, das klar zu sagen. Nennen Sie auf nachvollziehbare Weise Ihre Gründe. Und bieten Sie an, mit Ihrem Gesprächspartner über das Für und Wider ein offenes Gespräch zu führen, wenn er das möchte. Vielleicht gibt es alternative Lösungen, die Sie dann durchaus vorschlagen können. Oder Sie bieten Ihre Hilfe auf einer anderen Ebene an: »Ich bin nicht bereit, Sie bei diesem Ziel zu unterstützen. Aber gerne bin ich bereit, mit Ihnen darüber zu reden, warum dieses Ziel für Sie so unverrückbar wichtig erscheint.«

Übung

– Fragen Sie im Rollenspiel nach Zielen oder überlegen Sie, was in einem der letzten Seelsorgegespräche die Ziele waren.

– Überlegen oder beobachten Sie einmal, wie viele gute Ideen, was für den Anderen ein Ziel sein könnte, Ihnen im Lauf eines Gespräches kommen. Wie gehen Sie mit diesen Ideen um?

– Üben Sie, durch gezieltes und geduldiges Nachfragen und durch behutsame Denkanstöße aus hohen und abstrakten Zielen solche Formulierungen zu erarbeiten, die den Kriterien wohlformulierter Ziele entsprechen.

– Üben Sie im Rollenspiel die Wunderfrage (mit beiden Varianten) – und deren Auswertung.

– Überlegen Sie, was hilfreich ist, damit die Wunderfrage nicht in unrealistisches Phantasieren abgleitet. Welche Fragen können helfen, möglichst nahe am je konkreten Lebensalltag dran zu bleiben? Woran können Sie erkennen, dass die Wunderfrage hilfreich wirkt?

– Üben Sie das Gespräch über Ausnahmen, entweder im Anschluss an die Wunderfrage oder auch direkt bei den Ausnahmen ansetzend. Sind Ausnahmen erkennbar? Welche Lösungsschritte lassen sich daraus ableiten?

– Üben Sie, negative Ziele durch einfache Interventionen in positive Ziele zu verwandeln: »Was möchten Sie stattdessen ...?« »Was würden Sie tun, wenn das Problem nicht mehr da wäre ...« Woran würde N.N. erkennen, dass sich etwas verändert hat?«

– Üben Sie, Zielvorstellungsblockaden im Konjunktiv oder über Dritte zu umgehen.

– Überlegen Sie Beispiele für mögliche ambivalente Ziele – in Ihrer Phantasie, aus Ihrer Praxis, aus Ihrem eigenen Leben. Beschreiben Sie beide Seiten der Ambivalenz. Überbetonen Sie eine Seite der Ambivalenz und überprüfen Sie, was aus der vernachlässigten Seite wird. Was wäre zu tun, um beiden Seiten gerecht zu werden? Üben Sie im Rollenspiel die Beispiele oder reflektieren Sie für sich, wie ein wertschätzender Umgang mit beiden Seiten zu einer Zielkorrektur führen kann.

– Üben Sie, ein nicht zu verwirklichendes Ziel zu verabschieden. Achten Sie darauf, dass es wertgeschätzt wird. Es ist ein wenig wie auf einer Beerdigung. Es muss in seiner Bedeutung und seinen Wert noch einmal sichtbar werden und betrauert werden.

– Wie könnte eine behutsame Überleitung zu zweitbesten Zielen aussehen?

– Was wären für Sie mögliche Ziele, die Sie nicht unterstützen können/wollen? Warum nicht? Begründen Sie das einem Kollegen gegenüber oder einem fiktiven Gesprächspartner gegenüber. Machen Sie ein alternatives Angebot.

7 Wie geht es?

In diesem Kapitel wird beschrieben, wie der Anfang der Lösungsreise aussehen kann. Sie beginnt, wie jede Reise, mit dem ersten Schritt. Außerdem wird darauf vorbereitet werden, dass es auf einer solchen Lösungsreise auch Rückschritte, mindestens aber auch mal Pausen geben wird. Und es wird ein einfaches, aber effektives Messinstrument vorgestellt, um immer wieder zu überprüfen, wie weit man auf dem Weg vorangekommen ist. In diesem Sinne also fragen wir nun: Wie geht es los auf die Reise? Und: Wie ergeht es dem Reisenden?

7.1 Erarbeiten Sie erste kleine Schritte

Nachdem die Konturen des Zieles möglichst konkret, verhaltensorientiert und alltagsnah erkennbar geworden sind, geht es zunächst darum, die ersten kleinen Schritte[82] auf dem Weg zum Ziel zu erarbeiten. Im Prinzip ist allen Menschen klar, dass jede Reise mit dem ersten Schritt beginnt. Aber in Bezug auf unsere Probleme und Lösungswünsche haben wir insgeheim doch oft die Phantasie, das ließe sich mit einem Schlag lösen. Das ging vielleicht beim gordischen Knoten, und in der Tat kann es sein, dass durch ein ganzheitliches Aha-Erlebnis eine Lösung sich ganz schnell einstellt. Aber die Regel wird wohl sein, dass eine Lösung sich erst nach einem längeren Prozess einstellt, ein Prozess, der eben mit einem ersten Schritt beginnt. Das zu betonen erscheint mir wichtig, damit von Kurzzeitseelsorge nicht erwartet wird, sie könnte in aller Kürze so mal schnell eben die Probleme der Gesprächspartner lösen. Das geht weder in Kurzzeittherapie noch in Kurzzeitseelsorge, von seltenen Ausnahmen abgesehen. Kurz ist bei Kurzzeittherapie nicht unbedingt der Lösungsweg, sondern der Impuls, der Menschen auf den Lösungsweg führt. Für diesen Impuls bedarf es in der Tat manchmal nur einer einzigen Begegnung mit dem Therapeuten oder Seelsorger. Und dieser Impuls besteht im Wesentlichen darin, dass ein positiv beschreibbares Ziel erkennbar wird und dass

---

82 Zum Thema »erste kleine Schritte« siehe *Isebaert*, Kurzzeittherapie, 47. Das Thema taucht ansonsten in der Literatur an verschiedenen Stellen immer wieder auf. So z.B. bei *De Shazer / Dolan*, Wunder, 109f im Zusammenhang der Skalierung; bei *De Jong / Berg*, Lösungen, 132f im Zusammenhang »wohlformulierter Ziele«.

erste Schritte auf diesem Weg geplant werden. Diese Schritte geht unser
Gegenüber in seinem Leben dann alleine. Das ist nebenbei bemerkt einer
der wesentlichen Unterschiede zur Langzeittherapie, bei welcher fast alle
Schritte im gesamten Lösungsprozess zeitnah begleitet werden. In abge-
schwächter Form kann das aber auch dann geschehen, wenn man unabhängig von der konkreten Seelsorgebegegnung einen gemeinsamen Le-
bensraum teilt. Wenn Sie als Seelsorger Ihrem Gesprächspartner, z.B. in
Ihrer Kirchengemeinde oder Ihrem diakonischen Arbeitsfeld, ohnehin
öfter begegnen, kann eine solche langfristige Begleitung auch sehr alltagsnah geschehen. Wenn Sie sich in der Kirche, am Arbeitsplatz oder auch
auf der Straße treffen, können Sie einfach kurz fragen, wie es geht. Kurze
ermutigende Worte, ein aufmunternder Blick oder ein fester Händedruck
können dann durchaus als eine kräftige Wegstärkung empfunden werden,
den eigenen Lösungsweg weiterzugehen, den Weg, den man einst in einer
kurzzeitseelsorgerlichen Begegnung erstmals erarbeitet hat.

In aller Regel also geschehen in einer solchen Begegnung keine Soforthei-
lungen, wohl aber Sofortermutigungen. Diese bestehen vor allem darin,
mit einem nun klaren Ziel vor Augen die ersten Schritte zu planen, oftmals sogar nur den allerersten Schritt. Dieser erste Schritt sollte erstens so
klein sein, dass er im Prinzip gleich im Anschluss an die Seelsorgebegegnung bewältigt werden kann, und er sollte so konkret sein, dass er ohne
weitere Überlegung sofort im eigenen Alltag in Angriff genommen werden kann. Beides, die angemessene Größe des Schrittes und den konkreten Ort im Alltag, soll nun in der Seelsorgebegegnung erarbeitet und
dann auch verabredet werden. Dazu gilt es zunächst, den Weg zum großen Ziel dort genauer zu betrachten, wo er beginnt, nämlich beim ersten
Schritt. Die Konzentration auf den ersten kleinen und deswegen auch
bewältigbaren Schritt suggeriert übrigens unterschwellig und ganz nebenbei, dass schließlich auch weitere genauso überschaubare und bewältigba-
re Schritte folgen werden.

Folgende Fragen sind dabei hilfreich:

»Sie haben ja nun ein klares Ziel erarbeitet. Lassen Sie uns nun gemeinsam überlegen, welche konkreten Schritte zu diesem Ziel führen werden ...
Und welcher davon wäre der erste (alternativ: der leichteste), den Sie sich
vorstellen können, heute/morgen/diese Woche noch zu gehen?«

»Was wäre ein erster kleiner Schritt in Richtung auf das erkennbar gewordene Ziel? Ein Schritt, den Sie gleich nach unserer Begegnung in Angriff nehmen können?«

»Was können Sie heute noch tun, damit Sie für sich selbst erkennen, ich
bin einen ersten kleinen Schritt in Richtung meines Zieles gegangen?«

»Woran würde N.N. erkennen, und zwar ohne dass Sie es ihm/ihr ausdrücklich sagen, dass Sie einen ersten kleinen Schritt auf dem Lösungsweg schon beschritten haben?«

»Wenn wir uns das nächste Mal begegnen, was werden Sie mir erzählen, was Sie nach unserer Begegnung als erstes gemacht haben?«

Durch solche und ähnliche Fragen wird mit dem Gesprächspartner etwas erarbeitet, das er in unmittelbarer Zukunft umsetzen kann. Es muss also handhabbar sein, und das geht vor allem über Handlungen.[83] Diese müssen so konkret wie möglich, so alltagsnah wie möglich, so bald wie möglich realisierbar sein, realisierbar dadurch, dass etwas ander(e)s gemacht wird. Vorhaben wie »Ich werde mich gleich heute abend noch fröhlicher fühlen« sind zu abstrakt und nicht wirklich realisierbar. Wir können uns keine Gefühle wie Handlungen vornehmen. In einem solchen Fall müsste die Rückfrage lauten: »Was konkret werden Sie heute Abend noch tun, damit Sie sich mit großer Wahrscheinlichkeit fröhlich fühlen?« Es geht also immer um operationalisierbare Schritte, nicht um seelische Zustände, die ja erst als Folge solcher Schritte eintreten.

Für den Fall, dass Sie sich bei einem weiteren Termin oder auch mehreren Terminen wiedersehen, ist es dann sehr wichtig, diese ersten Schritte auszuwerten und mit wertschätzenden Rückmeldungen zu bestärken. Lassen Sie sich die einzelnen Schritte genau erzählen, auch unter welchen konkreten Bedingungen sie erfolgt sind. Hier sind nämlich wichtige Aspekte enthalten, die erkennbar werden lassen, wie die weiteren Schritte erfolgreich bewältigt werden können. Insbesondere die eigenen Potentiale und Ressourcen, die abgerufen werden konnten, sind wichtig und stärken das Gefühl für Selbstwirksamkeit. Aber auch die externen Ressourcen, die zu aktivieren es gelungen ist, sind wichtig zu erkennen und stärken, sofern erkennbar wird, mit welchen eigenen Maßnahmen sie aktiviert wurden, wiederum das Gefühl eigener Kompetenz – in diesem Fall oftmals auch sozialer Kompetenz, wenn es gelungen ist, mitmenschliche Unterstützung zu bekommen. Sparen Sie bei solchen Auswertungen erster Schritte nicht mit direkten und indirekten Komplimenten und wertschätzenden Rückmeldungen. Sollten die Schritte nicht erfolgreich gewesen sein, fragen Sie nicht warum, sondern nehmen auch das als wertvolle Rückmeldung, dass etwas vielleicht zu schnell ging oder dass wichtige

---

83 Vgl. z.B. *De Jong / Berg*, Lösungen, 135, die die Wichtigkeit messbarer Verhaltensbegriffe betont. Manchmal genügen als erster Schritt aber auch rein gedankliche ›Handlungen‹, die das Problem anders benennen und bewerten oder es in einen neuen Rahmen stellen (»Reframing«). Siehe unten Kapitel 8.4. Vgl. ganz grundsätzlich dazu die Aussage von *G. Schmidt*, Liebesaffären, 114: »Alle Interventionen setzen an bei Veränderungen der Bedeutungsgebung oder der Verhaltenssequenzen, die sich jeweils wechselseitig wieder beeinflussen.«

Bedürfnisse noch nicht berücksichtigt sind. Auch das können Sie als Kompliment verpackt rückmelden. »Sie haben offensichtlich ein gutes Gespür, dass das offensichtlich noch nicht das richtige war, oder dass es zu früh war. Das ist ein wichtiger Hinweis, wenn wir jetzt überlegen, was stattdessen vielleicht sinnvoll wäre.«

7.2 Bereiten Sie auf die wertvolle Bedeutung von Rückschritten vor

So sehr es wichtig ist, Ihren Gesprächspartner zu solchen ersten Schritten zu ermutigen, so wichtig ist es auch, ihn nicht unvorbereitet mögliche Rückschritte (oder »Rückfälle«) erleben zu lassen.[84] Denn Rückschritte werden meist – völlig zu Unrecht – als komplettes Scheitern erlebt. Rückschritte sind aber völlig normal. In vielen Prozessen funktioniert unser Leben nach dem Prinzip ›Drei Schritte voran, zwei zurück‹. Rückschritte sind einfach ein Zeichen dafür, dass unser Problemerleben uns so vertraut ist, dass wir immer wieder auch sehr gerne den vertrauten Weg wählen, auch wenn uns die Konsequenzen nicht gefallen. Aber Vertrautheit hat eine magische Anziehungskraft. Wir fühlen uns sicher bei allem, was uns vertraut ist. Und wir fühlen uns unsicher bei allem, was neu ist. Und der Lösungsweg ist neu. Warum also nicht mal eine »Ehrenrunde« (Schmidt) auf dem alten Weg gehen? Damit ist nichts verloren. Es ist eher wie eine Pause, ein Luftholen, um dann mit neuer Energie weiterzugehen auf dem Lösungsweg. Nochmals das Vertraute erleben, um dann sich wieder dem Neuen zuzuwenden ist, ein normales menschliches Bedürfnis, auch und gerade auf dem Lösungsweg.

Eine weitere wichtige Bedeutung von Rückschritten ist ihre Indikatorfunktion. Ein Rückschritt weist möglicherweise darauf hin, dass noch etwas fehlt. Das bisherige Problemerleben war ja auch eine »Lösung«, aber eine Lösung zu einem hohen und schmerzlichen Preis. Die neue bessere Lösung macht jedoch nur dann Sinn, wenn sie mindestens das gleiche leistet wie die alte Lösung. Leistet die neue Lösung das nicht, bleibt die alte trotz ihrer Nachteile immer noch attraktiv. Ein Rückschritt kann also ein Hinweis sein, dass die neue Lösung noch nicht gut genug ist, und dass nachjustiert werden muss. Insofern hat ein Rückschritt oder ein Rückfall unter Umständen dieselbe Funktion wie eine Warnlampe im Auto.[85] Niemand käme auf die Idee, nach dem Aufleuchten einer Warnlampe sein Auto zum Schrottplatz zu fahren, sondern würde anhalten, Öl oder Wasser nachfüllen, vielleicht auch nur sich anschnallen, Handbremse lösen oder Türe richtig schließen, oder aber, je nach Signal, eine Werk-

---

84 *De Shazer*, Kurztherapie, 211. Ausführlich zum Thema »Rückfälle« siehe *Schmidt*, Liebesaffären, 361–386. Vgl. auch *Isebaert*, Kurzzeittherapie, 16. Ich rede lieber von Rückschritten, weil sich das schon sprachlich nicht ganz so dramatisch anhört.
85 Schmidt, DVD.

statt ansteuern. Und man wäre stets dankbar, dass die Warnlampe rechtzeitig einen Hinweis gab.

Darum ist es wichtig, Ihren Gesprächspartner auf solche möglichen
Rückschritte nicht nur hinzuweisen sondern zugleich diese Rückschritte
mit veränderter Bedeutung aufzuladen (Reframing). »Ein Rückschritt ist
keine Katastrophe, sondern eine Pause auf dem Weg und vielleicht sogar
ein sehr wertvoller Hinweis. Haben Sie also keine Angst vor Rückschritten, sondern nehmen Sie die Rückschritte dankbar zur Kenntnis. Und
danach gehen Sie dann wieder entspannt weiter auf dem neuen Weg.«
Nebenbei ist dies fast so etwas wie eine paradoxe Intervention: ein Rückschritt, für den man dankbar ist, weil er eine Pause oder Hinweise auf
dem Lösungsweg bietet, ist eigentlich gar kein Rückschritt im eigentlichen Sinne mehr. Er hat seine Bedeutung geändert, er ist nun ein wertvoller Bestandteil des neuen Weges geworden.

Eine Rückschrittswarnung führt schlussendlich dazu, dass eine neu auf-
keimende Veränderungshoffnung nicht sofort wieder enttäuscht wird. Sie
ist darum besonders wichtig bei Menschen, die aufgrund eines in unserem Gespräch erkennbar gewordenen Weges oder aufgrund erster Erfolge
mit sehr hoher Erwartung erfüllt sind.[86] Wer optimistisch das Gespräch
mit uns verlässt und nun denkt, jetzt geht alles sofort besser, der wird sehr
enttäuscht sein, wenn es dann doch nicht so klappt, wie er erhofft hatte.
Eine solche Enttäuschung kann seine Änderungserwartung drastisch re-
duzieren, und sie reduziert ebenfalls das Zutrauen in unser Gesprächsan-
gebot. Wenn wir hingegen mit Rückschrittswarnungen unseren Gesprächspartner darauf vorbereitet haben, dann wird ja schlimmstenfalls
nur eintreffen, was wir vorausgesagt haben. Ein Rückschritt stabilisiert
sozusagen auf paradoxe Weise das Vertrauen in den Veränderungsprozess
– und auch in unsere Begleitung. Im besten Falle wird ein erwarteter
Rückschritt nicht eintreten – und auch das nährt wieder die Hoffnung,
dass es besser wird und besser bleiben wird.

7.3 Was heißt »besser«, was heißt »schlechter«? (Skalierungen)

Wenn Ihr Gesprächspartner in Bezug auf sein Problem oder seine Lösung
Ihnen sagt, es gehe ihm »besser« oder »schlechter«, so sagt Ihnen das relativ wenig, weil Sie nicht die innere Bezugsgröße von »besser« oder
»schlechter« kennen.[87] Auch Ihr Gegenüber kennt möglicherweise seine
innere Bezugsgröße nicht richtig, oder ist innerlich farbenblind und sieht
nur »schwarz-weiß«. Dann wird aus »besser« sehr schnell »weiß« und aus

---

86 *De Shazer*, Kurztherapie, 210, und *Schmidt*, Liebesaffären, 385.
87 Siehe dazu *Stollnberger*, Ausnahmen, 162ff. U.a. mit Bezug auf Matthias Varga
von Kibéd.

»schlechter« »schwarz«. Das Leben ist aber prozesshaft, und zwar in graduellen Schritten.[88]

Für beides, für die äußere Kommunikation von prozesshaften Schritten
als auch für die innere Kommunikation mit sich selbst, wurde in der
Kurzzeittherapie ein ausgesprochen wertvolles und effektives Werkzeug
entwickelt: die Skalierung.[89]

Gearbeitet wird in der Regel mit den Zahlenwerten 0 bis 10. Wobei die
Zahl 0 den denkbar schlechtesten Zustand angibt, die Zahl 10 den denkbar besten. Die Zahlen dazwischen stehen für den jeweiligen graduellen
Zwischenzustand. Es gibt also insgesamt 11 Zustände, was gegenüber
»besser«-»schlechter« bzw. »schwarz-weiß« schon eine erhebliche Diffe-
renzierung darstellt. Damit lassen sich reine positiv-negativ-Gegenüber-
stellungen auflösen. Es werden jetzt auch kleinere Unterschiede erkennbar, wie überhaupt ein rigides schematisches Erleben in ein prozesshaftes
Erleben überführt werden kann. Ferner helfen Skalierungen, dass Sie als
Seelsorger mit Ihrem Gegenüber über dessen ansonsten für Sie unzugäng-
liche »Tiefenstruktur«[90] sich verständigen können. Wie gesagt, Sie wissen
ja nicht, welche inneren Bezugsgrößen er benutzt, wenn er äußert, es gehe
im »besser« oder »schlechter«. Zugleich sind Skalierungen ein wunderbares Beispiel, wie Sprache, in diesem Fall Zahlen, das beeinflussen, über
das wir reden.

Skalierungen erweisen sich somit zugleich als Verstehensbrücke und als
Messinstrument für Prozesse, ein Messinstrument, das zugleich hilft, das
Gemessene als Prozess zu verflüssigen oder flüssig zu halten.

Anhand von Mini-Beispielen soll nun noch gezeigt werden, wie Skalierungen konkret angewendet werden können:

1. Augenblicklicher Zustand und bereits eingetretene Veränderungen

> S: »Sie sagen es geht Ihnen schlecht. Ich möchte das etwas genauer ver-
> stehen. Angenommen 0 wäre der schlimmste Zustand, den Sie erlebt
> haben, und 10 wäre der Zustand, in dem all das, was Sie jetzt belastet,
> gelöst ist. Wo befinden Sie sich heute?«
> G: »Auf einer 3.«

---

[88] Vgl. dazu *Bamberger*, Beratung, 62f.
[89] Ausführlich zum Thema »Skalierung« siehe *Stollnberger*, Ausnahmen, 162–177,
sowie *Isebaert*, Kurzzeittherapie, 79–84. Außerdem *De Jong / Berg*, Lösungen, 168ff,
230f und 335ff. Ebenso in *De Shazer / Dolan*, Wunder, 31ff.
[90] »Tiefenstruktur« ist nach dem Meta-Modell von NLP das, was ein Mensch innerlich meint und empfindet. Es ist zu unterscheiden von dem, was er verbal äußert und
was der Gesprächspartner hören kann. Das ist dann die »Oberflächenstruktur«. Siehe
dazu *O'Connor / Seymour*, NLP, 150ff.

S: »Und wo haben Sie sich befunden, als Sie sich entschlossen haben, zu mir in die Seelsorge zu kommen?«
G: »Das war eine 1.«
S: »Oh, das ist ja interessant. Dann haben Sie Ihre Situation vom Entschluss bis heute schon um 2 Punkte verbessert. Wie haben Sie das gemacht?«

Es folgt dann eine ausführliche Erkundung der schon eingetretenen Verbesserungen, der sog. »pre-session changes«. Vor allem interessiert dabei die Frage, was der Gesprächspartner selbst dazu beigetragen hat, dass diese Änderungen eingetreten sind. Diese Frage nach der »Selbstwirksamkeit« ist wesentlich, um das zu erkennen, was zu den verfügbaren Potentialen des Gegenübers gehört. Sie gilt sinngemäß auch für alle nachfolgenden Skalierungen.

2. Ausnahmen in der Vergangenheit

S: »Sie haben sich, als Sie sich zum Gespräch mit mir entschieden haben, bei einer 1 gefühlt. Wenn Sie an die letzten Jahre zurückdenken, gab es da auch schon Situationen, in denen Sie sich höher einstufen würden?«
G: »Ja, doch! Gelegentlich habe ich mich auch bei einer 3 oder 4 gefühlt. Halt, da gab es auch noch mal eine Situation, da war es wohl doch eher eine 6«.
S: »Erzählen Sie mir davon. Was war das genau? Was haben Sie da gemacht?«

Es folgt die ausführliche Erkundung der Ausnahme.

3. Zielbestimmung

S: »Sie sind jetzt also bei einer 3. Welchen Punkt der Skala müssten Sie erreichen, damit Sie sagen, mir geht es jetzt wieder besser, ich komme jetzt alleine klar?«
G: »Das wäre vielleicht eine 7 oder 8.«
S. »Woran würden Sie erkennen, das Sie eine 7 oder 8 erreicht haben?«

Es folgt die ausführliche Besprechung des gewünschten Zustandes, insbesondere anhand nachvollziehbarer konkreter Verhaltens- und Kontextbeschreibungen.

4. Auswertung

S: »Wir kommen an das Ende unseres heutigen Gespräches. Wie würden Sie Ihre Befindlichkeit jetzt einschätzen?«
G: »Bei einer 5«

S: »Das ist ja schön! Was hat Ihnen geholfen, von einer 3 auf eine 5 zu kommen?«

Es folgt eine Besprechung dessen, was im Gespräch als hilfreich erlebt wurde.

5. Zuversicht

S: »Sie sind jetzt bei einer 5. Wie würden Sie Ihre Zuversicht auf einer Skala von 0 – 10 einstufen, dass Sie diese 5 in den nächsten zwei Wochen halten oder vielleicht noch steigern können?«
G: »O, das wäre im Moment wohl nur eine 2.«
S: »Ok. Zunächst einmal freut mich, dass Sie nicht 0, sondern 2 empfinden. Das heißt, ein gewisses, wenn auch kleines Zutrauen ist doch da. Was unterscheidet die 2 von der 0?«

Es folgt eine Erkundung der vorhandenen Ressourcen.

S: »Und was würde Ihnen helfen, dieses Zutrauen, sagen wir, von der 2 zu einer 3 oder 4 zu steigern?«

Es folgt eine ausführliche Erkundung dessen, was das Zutrauen stärken könnte.

6. Verschlechterung/Verbesserung

S: »Bei unserem letzten Gespräch hatten Sie am Ende Ihre Befindlichkeit mit einer 5 eingestuft. Wie geht es Ihnen jetzt?«
G: »Ich glaube, ich bin wieder bei einer 3.«
S: »Da hatten Sie doch ein gutes Gespür für sich, als Sie Ihre Zuversicht das letzte Mal noch etwas vorsichtig eingeschätzt haben. Was mich aber sehr interessieren würde: Sie sind ja jetzt bei einer 3, und nicht bei einer 2 oder 1. Was haben Sie gemacht, dass genau das nicht passiert ist?«

Es werden die Ressourcen erfragt, mit denen das Gegenüber ein Abgleiten in eine stärkere Verschlimmerung verhindert hat.

Bei Verbesserungen wird demgegenüber erfragt, wie der Gesprächspartner die Verbesserung erreicht hat.

G: »Ich bin jetzt auf einer 6.«
S: »Das ist ja schön! Wie haben Sie das erreicht?«

7. Bereitschaft

> S: »Wir haben eben die Idee für einen ersten konkreten Schritt (ein interessantes Experiment) gefunden. Wie bereit sind Sie, diesen Schritt (dieses Experiment) in der kommenden Woche in Angriff zu nehmen?«
>
> G: »Ich würde sagen: 2.«
>
> S: »Was bedeutet es, dass Sie, trotz offensichtlicher Bedenken, doch 2 sagen? Was nährt Ihre vorsichtige Bereitschaft? Was brauchen Sie, um die Bereitschaft vielleicht auf 3 oder sogar 4 zu erhöhen?«

Das Aufbrechen von Schwarz-Weiß-Denken und Empfinden geschieht bei der Skalierung unwillkürlich. Es ist für unseren Gesprächspartner im Vollzug der Skalierung unmittelbar erlebbar. Insofern muss darüber in der Regel nicht ausdrücklich gesprochen werden.

Wichtig aber ist, im Zusammenhang einer Skalierung genau zu erarbeiten, wie es der Gesprächspartner geschafft hat, die hilfreichen Unterschiede zu bewirken, oder im negativen Falle, wie er es geschafft hat zu verhindern, dass es nicht noch schlimmer wurde. Denn hier wird erkennbar, welche Potentiale und Ressourcen er hat. Sofern diese Potentiale und Ressourcen bewusst sind, gilt es ihn zu ermutigen, mehr in diesem Sinne zu tun. Sind die Potentiale und Ressourcen noch nicht bewusst oder werden als rein zufällig empfunden, gilt es sie ins Bewusstsein zu holen und zu erarbeiten, wie sie aktiv genutzt und wie auf sie zugegriffen werden kann. Neben direkten Rückmeldungen, bieten sich in diesem Falle auch Beobachtungsaufgaben an (siehe unten Kapitel 10.1.2).

Übung

– Stellen Sie sich irgendein ein Ziel vor – frei phantasiert, aus Ihrer Arbeit oder aus Ihrem eigenen Leben. Überlegen Sie für sich / erarbeiten Sie im Rollenspiel den ersten kleinen Schritt. Er muss klein und konkret genug sein, um auch wirklich unmittelbar gegangen werden zu können.

– Überlegen Sie eine Formulierung / üben Sie im Rollenspiel, wie Sie Ihren Gesprächspartner auf mögliche Rückfälle und Rückschritte als hilfreichen Beitrag auf dem Lösungsweg vorbereiten.

– Üben Sie die Skalierungen in allen oben dargestellten sieben Varianten. Fallen Ihnen noch weitere Möglichkeiten ein, in denen Sie Skalierungen nutzen können?

8 Etwas ander(e)s tun

Wie bereits zu Beginn dieses Buches erwähnt, bauen Lösungen auf Unterschieden auf, »die einen Unterschied machen«. Diese hilfreichen Unterschiede gilt es zu erkennen und auf vielerlei Weise zu fördern. Nach De Shazer[91] kann man diese Grundidee in zwei Sätzen zusammenfassen: 1. Tue mehr von dem, was funktioniert. 2. Wenn etwas nicht funktioniert, mach etwas anderes.

Ein Problem ist in der Tat auch dann gelöst, wenn man – statt des Problemverhaltens – etwas anderes macht. Es ist manchmal so einfach, obwohl gerade das Einfache oftmals das Schwierige sein kann, auf das man selber gar nicht kommt. Sonst hätte man es ja schon längst gemacht. Genauer gesagt: Man würde es schon längst vor allem bewusst und absichtlich machen, denn ausnahmsweise »geschieht« es ja gelegentlich schon. Manchmal wird ein Problem auch dadurch gelöst, dass man dasselbe auf andere Weise macht oder auf andere Weise betrachtet, jedenfalls dann, wenn durch diese andere Weise das eingefahrene Problemerleben sich nach und nach auflöst. Denn Probleme sind oft sehr ›empfindlich‹ gegenüber kleinen Veränderungen und anderen Betrachtungen. Um diese ganz grundsätzlichen Strategien soll es nun gehen. Und Sie werden sehen, es gibt dafür eine ganze Palette von Möglichkeiten.[92]

8.1 Empfehlen Sie: »Tue mehr von dem, was funktioniert!«

Zunächst gilt es aber eine simple Tatsache nochmals klar zu benennen. Wenn etwas bereits funktioniert, muss nichts ander(e)s gemacht werden,

---

[91] *De Shazer*, Kurztherapie, 24 und 167ff; *De Shazer*, Dreh, 73ff; *De Shazer / Dolan*, Wunder, 23. Vgl. auch *Bamberger*, Beratung, 84f.

[92] »Etwas ander(e)s tun« (dieses Kapitel) und »Kraftquellen suchen« (nächstes Kapitel) sind zwei Grundprinzipien, die sich nicht immer scharf trennen lassen. Manchmal werden durch den ›Spalt‹, der sich durch das »Ander(e)s-Tun« in der festgefügten Mauer der alten Muster öffnet, die ungenutzten Kraftquellen hinter der Mauer erst sichtbar und zugänglich. Und manchmal sind es umgekehrt die Kraftquellen selbst, die den ›Spalt‹ öffnen oder erweitern. Die in einer schriftlichen Darstellung notgedrungene Zuordnung kann und soll in diesem Sinne auch wieder relativiert werden.

sondern das, was funktioniert, sollte weiterhin und verstärkt gemacht werden. Das, was bereits funktioniert, wurde in der Analyse der Ausnahmen im Gespräch herausgearbeitet. Hier kann eigentlich nur ermutigt werden, das, was unser Gegenüber zur Erreichung dieser Ausnahmen selbst beigesteuert hat, in Zukunft öfter und vor allem absichtlich herbeizuführen.

»Wir haben in unserem Gespräch erkannt, dass Ihr Sohn immer sehr abweisend und aggressiv reagiert, wenn Sie direkt nach der Schule sofort wissen wollen, welche Hausaufgaben er bekommen hat. Und wir haben auch erkannt, dass Ihr Sohn, wenn er erstmal eine Weile guten Gewissens ›chillen‹ durfte, viel eher ansprechbar ist. Probieren Sie doch mal, es sich zur Regel zu machen, ihn immer erstmal ausruhen zu lassen und danach mit ihm über die Schule zu reden.«

»Wir haben gesehen, dass Sie sich jedes Mal furchtbar ärgern, wenn Sie zum Gottesdienst gehen und dann zu hören bekommen: ›Sieht man Sie auch mal wieder!‹ Wir haben aber auch gesehen, dass Sie sich nicht ärgern, im Gegenteil sogar stolz auf sich sind, wenn Sie mit einer humorvollen Bemerkung Ihrem Gegenüber den Wind aus den Segeln nehmen können. Das würde doch nahelegen, dass Sie sich von vornherein ein paar humorvolle Konter zurechtlegen.«

»Früher, so sagten Sie, haben Sie regelmäßig den Tag mit einer kurzen Andacht begonnen. Sie erinnern sich, dass Ihnen das gutgetan hatte. Heute, so sagten Sie, hätten Sie keine Zeit mehr dafür, weil Sie so im Stress sind. Wäre es nicht ein Versuch wert zu probieren, ob Ihnen gerade in stressigen Zeiten eine morgendliche kurze Andacht guttun würde?«

Wie auch immer die Empfehlung aussehen mag, sie knüpft nicht an irgendwelche losgelösten guten Ideen oder Theorien an, was für den Anderen hilfreich sein kann, sondern sie knüpft immer ganz konkret an das an, was Ihr Gegenüber selbst schon als hilfreich erfahren hat. Die Empfehlung lautet also: »Tun Sie mehr von dem, was funktioniert, was Sie schon als hilfreich erlebt haben!« Der hilfreiche Unterschied zum bisherigen Problemerleben besteht darin, etwas öfter und gezielter zu machen, was vorher nur ausnahmsweise getan wurde. Etwas anders machen heißt in diesem Fall, es öfter, bewusster und vor allem absichtlich zu machen.

Übung

– Überlegen Sie für sich, was in Ihrem Leben schon hilfreich war, und was Sie auch weiterhin – vielleicht nun sogar noch bewusster – tun möchten.

– Achten Sie bei Ihrem nächsten Seelsorgegespräch auf das, was bei Ihrem Gegenüber »funktioniert«, was ihm also bisher (schon mal oder öfter) geholfen oder gut getan hat. Machen Sie dafür Komplimente und ermutigen Sie, das auch weiterhin zu tun. Wenn Sie die Möglichkeit haben, können Sie das auch im Rollenspiel üben.

8.2 Empfehlen Sie: »Wenn etwas nicht funktioniert, mach etwas ander(e)s!«

Dort, wo Menschen in Lösungswegen sich verfangen haben, die nicht funktionieren und insofern keine wirklichen Lösungswege sind, sondern letztlich nur eine erfolgreiche »Methode«, um das Problem aufrechtzuerhalten, dort gilt der Ratschlag: Mach etwas anderes, egal was. Wichtig ist nur, dass das neue Verhalten so anders ist, dass es einen Unterschied macht, der einen Unterschied zum bisherigen Problemverhalten darstellt. Das kann eine ganz kleine Nuance sein, die aber nachhaltige Folgen hat. Das kann aber auch etwas völlig anderes sein. Es kann vorhersehbar sein oder auch überraschend anders. Es kann eher ernsthaft sein oder auch humorvoll. Es kann in der Realität geschehen oder auch nur im Kopf. Im Folgenden sollen nun einige Möglichkeiten aufgezeigt werden, wie man etwas ander(e)s machen kann.

8.3 Empfehlen Sie: »Stell dir etwas anderes vor!«

Steve De Shazer gibt selbst ein humorvolles Beispiel,[93] wie bereits eine bloße Vorstellung (die allerdings sozusagen handlungsfertig vorbereitet war) zu einer nachhaltigen Veränderung führte. Einer Mutter, die mit ihrer achtjährigen Tochter nicht mehr klarkam, gab der Therapeut den Rat, eine Wasserspritzpistole bereitzulegen. Und immer, wenn sich wieder eine der unsäglichen Streitereien anbahnen würde, solle sie, statt mit der Tochter sich zu verclinchen, zur Spritzpistole greifen und der Tochter Wasser ins Gesicht spritzen. Die Mutter legte sich die Pistole bereit, musste sie aber nie nutzen, weil allein die Vorstellung sie innerlich so erheiterte und entspannte, dass es gar nicht mehr zu solch verbissenen Streitgesprächen mit ihrer Tochter kam. Allein die Vorstellung, die Pistole benutzen zu können, führte dazu, dass sie die Konfliktgespräche mit ihrer Tochter anders bewertete und in der Folge auch anders reagierte. Diese Entspannung seitens der Mutter hat vermutlich auch die Tochter gespürt, so dass sich in der Folge der ganze Mutter-Tochter-Konflikt entspannt hat. Allein eine veränderte Vorstellung hat in diesem Fall schon genügt.

---

93 *De Shazer*, Dreh, 108.

Gunter Schmidt geht mit einigen seiner Lösungsvorschläge[94] in eine ähnliche Richtung, allesamt Vorschläge, die darauf basieren, dass eine veränderte Vorstellung vom Problem schon zu realen Veränderungen führt. »Vorstellung« darf dabei ganz wörtlich verstanden werden. So gibt er den Ratschlag, dem Problem einen neuen Ort zu geben. Meist ist der ›Ort‹ des Problems innerhalb der Person, oft lässt er sich sogar im Körper recht genau lokalisieren. Im Kopf? Im Bauch? Unter den Nägeln? Es kann nun schon sehr hilfreich sein, den Ort nach außen zu verlagern. Gemeinsam mit dem Gesprächspartner kann ausprobiert werden, wo ein guter und weniger bedrohlicher Ort für das Problem wäre. Soll das Problem noch sichtbar bleiben, sozusagen als hilfreicher Hinweis? Wieviel Entfernung ist gut? Oder soll es eher aus dem Blickfeld weit weg verschwinden? Ist vielleicht vorne links in zehn Metern Abstand ein guter Ort? Oder besser hundert Meter hinter mir? Es ist natürlich klar, dass es sich um Visualisierungsübungen handelt. Aber da wir Menschen durchaus räumlich denken, auch im übertragenen Sinne (wir ›stellen‹ uns etwas ›vor‹), können solche Übungen sehr hilfreich sein.

Weiterhin ist hilfreich, dem Problem einen netten oder humorvollen Namen zu geben. Üblicherweise benennen wir unser Problem negativ, oft auch mit diagnostischen Begriffen aus Krankheitslehren.[95] Gunther Schmidt empfiehlt, stattdessen freundliche Namen zu suchen. Und dann innere Sätze auszutauschen. Z.B. statt »Da hat mich mein verflixtes Problem mal wieder im Würgegriff!« sich innerlich zu sagen: »Da besucht mich ›Otto‹ mal wieder. Mal sehen, was er diesmal von mir möchte ...« Die Art, wie wir – auch innerlich – über etwas reden, ist immer schon ein Teil der Realitätskonstruktion. Warum nicht mal ausprobieren, anders innerlich über sein Problem zu reden, z.B. mit humorvollen Namen?

Mehr ins Visuelle geht wiederum der Vorschlag von Gunther Schmidt, die Probleme zu »dekorieren«.[96] Das heißt, das Problem oder Elemente, die zum Problem gehören (Orte, Menschen, Gegenstände), können in der inneren Vorstellung mit allerlei Dingen dekoriert werden. Es können Dekorationen sein, die auf eine veränderte Bedeutung aufmerksam machen, es können – und das ist oft sehr hilfreich – auch sehr humorvolle Dekorationen sein.

Einer Klientin, die auf ihren nicht ganz einfachen Chef immer reagiert wie ein Stier auf ein rotes Tuch, empfiehlt Schmidt, sie solle in ihrer Vorstellung den Chef dekorieren, um nicht mehr unwillkürlich so negativ zu reagieren und dadurch letztlich ihren Job zu gefährden. Die Klientin stellt

---

94 Ausführlich und mit Beispielen in *Schmidt*, DVD. Vgl. auch *Schmidt*, Liebesaffären, 62, und *Schmidt*, Einführung, 95ff.
95 *Schmidt*, Einführung, 70ff, und *Schmidt*, DVD.
96 *Schmidt*, DVD.

sich nun vor, auf dem Kopf ihres Chefs wäre ein kleiner Leuchtturm, der sie darauf hinweist, sich nicht provozieren zu lassen. Ohne dass der Chef es weiß, hat er nun in Zukunft immer einen Leuchtturm auf dem Kopf – und wundert sich allenfalls, dass seine Mitarbeiterin plötzlich viel entspannter auf ihn reagiert.

Im christlichen Glauben kennen wir auch solche Veränderungen der Vorstellung oder Benennung eines Problems. Ganz klassisch ist es, wenn wir uns vorstellen, ein Problem sei nicht zufällig in unser Leben getreten, sondern Gott hat es uns als »**Prüfung**« geschickt. Das lässt sich relativ einfach ausprobieren. Stellen Sie sich etwas vor, was Sie belastet. Und denken Sie jetzt a) das belastet mich, weil ich fehlerhaft und ungenügend bin oder b) das belastet mich, weil ich einfach Pech hatte und schließlich c) das belastet mich, weil Gott mir diese »Prüfung« geschickt hat, um mich herauszufordern. Was fühlt sich besser an? – Nur wenn es sich besser anfühlt, ist es eine hilfreiche Alternative. Und das ist natürlich in unseren Seelsorgegesprächen streng zu beachten. Unser Gegenüber entscheidet, ob es für ihn eine hilfreiche religiöse Umbenennung ist oder nicht.

Martin Luther hat übrigens oft auch noch den Teufel ins Spiel gebracht, an den wir heute in der Regel nicht mehr glauben. Aber rein psychologisch gesehen hatte das den Vorteil, dass ein Problem aus dem eigenen Innenleben nach außen verlagert werden konnte und auch noch ein ›Gesicht‹ bekam. So konnte ein Tintenfass nach dem Teufel geworfen werden, anstatt in eine Depression zu verfallen. Ich will jetzt nicht empfehlen, den Teufel wieder einzuführen, aber Menschen, die mit einer Brise Humor ihr Problem dem »Teufel« in die Schuhe schieben können, haben es jedenfalls nicht mehr in den eigenen Schuhen. Das ist aber in heutigen Zeiten nur für Menschen geeignet, die das nicht allzu ernst nehmen mit dem »Teufel«. Aber vielleicht gibt es ja auch andere Möglichkeiten, seinem Problem »Hörner aufzusetzen«. Schon die bildliche Vorstellung kann eine erste befreiende Wirkung haben.

Übung

– Überlegen Sie sich ernsthafte oder auch humorvolle Vorstellungen, wie bei einem (konkreten oder phantasierten) Problem alternativ reagiert werden könnte, oder wie ein Problem »benannt« oder »dekoriert« werden könnte. Überlegen Sie, welch anderes »Gesicht« das Problem dadurch bekommt.

– Welche Möglichkeiten zur »Umbenennung« oder »Dekoration« dazu finden Sie im christlichen Glauben?

8.4 Empfehlen Sie: »Gib dem Problem einen anderen Zusammenhang und damit eine andere Bedeutung!« (Reframing)

Ein Problem – wie oben dargestellt – als »Prüfung« zu benennen, ist nicht nur eine veränderte Bezeichnung eines Problems, sondern gibt dem Problem auch eine andere Bedeutung, die sich aus einem anderen Zusammenhang oder einem anderen Bezugsrahmen ergibt, oder, wie fachlich oft formuliert wird, aus einem anderen »Rahmen«. Insofern überschneidet sich das schon mit den Lösungsstrategien, die unter dem Stichwort »Reframing« Eingang in die Psychotherapie gefunden haben.[97] In NLP gibt es ein Beispiel, wie eine Frau, die unter Fußabdrücken auf dem Wohnzimmerteppich[98] leidet, dieses Leiden überwindet, indem sie dem ganzen einen neuen Rahmen gibt. Sie versteht jetzt die Fußabdrücke als Zeichen der Anwesenheit ihrer lebendigen Familie. Unter der Rahmenvorstellung einer perfekt sauberen Wohnung waren die Fußabdrücke ein Problem. Unter der Rahmenvorstellung einer lebendigen und bunten Familie sind die Fußabdrücke Teil der Lösung. Sie sind jetzt ein unverkennbarer Hinweis für die Frau, dass sie nicht alleine auf der Welt ist, sondern sich glücklich schätzen kann, Teil einer lebendigen Familie zu sein. Der Sachverhalt »Fußabdrücke« wurde nicht verändert, aber seine Deutung wurde verändert. Und die veränderte Deutung kam dadurch zustande, dass der Sachverhalt in einem anderen Rahmen tatsächlich etwas anderes bedeutet.

Ein solches Reframing ist durchaus vergleichbar mit dem, was Watzlawik u.a. als »Lösungen zweiter Ordnung bezeichnen«.[99] Sie illustrieren das mit einer geometrischen Metapher, die ich hier wiedergeben möchte. Verbinden Sie alle folgenden neun Punkte ohne abzusetzen mit nur vier Geraden (= Linien), die miteinander verbunden sind.

O   O   O

O   O   O

O   O   O

---

[97] Zum Thema »Reframing« siehe *Bandler/Grinder*, Reframing. Außerdem *De Shazer*, Kurztherapie, 65–70. Vgl. auch *Watzlawik u.a.*, Lösungen. Zur Theorie und Praxis des menschlichen Wandels, Bern 2003, 116–134.
[98] *Bandler/Grinder,* Reframing, 17ff.
[99] *Paul Watzlawik u.a.*, Lösungen. Zur Theorie und Praxis des menschlichen Wandels, Bern 2003, 99ff. – Die geometrische Figur befindet sich auf S. 44, die Auflösung auf S. 46.

Viele Probleme lassen sich in der Tat nur lösen, wenn man die vorgegebenen Koordinaten des Problems verlässt und ganz neue Punkte mit einbezieht, die bislang außerhalb der Wahrnehmung lagen. (Die Lösung der geometrischen Aufgabe finden Sie am Ende von Kapitel 8). Diese neuen Punkte liegen außerhalb unseres bisherigen Denkrahmens, oftmals auch auf einer neuen logischen Ebene. Es gilt, das Problem bzw. die Lösung in einem erweiterten Bezugsrahmen zu betrachten. Dann erscheinen plötzlich Lösungsmöglichkeiten, die in der ursprünglichen Begrenzung nicht durchführbar waren.

Im Seelsorgegespräch kann es immer gut und nützlich sein, wenn Sie mit dem Gegenüber überlegen, ob der beklagte Sachverhalt aus einer anderen Perspektive gesehen nicht auch eine andere Bedeutung gewinnen kann. Dazu müssen Sie natürlich erkunden, welche Perspektiven dem Anderen in seiner Welt möglich und zugänglich sind.[100]

Dabei muss jedoch unbedingt sehr einfühlsam vorgegangen werden. Denn oftmals wird der Rahmen, innerhalb dessen das Problem als Problem erscheint, geradezu als »Gewissheit« erlebt, als unhinterfragbare Vorstellung, wie die Dinge zu sehen sind oder wie sie sein sollten. Das Problem verstößt nun aber offensichtlich gegen bestimmte Vorgaben dieses scheinbar unveränderlichen Rahmens – und genau deswegen leidet unser Gegenüber darunter. Dennoch kommt er normalerweise nicht von selbst auf die Idee, diesen Rahmen und seine damit verbundenen Bewertungen zu hinterfragen oder gar zu verlassen.

Hier können Sie ihm helfen, versuchsweise alles auch einmal aus einer anderen Perspektive zu sehen – oder zumindest vorsichtig Zweifel zu säen, ob der bisherige Rahmen wirklich so unhinterfragbar ist. Vielleicht zeigt sich dann, dass das Problem in einem anderen Rahmen gar nicht mehr so schlimm ist, oder vielleicht sogar Teil einer Lösung. Gehen Sie aber bitte davon aus, dass das nicht in jedem Fall so sein muss. Manchmal findet sich einfach kein sinnvolles Reframing, und dann sollte das auch akzeptiert werden. Manchmal wird ein Reframing auch abgelehnt, weil es zu großer Verunsicherung führen würde. Dann respektieren Sie das.[101] Aber manchmal kann ein Reframing so stark sein, dass es hilft, selbst großes Leid neu sehen zu lernen.

[100] Zur vorsichtigen »Dekonstruktion« der »Gewissheit« eines »globalen Rahmens« siehe *De Shazer*, Dreh, 117ff, sowie mit Beispiel *De Shazer*, Kurztherapie, 218f.
[101] Vgl. *Bandler/Grinder*, Reframing, 49f.

8.4.1 Geschichten, Bilder und Metaphern als Anregung zum Reframing

Eine enorme Sprengkraft für den problemfokussierten Tunnelblick haben Geschichten, Bilder und Metaphern.[102] Vielleicht weil unser Gehirn für Bildersprache besonders empfänglich ist, können Geschichten ganz neue Horizonte öffnen.

Eine wunderschöne Reframing-Geschichte ist die Erzählung von der Palme und dem bösen Riesen. Ich habe diese märchenartige Erzählung[103] vor vielen Jahren in einem Krankenhauswartezimmer gefunden, als ich selbst in äußerster Bedrängnis war. Sie handelt davon, wie ein böser Riese einer Palme einen schweren Stein auf die Palmenkrone legt. Er will, dass die Palme daran zugrunde geht. Doch die Palme grub ihre Wurzeln jetzt erst recht ganz tief ins Erdreich, um Kraft und Halt zu gewinnen. So floss ihr ungeahnte Stärke zu. Und sie wurde in den folgenden Jahren zu einer besonders kräftigen und hohen Palme. Als der Riese Jahre später kam, um sich zu vergewissern, dass die Palme verkümmert ist, musste er erkennen, dass er das Gegenteil erreicht hatte. Mir hat diese Geschichte damals sehr geholfen. Und nicht nur, dass diese Geschichte sozusagen märchenhaft zeigen kann, wie Reframing funktionieren kann; solche und ähnliche Geschichten können in der Seelsorge auch als Reframing-Geschichten angeboten werden. Natürlich immer mit dem nötigen Feingefühl und einem Gespür dafür, ob es denn auch zur aktuellen Situation des Gesprächspartners passt.

Manchmal müssen es auch gar keine kompletten Geschichten sein, manchmal reichen auch wirkmächtige Bilder und Metaphern. Es lohnt sich oft, sowohl für das Problemverhalten als auch für die Lösung nach solchen Bildern und Metaphern zu suchen. Oft sind es intuitive Einfälle mitten im Gespräch, die hier weiterhelfen oder manchmal sogar zum entscheidenden Durchbruch werden. Ermutigen Sie das Gegenüber, solche Bilder zu finden. Wenn Ihnen selbst welche einfallen, bieten Sie die Bilder an. »Mir kommt dazu folgendes Bild in den Sinn ... Können Sie damit etwas anfangen?« Manche Bilder wirken sofort, andere vielleicht erst später. Selbstverständlich gilt die Wirkmächtigkeit auch für biblische Geschichten, Bilder und Metaphern (siehe unten Kapitel 8.4.3).

Exkurs: Six-Step-Reframing

Reframing-Gespräche oder auch die Suche nach »Lösungen zweiter Ordnung« laufen noch auf der Ebene dessen ab, wozu unser Gesprächspartner

---

102 Zum Thema »Geschichten, Bilder und Metaphern« siehe *Zeig*, Einzelunterricht, 73 und 83ff, sowie *Schmidt*, Liebesaffären, 68f.
103 Leider weiß ich die Quelle nicht mehr. Ich erzähle dieses Märchen so, wie ich es in Erinnerung habe.

einen unmittelbaren bewussten Zugang hat. Geschichten, Bilder und Metaphern sprechen schon tiefere Schichten unseres Bewusstseins an, sind aber noch sehr bewusstseinsnah. In NLP wurde darüber hinaus auch eine Technik entwickelt, die das Unbewusste unmittelbar anregen soll, sich eigenständig auf die Suche nach kreativen Reframing-Möglichkeiten zu begeben. Es ist eine Art angeleitete Autosuggestion, die erlaubt, jenseits der Grenzen des Wachbewusstseins sich für neue Perspektiven zu öffnen. Es ist das sog. **Six-Step-Reframing.**[104] Diese Methode, die man entsprechend erklärend einführen muss, kann immer dann hilfreich sein, wenn auf der bewussten Ebene ein Reframing nicht möglich erscheint und auch sonst keine Lösungsperspektiven auftauchen. Das Six-Step-Reframing arbeitet mit angenommenen inneren Persönlichkeitsanteilen, die direkt ›ansprechbar‹ sind und deren positive oder negative Antwort irgendwie spürbar ist. Ihr Gesprächspartner kommuniziert unter Ihrer Anleitung mit seinen inneren Persönlichkeitsanteilen. Bevor Sie damit anfangen, müssen Sie das Vorgehen und die angenommenen Voraussetzungen zunächst erklären.

»Jeder von uns hat in sich verschiedene Persönlichkeitsanteile, so wie z.B. eine ›innere Freundin‹ oder ein ›inneres Kind‹. So gibt es auch in Ihnen einen Persönlichkeitsanteil, der für Ihr Problemerleben oder Problemverhalten verantwortlich ist. Mit ihm wollen wir nun sprechen. Sie werden innerlich spüren, ob dieser und auch andere Persönlichkeitsanteile eher mit ›ja‹ oder eher mit ›nein‹ antworten.«

1. »Bitte geben Sie nun Ihrem unbewussten inneren Persönlichkeitsanteil, der für Ihr Problemerleben oder Problemverhalten verantwortlich ist, einen Namen (Hier: P).«

2. »Gehen Sie nun sozusagen nach innen und nehmen Sie bitte Kontakt mit P auf. Spüren Sie, mit welchen inneren Signalen er Ihnen antwortet.«

3. »Ziemlich sicher möchte dieser Persönlichkeitsanteil Ihnen nicht schaden, sondern auf irgendeine Weise etwas Positives für Sie bewirken oder Sie vor etwas bewahren. Er tut es im Moment so, dass Sie darunter leiden. Aber das ändert nichts an seiner positiven Absicht. Ich möchte Sie bitten, dass Sie Folgendes zu ihm sagen: ›Ich leide zwar unter Dir, aber ich unterstelle Dir, dass Du etwas Gutes für mich erreichen möchtest. Auch wenn ich Dich nicht verstehe, so hast Du doch eine gute Absicht.‹ Spüren Sie mal, ob P sich verstanden fühlt.

---

104 Zum Thema »Six-Step-Reframing« siehe *Bandler/Grinder*, Reframing, 61 ff. Eine Zusammenfassung findet sich auf S. 138. Eine kompakte Darstellung bieten *O'Connor / Seymour*, NLP, 206 ff. – Das von mir dargestellte Vorgehen beim Six-Step-Reframing ist nochmals auf das Wesentliche reduziert.

Wenn ja, dann fragen Sie P, ob er bereit ist, alternative Wege zu dieser positiven Absicht auszuprobieren.«

4. »Es gibt in Ihnen, wie in allen Menschen, auch einen unbewussten inneren kreativen Anteil. Wie möchten Sie ihn nennen? (Hier: K). Fragen Sie mal K, ob er bereit ist, sich mit P zusammenzusetzen, und ihm – ohne dass Sie bewusst etwas davon mitbekommen – drei alternative Vorschläge zu machen, wie er seine positive Absicht auch anders verwirklichen kann.«

5. »Fragen Sie P, ob er bereit ist, in nächster Zeit diese alternativen Vorschläge auszuprobieren. Falls Sie Bedenken spüren, fragen Sie P, ob es für ihn leichter wäre, eine Probezeit zu vereinbaren, nach deren Ablauf überprüft werden soll, ob die Alternativen Erfolg hatten. Wenn ja, wie lang soll sie sein? Vereinbaren Sie die gewünschte Probezeit.«

6. »Fragen Sie nach innen, ob es noch Persönlichkeitsanteile gibt, die mit der gefundenen Vereinbarung nicht einverstanden sind, weil sie bewusste oder unbewusste Vorbehalte haben. Wenn es einen solchen Persönlichkeitsanteil gibt, dann fragen Sie ihn, ob er bereit ist, sich an der inneren Konferenz mit P und K zu beteiligen, so dass auch seine Interessen gewahrt werden.« (Eine ausführlichere Variante wäre unter Einbezug des weiteren Persönlichkeitsanteils wieder bei Schritt 2 zu beginnen.)

Nach einem Six-Step-Reframing können Sie dem Gesprächspartner sagen, dass er nun ganz entspannt und neugierig darauf warten könne, was die innere Konferenz sich ausdenkt und wann und wie er das Ergebnis merken wird. Es ist durchaus sinnvoll, danach das Thema zu wechseln, um das Ganze nicht zu zerreden. Im Grunde ist das Six-Step-Reframing nichts anderes als eine Selbsthypnose, mit der man sich selbst erlaubt, nach Alternativen Ausschau zu halten, die bislang weder gesehen werden konnten noch wollten. – Für Seelsorge ist diese NLP-Intervention aus meiner Sicht nicht die erste Wahl, zumal sie für viele unserer Gesprächspartner sehr gewöhnungsbedürftig sein wird. Aber mir war wichtig, beispielhaft zu zeigen, dass es – hier aus dem Bereich NLP – durchaus Interventionen gibt, die helfen können, wenn unser Gesprächspartner und wir selbst mit unserem Latein am Ende sind.

8.4.2 Manches ist einfach normal

Schließlich gib es noch ein Reframing, das üblicherweise gar nicht als solches gesehen oder bezeichnet wird. Es besteht darin, dem Gegenüber zu vermitteln, dass das, was er als außergewöhnliches und nur von ihm so erlebtes und erlittenes Problem empfindet, im Grunde normal ist. Diesen

Vorgang bezeichnet man als »Normalisieren«.[105] Selbstredend geht das
nur bei solchem Problemerleben, das tatsächlich mit einem gewissen
Recht als normal bezeichnet werden kann, also als ein menschliches Verhalten oder Erleben, das eine größere Anzahl von Menschen in ganz ähn-
licher Weise erlebt und das einfach zum Leben dazugehört, ohne deswegen einen Krankheitswert haben zu müssen. So ist z.B. eine tiefe Trauer
nach dem Verlust eines geliebten Menschen schlicht und einfach normal.
Normal ist auch, dass Ehepaare Konflikte haben, dass pubertierende Kinder ihre Eltern als schwierig empfinden, dass man vor Prüfungen Angst
hat und dass man deprimiert ist, wenn einem etwas Wichtiges nicht gelungen ist. Und vieles mehr. Das sind einfach Dinge, die zum Leben da-
zugehören. Es ist immer wieder überraschend, wie persönliche Betroffen-
heit das subjektive Gefühl auslösen kann, nur man selbst würde an einem
bestimmten Sachverhalt leiden. Hinzu kommt, dass populär gewordene
Psychotheorien oft auch noch zu einer negativen Selbstdiagnose führen.
In all diesen Fällen kann es in der Tat schon ungeheuer befreiend sein,
wenn jemandem sein Problemerleben als völlig normal und angemessen
wiedergespiegelt wird. Manchmal kann das schon der entscheidende
Schritt auf dem Lösungsweg sein. Wichtig sind nur zwei Dinge: Erstens
darf natürlich nur ein Problemerleben normalisiert werden, das wirklich
normal ist, normal jedenfalls in dem Sinne, dass es innerhalb der eigenen
Kultur eine allgemein übliche und angemessene Form von Erleben und
Verhalten darstellt. Und zweitens darf Normalisieren nicht mit Bagatelli-
sieren verwechselt werden. Trauer nach dem Tod eines geliebten Menschen ist normal, aber keine Bagatelle. Auch für normale Probleme brauchen Menschen gelegentlich hilfreiche Begleitung, aber das Selbstwertgefühl und die darin enthaltene Kraft steigt schon erheblich, wenn die
Selbststigmatisierung durch Normalisierung überwunden werden kann.

8.4.3 Gibt es auch ein christliches Reframing?

Als Seelsorger können Sie – auf angemessene Weise – auch die Religion
als Rahmen-Perspektive ins Spiel bringen. Hilfreich wird diese Perspektive
für den Anderen aber nur, wenn er dafür offen ist. Je nachdem könnten
folgende Fragen hilfreich sein: »Welche Rolle spielt das Problem auf Ihrem
Glaubensweg?« / »Hat das Problem Aspekte, die Ihren Glauben auf ganz
neue Weise herausfordern?« / »Hat sich durch das Problem Ihr Verhältnis
zu Gott verändert?« / »Wenn Sie Gott fragen könnten, wie er das Problem in Ihrem Leben sieht, was würde er dazu sagen?« / »Meinen Sie, Gott
möchte vor allem, dass Sie das Problem erdulden, oder möchte er sehen,
wie Sie es lösen?« / »Gibt es eine biblische Geschichte, die zu dem passen
könnte, was Sie mir erzählt haben?« / »Gibt es religiöse Literatur, die
Ihnen jetzt helfen könnte, Ihr Problem nochmals anders zu sehen?«

---

105 *De Jong / Berg*, Lösungen, 76ff.

Weiter oben wurde bereits von der Kraft der Geschichten, Bilder und Metaphern gesprochen. Das Wissen um diese Kraft spielt in der Religion seit jeher eine zentrale Rolle. Nicht umsonst hat Jesus vom Reich Gottes in Bildern und Gleichnissen gesprochen. Warum also nicht auch in der Seelsorge?[106] Auch gegenüber Menschen, die in der christlichen Tradition nicht zuhause sind, können biblische Geschichten und Bilder auf entspannte Weise durchaus »ins Gespräch gebracht« werden. Vielleicht reagieren sie offener, als wir befürchten. Vieles davon ist ja auch Kulturgut. Und manchmal müssen – sowohl bei Christen wie bei Nicht-Christen – verfestigte enge religiöse Bilder durch befreiende religiöse Bilder und Geschichten korrigiert werden. Das Gleichnis von den beiden Söhnen (Lk 15) eignet sich zum Beispiel sowohl für Menschen, die sich auf säkulare Weise nur über Leistung definieren, als auch für Menschen, die sich Gott gegenüber permanent in der Bringschuld sehen. Wichtig ist nur: Geschichten und Bilder sind keine Argumentationsvorlagen, um Recht zu behalten, sondern Türöffner in neue Perspektiven. Wir können die Türöffner allenfalls anbieten, hindurchgehen muss unser Gegenüber selbst. Wohlmeinendes Hindurchargumentieren hilft hier nicht. Mehr hilft es, auf die verändernde Kraft der Bilder und Geschichten zu vertrauen.

Wenn Watzlawik u.a. von »Lösungen zweiter Ordnung« sprechen, dann könnte man von religiösen Perspektiverweiterungen vielleicht als von ›Lösungen dritter Ordnung‹ sprechen. Wir sehen unsere Probleme nicht nur innerweltlich in einer neuen übergreifenden Perspektive, wir sehen sie zugleich in einem neuen göttlichen Licht. Das Kreuz Jesu war nach irdischen Maßstäben eine Katastrophe, aus der Perspektive Gottes, wie sie in der Auferstehung aufleuchtet, erscheint das Leiden und Sterben Jesu nochmals in einem anderen Licht. Ähnlich ist das auch für unsere »Kreuz«-Erfahrungen denkbar. Aber zugleich darf nicht vergessen werden, dass die Einübung in die Perspektive Gottes, das ›Auferstehungs-Reframing‹, weder für Jesus leicht war noch für uns leicht ist. Es bedarf – wie wir von unseren Vätern und Müttern im Glauben lernen können – eines lebenslangen Glaubensprozesses, um uns immer wieder und immer mehr dafür zu öffnen.

Übung

– Sicherlich haben Sie schon in Ihrem eigenen Alltag Situation dadurch bewältigt, dass Sie diesen einen neuen Rahmen gegeben haben. Welche? Oder Sie haben das in Ihren Gesprächen auch schon gemacht. Bei welchen Gelegenheiten?

---

106 Vgl. *Peter Bukowski*, Die Bibel ins Gespräch bringen. Erwägungen zu einer Grundfrage der Seelsorge, Neukirchen-Vluyn 1996 (3. Auflage).

– Schreiben Sie sich auf einem Blatt auf der linken Seite verschiedene
Probleme auf, die Ihnen einfallen. Probieren Sie nun, auf der rechten
Spalte dem jeweiligen Problem einen anderen Rahmen zu geben.

– Welche Bilder, Geschichten und Metaphern fallen Ihnen ein, die für
ein Reframing nutzbar sind? Welches Reframing wird damit jeweils angeboten?

– Wie kann verhindert werden, dass ein Reframing dem Gesprächspartner nicht aufgedrängt wird, sondern für ihn zum stimmigen Aha-
Erlebnis wird?

– Wenn Sie mit dem 6-Step-Reframing arbeiten möchten, empfehle ich
als Lektüre das Buch von Bandler/Grinder: Reframing. Für den ersten
Einstieg auch die Kurzfassung auf den Seiten 206–211 in O'Connor /
Seymour: NLP.

8.5 Suchen Sie die verborgene Kompetenz des Problems

Jedes Problem hat eine verborgene Kompetenz, und zwar im doppelten
Sinne. Ein Problem ist, darauf hat Gunther Schmidt immer wieder hingewiesen, ein Lösungsversuch zu einem hohen Preis.[107] Wobei unseren
Gesprächspartnern oft gar nicht bewusst ist, wofür das Problem eine Lösung sein soll. So kann es sehr hilfreich sein, mit unserem Gegenüber zu
besprechen, wofür das Problem eine Lösung sein könnte und mit welcher
ihm selbst gar nicht bewussten Kompetenz er diese Lösung angesteuert
hat. Die klassische Psychotherapie spricht hier von »Krankheitsgewinn«.
Verborgene Kompetenz hört sich aber deutlich besser an, ist quasi schon
ein erstes Reframing, und führt dazu, dass unser Gegenüber sich wertgeschätzt fühlt, ja es ist eine erste Intervention gegen seine Versagens- und
Minderwertigkeitsgefühle. Er kann sich innerlich sagen: Wenn ich eine
verborgene Kompetenz besitze, dann kann ich ja gar nicht so hilflos und
ohnmächtig sein, wie ich bislang dachte. Als nächstes gilt es nun, die verborgene Kompetenz bewusst zu machen. Dazu ist es wichtig herauszufinden, wofür das Problem eine Lösung ist. Dabei geht es nun nicht doch
wieder durch die Hintertür um tiefenpsychologische Archäologie, sondern um die gegenwartsbezogene Frage: Was würde fehlen, wenn das
Problem nicht mehr da wäre? Was würde wichtigen Bezugspersonen fehlen, wenn das Problem nicht mehr da wäre? Gunther Schmidt[108] emp-

---

[107] *Schmidt*, Einführung, 116f. – In Bezug auf zwischenmenschliche Loyalitäten
siehe *Schmidt*, Liebesaffären, 80. Ausführlich zum Thema »Kompetenz des Problems
suchen« siehe *Schmidt*, Liebesaffären, 88–132. In Kurzform auch *Schmidt*, Einführung, 111ff.
[108] *Schmidt*, Einführung, 101.

fiehlt, auch den vorweggenommenen Therapieerfolg zu betrachten. Denkbar wäre beispielsweise zu fragen: »Was werden Sie vermissen, wenn unsere Gespräche den erwünschten Erfolg bringen?« Wenn durch solche und ähnliche Fragen erkennbar wird, wofür das Problem eine Lösung ist, dann gilt es, bei der Konstruktion einer neuen, besseren Lösung die positive Absicht der alten Lösung im Blick zu behalten. Hier spielt die bislang verborgene Kompetenz eine Rolle. Hilfreich kann es sein, die Kompetenz klar zu benennen: »Meine ›N.N.‹-Kompetenz.« Und diese jetzt bewusst gewordene Kompetenz unseres Gesprächspartners kann, ja muss dazu genutzt werden, darauf zu achten, dass eine neue Lösung die berechtigten Anliegen der alten Lösung auch wirklich beachtet. Hierbei kann es auch erforderlich werden, dass – im Sinne des »Ambivalenzcoachings« (Schmidt) – bisherige Ziele nachgebessert werden müssen.

Ein Problem hat aber auch noch eine weitere verborgene Kompetenz, die noch nicht da ist, sondern erst noch kreativ entwickelt und genutzt werden muss. Das war die Idee von Milton Erickson, der insbesondere die Symptome als »Henkel zum Topf« verstanden hat. Er versuchte stets, ein Symptom oder Problemverhalten so umzudrehen, dass es zu einem Lösungsschritt wurde, in der Regel durch eine dadurch ausgelöste Musterunterbrechung.[109] Er überlegte also: Wozu kann ich den beklagten Sachverhalt oder einen Aspekt des beklagten Sachverhaltes so in eine Handlungsempfehlung für meine Patienten einbauen, dass genau darüber der Stein ins Rollen kommt? Sehr anschaulich ist sein Beispiel von der Zahnlücke.[110] Eine Patientin kommt zu ihm, weil sie sehr darunter leidet, dass ihre vorderen oberen Schneidezähne zu weit auseinanderstehen und eine Lücke bilden. Sie fühlt sich dadurch äußerst unattraktiv. Erickson empfiehlt der Patientin, sich am Trinkbrunnen ihrer Baufirma den Mund mit Wasser zu füllen und einem bestimmten attraktiven männlichen Mitarbeiter durch die Zahnlücke das Wasser ins Gesicht zu spritzen. Um es abzukürzen: Einige Monate später ist sie mit dem attraktiven Kollegen verheiratet. Ein anderes Beispiel[111] erzählt, wie Erickson einem Patienten, der sich für Jesus hielt, den Auftrag gab, für die Klinik ein Regal zu bauen. Denn Jesus sei ja gelernter Zimmermann. In solchen und weiteren Fällen wird nicht das Symptom versucht abzustellen, sondern geschaut, ob das Symptom nicht als kreativer »Henkel« zur Lösung genutzt werden kann.

Die Grundidee kann auch in die Seelsorge übernommen werden. Überlegen Sie, ob nicht das Symptom oder Symptomverhalten Ansätze für eine kreative Lösung bietet. Gehen Sie aber davon aus, dass Sie nicht die Treffsicherheit eines Milton Erickson besitzen. Deswegen gilt, dass Sie

---

109 Zum Begriff »Musterunterbrechung« siehe Anmerkung 118 im Kapitel 8.8.
110 Erzählt von *Jay Haley*, Psychotherapie Ericksons, 76ff.
111 *De Shazer*, Der Dreh, 107.

solche Ideen immer gemeinsam mit dem Gegenüber besprechen. Erzählen Sie z.B. die Zahnlückengeschichte und überlegen mit Ihrem Gesprächspartner, ob sein Symptom vielleicht auch auf überraschend andere Weise zu einer kreativen Lösung eingesetzt werden kann. Phantasieren Sie gemeinsam. Schon das kann sehr anregend sein. Überlassen Sie es aber stets dem Gegenüber, ob er solche Ideen auch umsetzen möchte. Und gehen Sie davon aus, dass nicht alle Probleme dafür geeignet sind und dass es auch nicht immer erfolgreich ist. Vermutlich war es das auch bei Erickson nicht immer, aber erfolglose Beispiele finden selten den Weg in Bücher.

Ergänzend sei noch darauf hingewiesen, dass es bei Viktor Frankl eine zumindest ähnliche Idee gibt, wie man ein Symptom überraschend anders nutzen kann. Er nennt das »paradoxe Intention«.[112] Er versteht darunter eine veränderte Haltung zu etwas, vor dem man Angst hat. Statt sich der Angst hinzugeben, empfiehlt Frankl, sich das Gefürchtete umgekehrt auf paradoxe Weise zu wünschen. »Soll das und das doch geschehen!« Wenn die paradoxe Intention gelingt, dann verliert die Angst ihr Gewicht – und das Befürchtete tritt auch nicht ein. Wichtig ist, dass das Gegenüber sich diese paradoxe Intention selbst zutraut, sonst macht sie keinen Sinn. Auch hier wird die Intervention nicht für alle und alles passen, aber es könnte ein Versuch wert sein, mit dem Gesprächspartner diese Möglichkeit zu erkunden. Ebenfalls in eine solche Richtung geht die »Symptomverschreibung«[113] von Watzlawik u.a., wobei mir letztere für Seelsorge nur bedingt geeignet erscheint, zumal diese Intervention schnell in die Nähe eines zwar fachmännischen, aber letztlich doch intransparenten Tricks geraten kann. Seelsorge sollte aber immer mit einer offenen und transparenten Gesprächskultur auf Augenhöhe arbeiten – unter Geschwistern. Das aber bedeutet umgekehrt, dass in der Seelsorge ganz offen über so gut wie alles gemeinsam nachgedacht werden kann, was hilfreich sein könnte, um zu einer Lösung zu kommen.

Übung

– Denken Sie an eigenes Problemverhalten oder an das Problemverhalten von anderen Menschen, und denken Sie weder an Ursachen noch an zukünftige Lösungen, sondern alleine an die Frage: Welche gut gemeinte Lösung wurde bisher mit dem problematischen Verhalten zu erreichen versucht? Und vor allem: Welche (z.B. soziale) Kompetenz steckt dahinter?

---

112 *Viktor E. Frankl*, Der Mensch vor der Frage nach dem Sinn. München 2013 (25. Auflage), 122ff.
113 *Paul Watzlawik u.a.*, Lösungen. Zur Theorie und Praxis des menschlichen Wandels, Bern 2003, 139 und öfter.

– Versuchen Sie im Rollenspiel oder beim nächsten Seelsorgegespräch, das Ihnen geschilderte Problemverhalten und Problemerleben nicht vor allem auf ein verborgenes Defizit zu durchsuchen, sondern suchen Sie darin eine verborgene Kompetenz. Auch wenn das Ergebnis des Problemverhaltens als leidvoll erlebt wird, welche positive Absicht könnte dahinterstecken – und mit welcher Kompetenz wird sie zu erreichen versucht? Was davon könnte hilfreich sein, um eine weniger leidvolle Lösung anzustreben?

– Mit welchen Komplimenten könnten Sie den Gesprächspartner auf seine im Problemerleben verborgenen Kompetenzen aufmerksam machen, so dass er sich gleichwohl in seinem leidvollen Erleben ernstgenommen fühlt?

8.6 Empfehlen Sie: »Mach einfach irgendetwas anderes!«

Die bisher dargestellten Lösungsstrategien hatten mehr oder weniger einen Bezug zum Problemverhalten oder zum Symptom. Es gibt aber auch Lösungsstrategien, die schlicht und einfach auf der Idee basieren, statt des Problemverhaltens irgendetwas anderes zu machen, Hauptsache, es ist anders genug, um das Problemverhalten zu unterbrechen oder sogar zu ersetzen.[114] Das Andere muss inhaltlich dabei überhaupt nichts mit dem Problemverhalten zu tun haben, muss aber natürlich schon in dem Zusammenhang ansetzen, wo ein anderes Verhalten erwünscht ist. Denken Sie an das erzählte Beispiel mit der Wasserspritzpistole. Eine Wasserspritzpistole hat inhaltlich nichts mit einen Konflikt zwischen Mutter und Tochter zu tun, ist aber genau in diesem Konflikt das überraschend Andere, das eine Musterunterbrechung bewirkt und damit ein neues und anderes Verhalten und Erleben ermöglicht. Eine Wasserspritzpistole an sich ist aber bedeutungslos – erst im Kontext des Problemverhaltens gewinnt sie ihre Wirkung.

Das, was nun für unser Gegenüber so anders sein kann, dass es einen hilfreichen Unterschied ausmacht, kann auf verschiedene Weise gefunden werden.

8.6.1 Anknüpfen an Anderes, was das Gegenüber schon kennt

Zunächst gibt es die Möglichkeit, mit dem Gesprächspartner zu erkunden, ob es in seinem bisherigen Erleben schon Erfahrungen gegeben hat, in denen er ›einfach‹ irgendetwas anderes gemacht hat, das mit dem Problemerleben gar nichts zu tun hatte, das ihn aber zumindest für eine gewis-

---

114 Vgl. *De Shazer*, Kurztherapie, 167ff.

se Zeit aus dem Problemerleben herausgeholt hat. Vielleicht, weil er in
dieser Zeit sein Problemerleben schlicht und einfach vergessen hat. Vielleicht auch etwas, das unerwartet geschah oder überraschend anders war.
Es ist eine Form der Frage nach den Ausnahmen, hier nun lediglich fokussiert auf letztlich beliebige, aber hilfreiche Alternativen zum Problemerleben und damit vielleicht sogar schon so etwas wie Lösungszustände,
die dadurch zustande kamen, dass einfach irgendetwas anderes gemacht
wurde.

»Wenn Sie an das Problemverhalten in den letzten Monaten zurückdenken, gab es da Dinge oder Ereignisse, die Sie – vielleicht völlig unabsicht-
lich und unerwartet – aus Ihrem Problemverhalten herausgerissen haben?
Zeiten, in denen Sie einfach *irgendetwas* anderes gemacht haben, mit dem
es Ihnen gut ging? (Es muss gar nichts mit dem Problem zu tun haben.)
Was genau war das? Was haben Sie selbst dazu beigetragen? Haben Sie es
sogar selbst initiiert? Können Sie sich vorstellen, das in Zukunft bewusst
zu wiederholen?« – (Beispielhaft mögliche Antwort: – »Ja, als ich neulich
zum ersten Mal seit Jahren mit meinem Sohn einen ganzen Abend lang
Schach gespielt habe, war ich so konzentriert und fand das auch so schön
mit ihm, dass ich ganz vergessen habe, mit ihm zu streiten.«)

8.6.2 Überlegen, was überraschend anders und neu sein könnte

Fällt dem Gegenüber nichts ein, auf das er in seinem Erfahrungsschatz
zurückgreifen kann, so gibt es die Möglichkeit, einfach mit ihm gemeinsam zu überlegen, was überraschend anderes er in oder statt seinem Problemverhalten tun könnte. Vielleicht erzählen Sie sozusagen als »Gleichnis«
die Geschichte mit der Wasserspritzpistole und überlegen mit ihm, was
für sein Problemerleben die passende »Wasserspritzpistole« sein könnte.
Ich meine, dass in einer solchen Gesprächsphase durchaus wild phantasiert werden kann. Schon das Phantasieren über etwas überraschend anderes kann Spaß machen – und ist somit Teil des Lösungsprozesses.
Wenn Sie als Seelsorger Ideen haben, dürfen Sie die auch einbringen, unter zwei Voraussetzungen. Sie dürfen erstens die eigenen Ideen des Gegenübers nicht behindern, blockieren oder gar abwerten. Und zweitens ist
es das Gegenüber, das entscheidet, welche Idee die beste ist und es verdient, im Alltag ausprobiert zu werden.

8.7 Empfehlen Sie: »Knüpfe an erfolgreiche Modelle an!«

Gelegentlich gibt es in unserem Umfeld Menschen, die mit demselben
oder ähnlichen Problemen zu tun haben wie wir selbst. Bewundernd, an-
erkennend oder gar nicht so selten vermutlich auch neidisch blicken wir
dann zu ihnen hinüber und wünschen uns, dass wir das doch auch so

könnten wie sie: so konstruktiv, so gelassen, so humorvoll, oder wie auch immer, mit dem Problem umzugehen. Von NLP stammt die Idee, dass wir es nicht bei diesem bewundernden oder neidvollen Seitenblick belassen müssen, sondern dass wir diese Menschen uns ganz bewusst als »Modelle« für unser eigenes Lösungsverhalten auswählen können. NLP spricht von »modelling«.[115] Irgendetwas machen sie anders als wir. Wir können uns dafür entscheiden, dieses Andere herauszufinden, indem wir sie genau beobachten und sie zu imitieren versuchen. Das hat überhaupt nichts Anrüchiges. Seit unserem ersten Atemzug lernen wir durch Imitation von Anderen: zu lächeln, zu gehen, zu sprechen. Niemand verbietet es uns, auch bei unserer Suche nach Lösungen von anderen zu lernen. Es gibt aus meiner Sicht lediglich zwei Hemmungen zu überwinden. Wir müssen das andere Verhalten unseres »Modells« grundsätzlich als eine attraktive Möglichkeit empfinden, und wir müssen es – gegebenenfalls auch mehrfach – ausprobieren. Natürlich gibt es immer die Möglichkeit, dass es am Ende nicht passt. Aber das merken wir in der Regel erst, wenn wir es mal versuchen. Und vielleicht ist es ja auch nicht das komplette Lösungsmuster des Modells, das wir dann übernehmen, sondern vielleicht nur Elemente oder sogar veränderte Elemente. Aber allemal kann am Ende herauskommen, dass wir auf erfolgreiche Weise etwas anders machen, das uns auf unserem Lösungsweg voranbringt.

»Modelling« kann insofern auch ein Interventionsvorschlag für Seelsorge sein. Vielleicht wird sogar im Gespräch mit Ihrem Gegenüber ein solches Modell unmittelbar erkennbar, weil ihr Gegenüber schon ausdrücklich davon erzählt hat. Dann, so finde ich, bietet sich diese Variante des Lösungslernen fast unmittelbar an.

»Schauen Sie mal, Ihre Tochter geht ganz anders mit diesem Problem um. Beobachten Sie doch mal genau, was Ihre Tochter anders macht. Und wenn Sie es möchten, probieren Sie einfach mal aus, ob das für Sie auch eine Möglichkeit ist.«

»Sie haben erzählt, dass Ihr verstorbener Partner ganz anders damit umgegangen wäre. Wie wäre er anders damit umgegangen? Was davon würde er Ihnen empfehlen, auch mal auszuprobieren?«

Andererseits kann es auch eine Variante sein, um überhaupt Lösungsideen zu finden, wenn sich auf andere Weise keine finden lassen.

»Schauen Sie doch mal, ob es in Ihrem Freundes- und Bekanntenkreis jemand gibt, der mit ähnlichen Problemlagen zu tun hat, von dem Sie aber den Eindruck haben, er oder sie geht damit auf eine Weise um, von

---

115 Zum Thema »Modelling« siehe *O'Connor / Seymour*, NLP, 273ff.

der Sie sagen, das möchte ich auch gerne so machen. Beobachten Sie, was er/sie genau macht oder denkt. Prüfen Sie, ob Sie davon auch mal etwas für sich ausprobieren möchten.«

Eine mögliche Gefahr des »modelling« betrifft Menschen, die das nicht als Chance und Anreiz sehen, für sich etwas Neues zu lernen, sondern die auf den Vergleich mit anderen sofort mit Selbstabwertung reagieren. Daher brauchen Sie im Seelsorgegespräch durchaus ein gewisses Fingerspitzengefühl, wann die Option des »modelling« angebracht ist. In den Kategorien von De Shazer ist das am ehesten etwas für »Kunden«.

Modelling muss sich übrigens nicht auf Menschen unseres Umfeldes beschränken, es kann sich auch auf von uns bewunderte Menschen in unserer Kultur oder in unserer Glaubenstradition beziehen. Auch sie können wir bewusst als Modelle für unser Leben nehmen. »Imitatio« in diesem Sinne ist insofern – längst vor NLP – eine uralte christliche Form des »modelling«.

Übung

– Überlegen Sie, wie Sie selbst schon längst auf natürliche Weise andere Menschen modelliert haben. Wer waren Ihre Vorbilder, und wie haben Sie von Ihnen gelernt?

– Welche »Modelle« finden Sie in Ihrem gegenwärtigen Leben für aktuelle Problemlagen?

– Achten Sie beim nächsten Seelsorgegespräch darauf, ob im Gespräch erkennbar wird, dass es im Leben Ihres Gesprächspartners hilfreiche Modelle gibt. Wie nutzt das Gegenüber diese Modelle? Wie könnte er sie verstärkt oder zum ersten Mal nutzen? Wann ist das Lernen am Modell nur mit Vorsicht oder gar nicht zu empfehlen?

8.8 Empfehlen Sie: »Unterbrich eingefahrene Muster!«

Manchmal gibt es aber keine Ideen, was man ander(e)s machen könnte, und auch keine Modelle, auf die zurückgegriffen werden kann oder die im Gespräch einfallen. Dann kann dazu ermutigt werden, einfach einmal das problematische Muster zu unterbrechen. Die Musterunterbrechung als solche ist zunächst zwar noch keine Lösung[116], untergräbt aber die scheinbare Zwangsläufigkeit des Problemverhaltens und kann somit auch

---

[116] Vgl. *Isebaert*, Kurzzeittherapie, 108.

zu ersten Veränderungen führen, die Lösungen freisetzen. Die Idee der Musterunterbrechung beruht auf der systemischen Idee, dass, wenn ich ein Element eines festgefügten Musterablaufes verändere, letztlich durch systemische Koppelung das ganze Muster verändert werden wird.

Luc Isebaert erzählt ein Beispiel, wie eine Patientin, die unter Bulimie leidet, zufällig selbst eine hilfreiche Musterunterbrechung entdeckt hat.[117] Nachdem sie wie üblich auf dem Heimweg von der Arbeit sich beim Bäcker wie unter Zwang mit reichlich Kuchen eingedeckt hat, um ihn zu Hause sofort aufzuessen, ist sie eines Tages dem Ruf der Glocken in die Abendmesse gefolgt. Die Messe hatte ihren Drang, den Kuchen sofort aufzuessen für die Dauer der Messe unterbrochen. Daraus entwickelt Isebaert für die gläubige Klientin den Vorschlag, regelmäßig nach dem täglichen Kucheneinkauf diese Kirche für ein kurzes Gebet aufzusuchen, in der Hoffnung, dass die damit einhergehende Musterunterbrechung die Erfahrung ermöglicht, dass der Esszwang nicht alternativlos ist.

Es gibt verschiedene Möglichkeiten, ein festgefahrenes Muster zu unterbrechen, es also in seinem bis dato ungebrochenen Ablauf zu verändern.[118] Ein Muster kann zum Beispiel verändert oder unterbrochen werden durch Einfügen einer Unterbrechung im Sinne einer Pause im Musterablauf, ein Innehalten sozusagen[119] (im Beispiel: der Kirchenbesuch), durch Hinzufügen eines neuen aktiven Musterelementes (im Beispiel: das Gebet) oder auch durch Veränderung der Reihenfolge der Musterelemente. Und natürlich können auch Musterelemente weggelassen werden. Wobei ich persönlich das bloße Weglassen in der Regel nicht bevorzuge, weil dann einfach nur etwas weg ist und nichts Neues da.

---

117 *Isebaert*, Kurzzeittherapie, 76.
118 Ich nutze den Begriff »Musterunterbrechung« in einem weiteren und umfassenden Sinn, denn auch eine Hinzufügung oder Vertauschung von Elementen unterbricht ein fixes Muster. Vielleicht müsste man, wie Schmidt das tut, besser von »Musterveränderung« als Oberbegriff sprechen. Ich finde dennoch den Begriff Unterbrechung – vielleicht alltagssprachlich beeinflusst – stärker. Ein überraschender Besuch unterbricht meine Arbeit, ein Zwischenaufenthalt unterbricht meine Reise, der Sonntag unterbricht meinen Alltag, ein Gebet unterbricht (vielleicht) mein Kreisen um meine Sorgen. Diese Unterbrechungen können meine Arbeit, meine Reise, meinen Alltag, meine Sorgen auch verändern – müssen aber nicht. An der Unterbrechung bricht etwas auf, aus dem Neues entstehen kann. Das Neue ist dann im Idealfall nicht nur ein verändertes Problemmuster, sondern ein Lösungsmuster. – Zu meiner Verwendung des Begriffs vgl. *Gerhard Stumm* und *Alfred Pritz*, Wörterbuch der Psychotherapie, Wien 2009 (2. Auflage), 446. Zu den Möglichkeiten der Musterveränderung siehe *Schmidt*, Einführung, 120f. – Vgl. zur Vertiefung auch die »Grundüberlegungen zu Musterinterventionen« in *Schmidt*, Liebesaffären, 112ff.
119 Eine Pause kann unter anderer Perspektive natürlich auch als neues Element gesehen werden. Aus meiner Sicht geht es einmal eher um den Fokus auf das Innehalten (Pause), ein andermal darum, aktiv etwas anderes zu tun (neues Element). Es sind aber manchmal nur zwei Seiten derselben Medaille.

Wenn empfohlen wird, etwas wegzulassen, sollte gleichzeitig empfohlen werden, was dann stattdessen gemacht werden kann. Die Ideen zu solchen Musterunterbrechungen können gemeinsam gesucht werden. Vielleicht gab es dazu, wie im obigen Beispiel, auch schon Hinweise in dem, was Ihr Gegenüber Ihnen erzählt hat. Vielleicht haben Sie selbst auch eine gute Idee für eine zum Problemmuster Ihres Gesprächspartners passende Musterunterbrechung, die Sie dann zum Ausprobieren anbieten können. Es gibt aber auch bewährte standardisierte Musterunterbrechungsübungen, die empfohlen werden können.

8.8.1 Musterunterbrechungen selbst entwickeln

In vielen Fällen bietet es sich an, Musterunterbrechungen gemeinsam mit dem Gesprächspartner selbst zu entwickeln. Dazu ist es erforderlich, genau den Symptomablauf zu erkunden. Was geschieht vor, während und nach dem Problemverhalten? Welche Elemente gehören dazu, in welcher Reihenfolge und in welchem Kontext? Sobald das klar erkennbar geworden ist, können Sie das Muster auf folgende Möglichkeiten befragen:

a) Wo lässt sich sinnvollerweise im automatisierten Musterablauf eine **Pause** einfügen, die den Automatismus unterbricht? Wie könnte diese Pause aussehen?

»Wenn Sie mit Ihrer Tochter zum gefühlten 100sten mal über das alte Thema streiten, machen Sie das nächste Mal einfach eine spontane Pause. Gehen Sie kurz in die Küche und brühen einen Tee auf. Und dann reden Sie weiter. Achten Sie darauf, ob sich durch diese Unterbrechung etwas verändert.«

»Wenn Sie mit Ihrer Frau streiten, fallen Sie sich immer gegenseitig ins Wort. Probieren Sie mal, ob sich etwas verändert, wenn Sie innerlich immer bis 5 zählen, bevor Sie antworten.«

»Sie haben neulich erzählt, dass Sie immer mit Bauchschmerzen zur Arbeit gehen, wenn schwierige Termine anstehen. Einmal haben Sie neulich ganz spontan kurz auf einem schönen alten Friedhof Halt gemacht, der auf Ihrem Weg zur Arbeit liegt. Sie haben erzählt, wie die ruhige Atmosphäre dieses Friedhofes Sie spürbar entspannt hat. Machen Sie diesen Friedhof-Besuch doch zum festen Ritual auf dem Weg zur Arbeit, immer wenn schwierige Termine anstehen.«

b) Wo lässt sich sinnvollerweise in dem typischen Ablauf eines Musters die **Reihenfolge** der einzelnen Schritte so **verändern**, dass dies zu einer hilfreichen Unterbrechung und Veränderung führen kann?

»Wenn Sie morgens zu Ihrer Arbeit gehen, beginnen Sie immer mit Aufgabe A, dann Aufgabe B, und dann kommen die Stressgefühle, dass Sie Aufgabe C nicht mehr schaffen. Beginnen Sie morgen mal mit Aufgabe C.«

»Jedes Mal, wenn Ihr Sohn Sie anruft, machen Sie ihm zuerst einen Vorwurf, dass er sich nicht früher gemeldet hat. Ihr Sohn reagiert sofort reserviert, und die Stimmung ist angespannt. Und wenn Sie ihm dann sagen, dass Sie sich ja eigentlich freuen, dass er Sie angerufen hat, kommt das nicht mehr so richtig an. Vorschlag: Sagen Sie ihm zu Beginn einfach mal, wie sehr Sie sich über seinen Anruf freuen. Und dann machen Sie ihm danach erst den Vorwurf. Schauen Sie mal, was passiert.«

»Wenn Sie Ihre Mutter im Altenheim besuchen, trinken Sie immer zuerst mit ihr Kaffee und hören sich dabei an, wie schlecht und einsam sich Ihre Mutter fühlt, und Sie fühlen sich von Schuldgefühlen ganz erschlagen. Anschließend gehen Sie mit Ihrer Mutter spazieren. Draußen ist die Mutter immer ganz fröhlich, und freut sich über alles, was sie unterwegs sieht. Was halten Sie davon, wenn Sie das nächste Mal zuerst spazieren gehen?«

c) Wo lassen sich in den starren Ablauf eines Problemmusters **neue Elemente** einfügen, so dass das Problemmuster insgesamt sich verändern kann. Luc Isebaert empfiehlt z.B. Alkoholikern, die sich für kontrolliertes Trinken entschieden haben, dass sie in der Kneipe immer als erstes Getränk ein alkoholfreies Getränk bestellen.

»Wir haben herausgefunden, dass, sobald Ihre Eltern nach Ihrer beruflichen Zukunft fragen, der immer selbe Streit vorprogrammiert ist. Sie reagieren genervt, die Eltern drängen noch mehr, Sie werden wütend, der Streit eskaliert, usw. Was halten Sie davon, dass Sie, wenn die Eltern das nächste Mal fragen, einfach sinngemäß sagen: ›Ich danke Euch, dass Ihr euch Gedanken macht. Ich kann Euch zwar immer noch nicht sagen, wie es weitergeht, aber ich kann Euch sagen, dass es mir guttut zu sehen, dass Ihr Euch um mich sorgt.‹ Schauen Sie, ob dieses neue ›Element‹ den weiteren Verlauf des Gesprächs beeinflusst.«

»Ihre sorgenvollen Gedanken folgen immer dem gleichen Muster. Es gibt einen Auslöser. Sie denken sofort, was kann sich daraus alles an Schlimmem entwickeln. Dann stellen Sie sich das Schlimme bildlich vor und fühlen sich so, als wäre es eingetreten. Was halten Sie davon, wenn Sie nach dem ersten Auslöser sich kurz Zeit nehmen für ein Gebet – kein Bittgebet, sondern ein Dankgebet – und für alles danken, wovor Gott Sie in der Vergangenheit schon bewahrt hat. Schauen Sie, ob sich dadurch etwas verändert.«

»Ihr Arbeitstag beginnt immer mit einer unangenehmen rein formalen Dienstbesprechung, kaum dass Sie im Büro angekommen sind. Was halten Sie davon, wenn Sie das nächste Mal für Ihre Kollegen ein paar Teilchen zum Frühstück mitbringen?«

Die angegebenen Beispielsätze zeigen, wie es gehen könnte. Wichtig ist aber, dass Sie diese Musterunterbrechungen aus den im Gespräch erkennbar gewordenen Mustern entwickeln. Es sind sozusagen mehr oder weniger passgenau zugeschnittene Unterbrechungen. Vielleicht hat der Gesprächspartner schon selbst solche Unterbrechungen erlebt, ohne die darin liegende Chance zu erkennen. Das wäre dann sinngemäß eine »Ausnahme«. Oder Sie entwickeln mit ihm neue Unterbrechungsideen. Und Sie können auch Unterbrechungen vorschlagen, die Ihnen passend erscheinen. Wie auch immer diese Unterbrechungen aussehen mögen, sie können zu einem Unterschied führen, der einen Unterschied macht. Ob das dann aber wirklich der Fall ist, kann nur Ihr Gegenüber überprüfen. Darum schlagen Sie solche Unterbrechungen immer als eine Art Experiment vor, und bitten Ihren Gesprächspartner, darauf zu achten, was sich durch das Experiment verändert.

Unterbrechungen müssen jedoch nicht immer passgenau auf das Problemmuster zugeschnitten sein, es gibt auch Unterbrechungs-Schablonen, also standardisierte Unterbrechungsübungen, die unseren Gesprächspartnern angeboten werden können.

8.8.2 Standardisierte Musterunterbrechungsübungen

Es gibt viele verhaltenstherapeutisch geprägte Ideen zu standardisierten kognitiven Musterunterbrechungsübungen, die vor allem von Luc Isebaert auch für die Kurzzeittherapie übernommen oder entwickelt wurden. Diese Musterunterbrechungsübungen basieren schlicht auf der Idee, dass eine simple Unterbrechung des Problemmusters für eine gewisse Zeit schon an sich hilfreich ist. Manche dieser Übungen begnügen sich daher mit einer bloßen Unterbrechung. Andere verknüpften die Unterbrechung mit weiteren hilfreichen Gedanken und Impulsen. Durch die Übungen entsteht zumindest für einige Zeit eine gewisse Distanz zum Problemerleben. Sie ermöglichen die Erfahrung, dass man zumindest teilweise seinem Problemerleben nicht völlig ausgeliefert ist, sondern es unterbrechen kann. Schon das stärkt die Selbstwirksamkeit und unterbricht das Gefühl des Ausgeliefertseins. Solche Unterbrechungsübungen sind – wie Isebaert vorausschickt – zwar an sich noch nicht die Lösung, aber sie stärken die Möglichkeit zum Perspektivenwechsel, weil man, und sei es nur für Augenblicke, die Verkrümmung in sich selbst aufbricht und mit freierem Blick sich umschauen kann. Und dann ist es leichter möglich, auch Lösendes zu entdecken, das bisher übersehen wurde.

Folgende Übungen[120] habe ich bei Luc Isebaert gefunden. Es sind Übungen, die allesamt auch für Seelsorge geeignet sind. Diese Übungen können hier nur kurz skizziert werden. Als Anregung mag das reichen. Viele Übungen sind auch so einfach, dass man sie schlicht ausprobieren oder unseren Gesprächspartnern zum Ausprobieren empfehlen kann. Wer intensiver damit arbeiten möchte, wird sicher davon profitieren, selbst bei Isebaert nachzulesen.

Gedankenstopp. Mit dieser Übung wird versucht, sich selbst in seinem vergeblichen Kreisen um das eigene Problem zu stoppen, indem man sich innerlich oder auch laut zuruft: Stopp! Das kann noch durch eine Geste verstärkt werden.

Die letzten fünf Minuten. Mit dieser Übung erlaubt man sich das innere Kreisen um das Problem immer nur die letzten fünf Minuten einer vollen Stunde. Treten die problembeladenen Gedanken vorher auf, verschiebt man sie auf diese Zeit.

Grübelstuhl. Ein Stuhl oder Sessel wird ausschließlich für diesen Zweck ausgewählt. Während man auf diesem Stuhl sitzt, darf man nur grübeln. Außerhalb des Stuhles darf nicht gegrübelt werden. Sobald belastende Gedanken kommen, setzt man sich auf den Stuhl. Will man nicht mehr grübeln, wird der Stuhl verlassen.

Ablenkungsübungen. Um aus dem inneren Problemkarussell auszusteigen, kann man sich selbst ablenken. Z.B. indem man sich eine Farbe auswählt und alle Objekte in seiner Umgebung mit dieser Farbe sucht und die unterschiedlichen Farbqualitäten miteinander vergleicht. Oder man sucht sich ein Objekt in seiner Umgebung aus und überlegt, was man alles an Sinnvollem, Lustigem oder auch Unsinnigem damit machen kann. Hat man sich einmal erfolgreich abgelenkt, kann man zum Kreisen um das Problem zurückkehren oder es auch lassen.

Grübelviertelstündchen. Für Menschen, denen der Inhalt ihrer Gedanken sehr wichtig ist, gibt es die Möglichkeit, einmal am Tag eine begrenzte Zeit zu vereinbaren, in der sie sich intensiv mit ihrem Problem beschäftigen und alle Gedanken dazu niederschreiben.

Schreiben mit der ungeübten Hand. Immer wenn das Problemkreisen auftritt, kann man sich hinsetzen, um mit der ungeübten Hand einen vorher festgelegten positiven Satz möglichst schön aufzuschreiben. Der Satz sollte zugleich eine Botschaft enthalten, die einem guttut.

---

120 Die im Folgenden dargestellten Übungen finden sich in *Isebaert*, Kurzzeittherapie, 105–116. Die Musterunterbrechungen für Paare sind von Seminarmitschriften. Ich fasse die Übungen möglichst kompakt zusammen. Die Beispielsätze in »54321« sind von mir, aber analog zu Isebaerts Beispielen.

54321. Diese von Isebaert als sehr erfolgreich erlebte Übung besteht darin, dass man sich nacheinander fünf visuellen Eindrücken zuwendet, dann fünf akustischen Eindrücken, und dann fünf sensorischen Empfindungen. Dann vier visuellen, vier akustischen, vier sensorischen. Dann je drei, je zwei, je einem. Und dann kann man bei Bedarf wieder mit fünf anfangen. Die Eindrücke können von vornherein auch jeweils dieselben sein, wenn nichts Neues gerade wahrzunehmen ist. Wichtig ist, dass man sich Zeit nimmt, die Eindrücke auch wirklich wahrzunehmen. »Ich sehe einen Baum. Der ist hoch gewachsen und steht in Blüte.« – »Ich höre ein Flugzeug. Es ist recht laut.« Diese Übung kann noch verstärkt werden, indem jeder Eindruck mit Akzeptanz und Dankbarkeit verbunden wird. »Ich bin dankbar für diesen Baum.« – »Das Flugzeug ist laut. Aber für den Moment bin ich einverstanden.« Das schafft eine »Ja-Stimmung« (»Yes-Set«), die sich unwillkürlich auch auf andere Bereiche des Lebens auswirken wird. Schließlich gibt es noch eine Variante zum Einschlafen. Dabei wird der visuelle Teil einfach bei geschlossenen Augen vorgestellt. »Dort hinten im Schlafzimmer liegen meine Socken.« Isebaert erwähnt auch eine von Yvonne Dolan entwickelte Variante für depressive oder traumatisierte Menschen. Sie besteht darin, während der Übung zu wechseln zwischen einem – innerlich vorgestellten – sicheren Ort und der konkreten sichtbaren Umgebung. Sie können dabei entweder nach jedem wahrgenommenen Eindruck wechseln oder erst nach der vollständigen Reihe.

Ein Brief für Regentage. In Zeiten, in denen es einem besser geht, verfasst man einen Brief an sich selbst mit hilfreichen Gedanken. Darin enthalten ist alles, was man als hilfreich erlebt hat, wichtige Kontaktadressen von unterstützenden Menschen, positive Selbstbeschreibungen in verschiedenen Hinsichten, wichtige Hoffnungsgedanken, schon erfolgreich erreichte Zwischenschritte, Zukunftsperspektiven und sonstige gute Ideen. In Krisenzeiten kann dann der Brief gelesen werden.

Schatzkästchen. Enthält in Kurzform auch in etwa dasselbe wie der Brief. Dazu aber auch das Foto einer geliebten Person und weitere wichtige Dinge, die einem persönlich etwas bedeuten oder einem gut tun. In schweren Zeiten kann man sich dann an diesem Schatzkästchen erfreuen.

Schutzengelübung. Man stellt sich vor, wie einem der eigene Schutzengel eine wertvolle Eigenschaft über sich selbst sagt. Danach stellt man sich intensiv eine Situation vor, in der man diese Eigenschaft erlebt hat, und spürt den zugehörigen Empfindungen nach – und macht sich klar, dass diese Eigenschaft wirklich und dauerhaft zu einem gehört. Mit einer zweiten und dritten guten Eigenschaft, die der Schutzengel zu sagen weiß, wird die Übung wiederholt. Anschließend kann man sich solchermaßen gestärkt – sofern man möchte – auch gedanklich der Problemsituation stellen. Im Grunde ist das eine Art angeleitete Phantasiereise mit

Tranceelementen. Wer das in intensiver Form machen möchte, liest am besten die ausführliche Anleitung bei Isebaert.[121] Aber auch in Kurzform oder als Autosuggestionsübung kann das schon hilfreich sein.

Kleines Glück. Man erinnert sich in entspanntem Zustand an einen glücklichen Moment. Gut geeignet sind alltagsnahe Momente, weil sie nicht so weit ›entfernt‹ sind. Dieser Glücksmoment wird innerlich in der Phantasie intensiv nacherlebt. Er erhält einen Namen, wird körperlich nochmals intensiv wahrgenommen und verankert. Auch hier ist wieder Anleitung möglich oder auch eigenständige autosuggestive Übung.

Die ersten 15 Minuten (für Paare). Wenn ein Paar abends nach dem Tagesgeschäft wieder zusammenkommt, sollen beide Partner jedes Mal die ersten 15 Minuten nur darauf achten, was ihr Partner jeweils macht, womit sie zufrieden sind und wofür sie dankbar sind. Verbunden für Paare, denen ihre Beziehung noch wichtig ist, mit der Frage: Wie reagiert man selber positiv darauf? Und für Paare, die sich schon sehr entfremdet haben: Welche Gefühle löst das aus? Nach diesen 15 Minuten kann es dann wieder normal weitergehen.

Vorwürfe am Abend (für Paare). Zu einer vereinbarten Zeit am Abend setzen sich die Partner zusammen. Einer macht dem anderen alle Vorwürfe, die ihm einfallen. Der andere hört schweigend zu. Sobald er fertig ist, beginnt der andere, und der erste hört schweigend zu. Dann ist Schluss, und dasselbe wieder am nächsten Tag. Diesmal fängt der andere an. Wenn einem etwas Positives einfällt, darf das auch gesagt werden. Isebaert meinte dazu, dass man einen Zeitrahmen nicht vereinbaren müsse, da das ohnehin niemand länger als zwanzig Minuten aushalte. Und nach zwei Wochen verlieren die Partner in der Regel die Lust an den Vorwürfen und besinnen sich auf positive Aspekte in ihrer Partnerschaft.

Drei Fragen zum glücklichen Leben. Für Isebaert ist das schon fast eine Universalübung, die in vielen Problemlagen kurativ und auch prophylaktisch hilft. Ich gebe seine drei Fragen hier wörtlich wieder.[122] Z.B. am Abend oder im Bett vor dem Einschlafen kann man sich selbst regelmäßig drei Fragen beantworten:

1. Was habe ich heute getan, wodurch ich mit mir selbst zufrieden war?
2. Was hat jemand anderes getan, womit ich zufrieden bin, und wie habe ich darauf so reagiert, dass die Chancen größer sind, dass diese Person das wiederholt?
3. Was ist sonst noch passiert, womit ich zufrieden bin?

---

121 *Isebaert*, Kurzzeittherapie, 111f.
122 *Isebaert*, Kurzzeittherapie, 113.

Meditation. Verschiedene Formen von Meditation sind gut geeignet, um sich zu entspannen, Abstand zu gewinnen, das Kreisen um das Problem loszulassen. Isebaert empfiehlt Meditation durch Konzentration auf den eigenen Atem. Diese kann auch ergänzt werden durch bewusstes Wahrnehmen des eigenen Körpers. Auch hier ist sowohl Anleitung als auch selbständige Durchführung möglich. Meditation in diesem Sinne ist auch sehr sinnvoll als Einstieg in die Schutzengelübung oder die Übung zum kleinen Glück.

Alle diese Übungen lassen sich meines Erachtens in der einen oder anderen Form auch in der Seelsorge anwenden. In jedem Fall aber müssen die Übungen kurz eingeführt werden, und auch ihr Sinn muss unbedingt transparent erläutert werden. Gerade in der Seelsorge erwarten die Menschen von uns nicht unbedingt verhaltenstherapeutische Übungsvorschläge. Wenn aber unser Gesprächspartner dafür offen ist und neugierig geworden, dann können solche Übungen mit ihm gemeinsam ausprobiert werden oder ihm auch vorgeschlagen werden, in seinem Alltag damit zu experimentieren. Verbunden mit der dringenden Empfehlung zu überprüfen, wie die Übung wirkt, und auch mit der Empfehlung, die Übung wieder zu lassen, wenn sie nicht wirkt. Gibt es ein weiteres Gespräch, dann ist es sinnvoll, die Übungen gemeinsam auszuwerten. Manche Menschen entwickeln von sich aus auch eigene Variationen dieser Übungen, mit denen sie dann besser klarkommen. Was auch immer sich als hilfreich erweist, ist gut. Was nicht hilfreich ist, kann einfach beiseitegelegt werden. Auf keinen Fall dürfen Sie als Seelsorger darauf insistieren, dass jemand eine Übung machen muss, und auch nicht enttäuscht sein, wenn Ihr Gegenüber entweder von vornherein damit nichts anfangen kann, oder für sich herausgefunden hat, dass es in seinem Fall nicht geholfen hat. Dann gilt es nicht, die Übung zu verteidigen, sondern gemeinsam Ausschau zu halten, was stattdessen hilfreich sein könnte.

8.8.3 Gibt es auch christliche Musterunterbrechungen?

Viele der oben dargestellten Musterunterbrechungsübungen können – sofern gewünscht – ausdrücklich auch mit christlichen Inhalten verbunden werden. Beim Schreiben mit der ungeübten Hand kann z.B. ein tröstlicher Bibelvers ausgewählt werden. Der Brief für Regentage oder das Schatzkästchen kann auf religiösen Trost zurückgreifen, seien es Gedanken, seien es Symbole. Die Schutzengelübung hat an sich schon ein religiöses Element. Das kann z.B. ausgebaut werden durch das Vertrauen, dass dieser Schutzengel, der um meine guten Eigenschaften weiß, mich liebevoll auch in den Tagen begleiten wird, an denen ich an meinen guten Eigenschaften zweifeln werde. Die Übung zum kleinen Glück könnte zutage bringen, dass dieser glückliche Moment vielleicht im Gottesdienst oder beim Gebet aufgetreten ist. Die drei Fragen zum glücklichen Leben können auch als Dankgebet an Gott umformuliert werden.

Daneben gibt es aber auch in unserer christlichen Tradition viele Elemente, die als Musterunterbrechung geeignet sind, religiöse Elemente, die uns helfen, aus der Versklavung durch unser Problemerleben auszubrechen, und sei es nur für Momente. Da viele christliche Musterunterbrechungen oft zugleich auch als Kraftquellen dienen, werde ich unter dem entsprechenden Kapitel nochmals ausführlicher darauf eingehen. Hier nur ein paar erste Gedanken, die zeigen sollen, dass es auch dezidiert christliche Musterunterbrechungen gibt. (Analoges gilt auch für andere Religionen).

Eine spezielle christliche Musterunterbrechung könnte das Loslassen des Problems in Gottes Willen oder das Abgeben des eigenen Problems an Gottes Fürsorge sein. Die Musterunterbrechung geschieht einmal dadurch, dass das aktive Festhalten am Problem und die damit verbundene Ohnmachtserfahrung (manchmal vielleicht auch ein Ausdruck einer unbewussten Allmachtsphantasie?) unterbrochen wird. Und sie geschieht dadurch, dass negative Zukunftserwartungen durch tröstliche Zukunftshoffnungen ersetzt werden, die der Betreffende nicht selbst verbürgen muss, die aber helfen, freier und getroster die nächsten Schritte zu gehen. Beides sind Elemente klassischer christlicher Seelsorge, sind aber zum Teil in Verruf geraten, weil ihnen tatenlose Schicksalsergebung und zum Teil sogar Zynismus unterstellt wurden. Ob dieser Verdacht zutrifft, hängt sicher davon ab, wie diese christlichen Musterunterbrechungen angewandt werden.

a) Loslassen des Problems in Gottes Willen. Es gibt Problemerleben, dem man sich ohnmächtig ausgeliefert fühlen kann. Trotz aller Versuche, die Oberhand zu gewinnen, bleibt das Gefühl der Ohnmacht. Das kann in tiefe Apathie und Resignation führen. Insbesondere in solchen Situationen der eigenen Ohnmacht kann es hilfreich sein, diese Ohnmachtserfahrung zu unterbrechen, indem das Problem dem Willen Gottes anheimgestellt wird. Die eigene Ohnmacht wird sozusagen in die Hand des allmächtigen Gottes abgegeben und gewinnt dadurch – im Glauben – Anteil an der Macht Gottes. Kritiker mögen einwenden, dass das ja nur eine Wunschprojektion sei. Dem würde ich entgegnen, dass selbst Wunschprojektionen eine hilfreiche Musterunterbrechung sein können. Als gläubiger Mensch vertraue ich aber darauf, dass meine Ohnmacht in Gottes Allmacht tatsächlich gut aufgehoben ist – nicht in einem triumphalistischen Sinne, sondern nach biblischem Zeugnis unter der Wirklichkeit des Kreuzes und des Ostermorgens. Für die Seelsorge aber bedeutet dies: Die eigene Ohnmachtserfahrung dem Willen Gottes anheimzustellen, ist nur eine Option für Menschen, die dazu einen Zugang haben. Es ist auch Vorsicht walten zu lassen bei Menschen, die etwas viel zu schnell dem Willen Gottes anheimgeben, um sich gar nicht erst der eigenen Ohnmacht stellen zu müssen. In allen Fällen, in denen die Rede vom Willen Gottes als seelsorgerliche Intervention ins Gespräch kommen

kann, gilt es, dies immer so zu tun, dass es für das Gegenüber eine zu prü-
fende Option ist, die am Ende nur Sinn macht, wenn sie als eine eigene
Möglichkeit entdeckt und verantwortet wird. Das geschieht entweder
dadurch, dass unser Gegenüber diese Möglichkeit von sich aus ins Gespräch bringt, oder dadurch, dass Sie auf vorsichtige und zurückhaltende
Weise anbieten, diese Möglichkeit einmal zu überprüfen. Zum Beispiel
so: »Sie beten ja regelmäßig das Vaterunser. Dort heißt es ›Dein Wille
geschehe.‹ Wenn Sie nun diesen Satz in Bezug auf Ihr aktuelles Problemerleben formulieren, wie fühlt sich das an? Wird Ihr Problemerleben
dadurch schlimmer? Oder fühlen Sie dadurch so etwas wie Erleichterung,
Vertrauen, Gelassenheit, Zuversicht?« Wenn unser Gesprächspartner signalisiert, dass es ihm guttut, dann kann man durchaus empfehlen, er möge das in den nächsten Tagen immer wieder probieren (vielleicht kombiniert mit dem »Schreiben mit der ungeübten Hand«). Auch kann in einem gemeinsamen Gebet eine Problemlage dem Willen Gottes überge-
ben werden. Was aber nicht geht, ist einfach jemandem zu sagen, er müsse das nun mal eben als Gottes Willen akzeptieren. Das wäre dann in der
Tat Zynismus. Aber wenn jemand von sich aus etwas dem Willen Gottes
übergibt und damit seine Ohnmachtserfahrung, und sei es nur für die
Dauer des Gebetes, unterbricht, dann kann damit auch etwas Neues frei-
gesetzt werden. Das Neue kann reichen von einem Zugewinn an Gelassenheit über neue entspanntere Perspektiven auf sein Problemerleben bis
hin zur Klage gegen Gott. Die Psalmen sind ein wunderbares Beispiel für
diese Form der religiösen Musterunterbrechung.

b) Sich der Fürsorge Gottes anvertrauen. »Alle eure Sorge werft auf ihn;
denn er sorgt für euch.« So heißt es im ersten Petrusbrief (5,7). Diese
christliche Musterunterbrechung ist mit der zuvor genannten durchaus
verwandt. Hier liegt der Schwerpunkt aber mehr im Loslassen der eigenen heißgelaufenen Sorge und im Zugewinn an Vertrauen. Es geht um
das Loslassen der ›vertrauenslosen Sorge um sich selbst‹.[123] Statt einem
fruchtlosen Kreisen um das eigene Problemerleben, statt einer permanenten Lösungsanstrengung, die auf paradoxe Weise am Problem festhält
und es oftmals geradezu verstärkt, wird hier eine Musterunterbrechung
angeboten, die helfen kann, die übermäßige Sorge erstmal loszulassen
und innehalten zu können. Vielleicht so ähnlich, wie wenn man mit dem
Auto im Schlamm feststeckt, es ja auch keinen Sinn macht, noch mehr
Gas zu geben, sondern stattdessen besser erstmal aussteigt und ruhig und
besonnen überlegt, welche hilfreichen Möglichkeiten es geben kann. Vielleicht sieht man dann erst den Bauern auf dem Traktor in der Nähe. O-
der vielleicht kommt man dann erst auf die Idee mit der Fußmatte. Anders gesagt: Manchmal können wir erst erkennen, wie Gott schon längst

---

123 Wilfried Joest beschreibt »Sünde« bzw. »Unglaube« als »Eingeschlossenheit in die
glaubenslose Sorge um und für sich selbst«, Dogmatik, Bd. 2, Der Weg Gottes mit
dem Menschen, Göttingen 1986, 400.

für uns gesorgt hat, wenn wir unsere eigene blinde Sorge loslassen können. Auch hier gilt wieder, dass diese Option nur für Menschen geeignet
ist, die dazu einen Zugang haben oder finden können. Diese Option
kann gesprächsweise gemeinsam erkundet werden und im Hinblick auf
die mögliche Tragfähigkeit für unser Gegenüber besprochen werden. Es
können aber auch bildhafte und metaphorische Möglichkeiten genutzt
werden. Es gibt eine wunderschöne Geschichte, die von einem Engel erzählt, der uns eine Schale hinhält, in die wir alles hineinwerfen können,
was uns belastet.[124] Das könnte auch im Seelsorgegespräch als Imagina-
tionsübung stattfinden. Ein solches Loslassen der Sorge schließt nicht aus,
im Anschluss zu überlegen, welche nun weniger sorgenvollen als vielmehr
hoffnungsvollen Schritte angegangen werden können.

8.9 Empfehlen Sie: »Ändere den Kontext!«

Eine weitere und durchaus sehr gewichtige Möglichkeit besteht darin,
den Kontext des Problemverhaltens zu ändern.[125] Es ist z.b. unmittelbar
einleuchtend, dass ein Raucher, der das Rauchen als geselliges Ritual
empfindet, sein Empfinden dem Rauchen gegenüber ändert, wenn er nur
noch alleine auf dem Balkon raucht. Der Kontext des Alleinseins kann
der Anfang sein, dass für ihn das Rauchen an Bedeutung verliert. Es sei
denn, er bekommt dann doch wieder Gesellschaft auf dem Balkon. Dann
wäre das Rauchen wieder Teil eines Rituals einer verschworenen Gemeinschaft. An diesem Beispiel sehen Sie, dass der Kontext nicht unerheblich
ist. Das gilt für alles Problemverhalten. Überprüfen Sie also mit Ihrem
Gesprächspartner, in welchem Kontext das Problemverhalten auftaucht,
und überlegen Sie dann gemeinsam, ob und in welcher Weise es möglich
ist, diesen Kontext zu verändern, oder, je nach dem, auch ganz zu vermeiden. Wenn der Kontext z.B. die eheliche Beziehung ist, dann wäre
eher die Frage, wie der Kontext verändert werden könnte. Statt nach dem
abendlichen gemeinsamen Fernsehschauen dann müde und lustlos ins
Bett zu gehen, wäre vielleicht mal ein Restaurantbesuch oder Spaziergang
eine gute Kontextänderung. Bei Alkoholproblemen wäre vermutlich die
Vermeidung des Kontextes Kneipe eine hilfreiche Strategie. Aus religiöser
Sicht wäre noch zu ergänzen, dass es auch so etwas wie eine religiöse Kontextänderung geben kann. So kann es zum Beispiel hilfreich sein, statt im
eigenen Zimmer um sein Problem zu kreisen, einfach mal in eine Kirche
zu gehen, und dort um sein Problem zu kreisen – und zu erleben, dass
der Kontext das Kreisen verändert und vielleicht sogar unterbricht.

---

124 Diese Geschichte habe ich vor Jahren einmal gehört, als sie vorgelesen wurde.
Leider kenne ich die Quelle nicht. Es gibt, wie ich im Internet gesehen habe, auch
figürliche Abbildungen von Engeln mit einer Sorgenschale.
125 Siehe bei *Isebaert*, Kurzzeittherapie, 11 und 117 zu »oikos« = Kontext. Vgl. auch
De Shazer, Kurztherapie, 51f.

8.10 Empfehlen Sie: »Gehe in Distanz zum Problemerleben!«

Gelegentlich haben Menschen gar keine Distanz mehr zu ihrem Problemerleben. Sie sind sozusagen in ihrem Tunnelblick gedanklich und gefühlsmäßig völlig gefangen. Dann kann es eine hilfreiche Intervention sein, zunächst einmal einfach nur zu versuchen, wieder etwas mehr Distanz zu gewinnen.[126] Das bloße Auf-Distanz-Gehen bewirkt in diesen Fällen schon eine erste befreiende Veränderung, und zwar noch bevor irgendetwas anderes anders gemacht wird. Das Andere ist zunächst also einfach nur die Distanz an sich. Diese Distanzerfahrung hilft, im Gespräch anders über das Problem reden zu können. Und die Distanzerfahrung kann auch als wohltuende Musterunterbrechungserfahrung gespeichert bleiben – und bei Bedarf im Alltag wiederholt werden (als erinnerte Möglichkeit oder als reale Übung).

Natürlich kann zunächst einmal ganz unmittelbar gefragt werden, was das Gegenüber braucht, um mehr auf Distanz gehen zu können. Vielleicht hat Ihr Gegenüber selbst Ideen, was ihm dazu verhelfen würde. »Dass ich jetzt hier mit Ihnen darüber reden kann, verschafft mir schon ein klein wenig Distanz ...« Falls Ihr Gegenüber von sich aus nicht erkennen kann, wie er auf eine gewisse Distanz zum Problemerleben kommen kann, können Sie es auch mit folgenden Interventionen versuchen.

Eine ganz einfache, aber sehr wirksame Form der Distanzierung besteht in einer Art innerer Selbstdistanzierung.[127] Sie können Ihr Gegenüber bitten, statt zu sagen: »Ich habe dieses Problem«, einfach mal zu sagen: »Eine Seite von mir hat dieses Problem.« In fast allen Fällen wird das totale Problemerleben sofort relativiert. Denn die Implikation, die jeder sofort spürt, heißt: Es ist ja nur eine Seite von mir. Und ich habe ja auch noch ganz andere Seiten.

Distanz kann auch dadurch gewonnen werden, dass das Problem aus der Person heraus irgendwo im Raum lokalisiert[128] wird. Oder der Gesprächspartner kann gebeten werden, in eine Beobachterposition zu gehen, indem er sich das Problemerleben visuell wie einen Film von außen anschaut.[129] In diesem Sinne könnten wir unseren Gesprächspartner bitten: »Lassen sie

---

[126] Darauf hat z.B. Gunther Schmidt ausdrücklich hingewiesen. Dazu und zum Folgenden *Schmidt*, Einführung, 94ff, sowie *Schmidt u.a.*, Gut beraten, 89ff. – Dissoziationsübungen finden sich auch in anderen Verfahren. So z.B. auch in der Integrativen Therapie. Siehe *Dorothea Rahm u.a.*, Einführung in die Integrative Therapie, Paderborn 1993 (2. Auflage), 529f.

[127] *Schmidt*, Liebesaffären, 196 und 280.

[128] *Schmidt*, DVD, sowie *Schmidt u.a.*, Gut beraten, 89ff. – Siehe auch oben Kapitel 8.3.

[129] So Schmidt mündlich im Vortrag. – Vgl. auch *Rahm u.a.*, Einführung in die Integrative Therapie, Paderborn 1993 (2. Auflage), 529f..

uns mal den Film »Katastrophaler Ehestreit« gemeinsam betrachten. Hier steht die Leinwand. Beschreiben Sie mir, was Sie sehen ...« Oder unser Gesprächspartner kann gebeten werden, von sich in der dritten Person zu erzählen, also aus einer Erzählerperspektive wie in einem Roman. Auch wenn dadurch das Problemerleben selbst Gegenstand der Betrachtung ist, also die Gefahr des »problem talk« besteht, verändert sich doch die Perspektive. Aus dieser distanzierteren Perspektive kann unser Gegenüber nun etwas freier den Kopf heben und sich nach neuen Möglichkeiten umschauen. Z.B. indem er eingeladen wird, die gewünschte Fortsetzung des Films oder des Romans zu erzählen. »Erzählen Sie mir mal das aktuelle Kapitel aus dem Roman Ihres Lebens aus der Erzählerperspektive. Und was hat dem Helden des Romans geholfen, den nächsten Schritt zu gehen?«

Exkurs: Wenn die Vergangenheit Muster vorgibt (Übertragungen)

Jeder kennt das: Da begegne ich einem mir bis dato fremden Menschen, der mich spontan und auf unwillkürliche Weise an einen Menschen erinnert, mit dem ich bereits eine lange Geschichte hinter mir habe, oftmals sogar zurückreichend bis in die Kindheit. Das kann eine sehr angenehme Erinnerung sein (»Herzensgut wie meine Oma!«) oder eine sehr unangenehme (»Der ist ja zwanghaft wie mein Ex-Mann.«). Die Erinnerung kann bewusst sein (»Genau wie meine Mutter!«) oder sie kann unbewusst sein (»Warum fühle ich mich nur so bevormundet?«). Und was bei fremden Menschen sich gelegentlich spontan einstellt, das kann sich in dauerhaften Beziehungen auch langfristig verfestigen oder sogar chronisch verhärten. Dann ist die gegenwärtige Beziehung mehr von alten Beziehungserinnerungen geprägt als von gegenwärtigen lebendigen Beziehungserfahrungen. Die Psychologie bezeichnet solche Beziehungserinnerungen, die in der Begegnung mit anderen Menschen wachgerufen werden, als Übertragung.[130] Übertragung ist ein normales menschliches Phänomen. Wir erlernen insbesondere durch die uns prägenden Menschen Beziehungsmodelle, die uns dauerhaft eingespeichert sind. Im Normalfall helfen uns diese Beziehungsmodelle auf gute Weise, im Umgang mit anderen »väter-

---

[130] Vgl. oben im Kapitel 5.2 zu Übertragung im Zusammenhang seelsorgerlicher Beziehung und die dortige Literaturangabe (Anmerkung 58). Ich ergänze hier die Kurzzeitseelsorge um das in der Psychoanalyse entwickelte Modell der »Übertragung«, weil ich es – mit *Klaus Grawe u.a.*, Psychotherapie im Wandel. Von der Konfession zur Profession, Göttingen 1994 (4. Auflage), 704 – für universell halte. Und zugleich ist es als Beispiel dafür gedacht, dass sich bestimmte Erkenntnisse von Langzeitverfahren auch sinnvoll mit Kurzzeitansätzen verbinden können. In Bezug auf Übertragungsanalyse hat sich das z.B. Peter Fürstenau zur Aufgabe gemacht. In prägnanter Kürze dargestellt in seinem Aufsatz »Lösungsorientierte psychoanalytisch-systemische Therapie. Effizienzsteigerung und Behandlungsverkürzung durch Synergie«, in: *Hennig, Fikentscher u.a.*, Kurzzeit-Psychotherapie in Theorie und Praxis, Legerich 1999, 30–36.

liche«, »mütterliche«, »geschwisterliche« oder auch mal »kindliche« Menschen zu sein. Wenn diese prägenden Beziehungsmuster aber überwiegend negativ erlebt wurden und vor allem wenn sie unbewusst bleiben, dann führen sie notgedrungen zu Störungen im Umgang mit anderen Menschen. Der andere Mensch wird dann nicht mehr im Licht seiner Gegenwart gesehen, sondern gerät in den Schatten der Vergangenheit, und zwar meiner Vergangenheit. Und ohne es zu wissen, bekämpfe ich am Anderen meine eigene Vergangenheit. Damit aber ist eine echte Begegnung in der Gegenwart fast zwangsläufig zum Scheitern verurteilt – es sei denn, ich erkenne rechtzeitig, welchen Schattenkampf ich gerade führe. Sigmund Freud verstand die Psychoanalyse als Projektionsfläche für diesen zerstörerischen Schattenkampf, ja hat ihn geradezu provoziert (»Übertragungsneurose«), um ihn erkennbar zu machen und zu heilen. Das aber braucht seine Zeit. In der Kurzzeittherapie wird im Unterschied dazu ganz bewusst auf die Arbeit mit Übertragung verzichtet, auch wenn das Phänomen natürlich bekannt ist.[131] Das Gegenüber wird konsequent als mündiger Gesprächspartner auf Augenhöhe behandelt. Dadurch und durch die Kürze der Begegnung wird die Entstehung von Übertragung in der therapeutischen Beziehung möglichst vermieden.

Schwieriger, weil nachhaltiger vom Gegenüber als Problem empfunden, sind die chronifizierten Übertragungen in seinen wichtigen Beziehungen. (»Meine Frau behandelt mich wie ein kleines Kind!«) Soweit ich sehe, wird Übertragung – auch wenn die daraus resultierenden Probleme das Thema sind – in den Kurzverfahren in der Regel nicht direkt angegangen und erst recht nicht analysiert (»In welcher Hinsicht erinnert Sie Ihre Frau an Ihre Mutter?«), sondern eher durch verhaltensorientierte Lösungswege ausgehöhlt, z.B. Musterunterbrechungen (»Behandeln Sie doch versuchsweise Ihre Frau eine Woche lang einmal am Tag wie eine Geliebte, und schauen dann, was passiert.«) oder durch Verstärkung von Ausnahmen (»Sie sagten, dass Sie neulich zum ersten Mal seit langem wieder miteinander getanzt haben und Sie dabei Ihren Mann ausnahmsweise mal nicht als kontrollierend, sondern als sehr charmant erlebt haben. Wäre es vielleicht eine Möglichkeit, wieder regelmäßig zusammen tanzen zu gehen?«).

Auch für Kurzzeitseelsorge sind eher solche pragmatischen Wege im Umgang mit Übertragung zu empfehlen, jedenfalls für die Fälle, in denen unsere Gesprächspartner in ihrem Alltagsleben von solchen Schattenkämpfen mit alten Beziehungsmustern gefangen scheinen. Da es sich um Muster handelt, sind Musterunterbrechungen ein gutes Mittel der Wahl. Gegebenenfalls kann auch eine kurze Aufklärung über das Übertragungsphänomen helfen – auch im Sinne der »Normalisierung«.

---

[131] Schmidt spricht von »wechselseitiger Hypnose in Interaktion«. *Schmidt*, Liebesaffären, 187f.

Übung

– Welche Musterunterbrechungen haben Sie selbst schon mal als hilfreich erlebt? Welche würden Sie gerne mal für sich ausprobieren?

– Überlegen Sie, welche der hier vorgestellten Musterunterbrechungsübungen von Isebaert Sie besonders ansprechen. Probieren Sie diese Übungen einmal für sich.
(Zur Vertiefung empfehle ich die Lektüre von Isebaert: Kurzzeittherapie, S. 104ff.)

– Wenn Sie an zurückliegende Seelsorgegespräche denken, wäre da eine Musterunterbrechung auch eine hilfreiche Option gewesen? Wenn ja, wo und wie genau?

– Wenn Sie Gelegenheit zum Rollenspiel haben: Üben Sie Muster zu erkennen und Unterbrechungsübungen (gemäß den oben dargestellten Möglichkeiten) zu finden.

– Denken Sie an etwas, das Sie belastet, und sagen Sie sich: »Eine Seite von mir fühlt sich davon belastet ...«

– Gibt es – außer den erwähnten – noch weitere christliche Musterunterbrechungsübungen, die Ihnen einfallen?

– Überlegen Sie einmal, für welche Problemlagen eine Kontextänderung hilfreich sein könnte. Welche anderen Kontexte fallen Ihnen dazu ein?

– Im Seelsorgegespräch: Welche hilfreichen Kontexterfahrungen bietet Ihnen Ihr Gesprächspartner, und sei es als unbewusste »Ausnahme«. Formulieren Sie daraus eine Empfehlung, die wertschätzend an die Erfahrung des Gegenübers anknüpft und ihm zugleich Wahlfreiheit lässt.

* * * * * *

Auflösung zu geometrischer Figur im Kapitel 8.4:

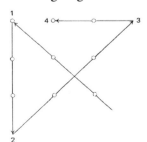

Grafik aus *Watzlawik u.a.*, Lösungen.
Zur Theorie und Praxis des menschlichen Wandels,
Bern 2003, S. 46

9 Woher die Kraft nehmen?

Wer sich auf den Weg durch ein Gebirge macht, braucht nicht nur eine gute Wegbeschreibung zu seinem Ziel, er braucht auch eine einigermaßen verlässliche Gewissheit über seine Kraft und seine Kraftreserven. Er braucht die angemessene Ausrüstung, auch für Notfälle. Er braucht Proviant für unterwegs. Er muss wissen, wo er Hütten finden kann. Und er freut sich vermutlich über Wegbegleiter, und je nach Schwierigkeitsgrad braucht er sie sogar dringend. Das alles gilt für auch für Lösungswege. Wer sich auf den Lösungsweg macht, muss also wissen, ob er die notwendigen Ressourcen hat, wie er sie nutzen kann und wo er sie bei Bedarf auch in seiner Umgebung finden kann. Diese Kraftquellen liegen, wie wir gesehen haben, beim Problemerleben in der Regel nicht offen zutage. Viele Kraftquellen sind verborgen und verschüttet. Es gilt sie zunächst einmal zu entdecken und freizulegen. Hierbei ist Ihre Hilfe gefragt.

9.1 Helfen Sie, die Quellen der Kraft zu entdecken

Lösungsorientierte Kurzzeittherapie arbeitet nicht nur mit dem Blick auf Lösungen, sondern auch mit dem Blick auf Ressourcen. Das ist bereits bei der Suche nach »Ausnahmen« deutlich geworden. Auch hier spiegelt sich ein grundsätzlicher Perspektivenwechsel. So wie nach Lösungen gesucht wurde, statt Probleme zu analysieren, so wird nun auch nach Ressourcen gesucht, statt die Defizite offenzulegen. Dabei ist eine Ericksonsche Grundannahme, dass die Menschen die Ressourcen, die sie für ihren Lösungsweg brauchen, in greifbarer Nähe haben, aber sie nicht zu nutzen verstehen. Ob diese Hypothese immer stimmt, wird später noch zu fragen sein.

In diesem Kapitel soll es nun ganz grundsätzlich um die Ressourcen gehen, die Menschen für ihren Lösungsweg brauchen. Auf was können Menschen zurückgreifen, das ihnen für ihren Weg Kraft gibt? Wer kann sie dabei unterstützen? Was also sind die benötigten Kraftquellen? Ich halte mich dabei zunächst an Kraftquellen, wie sie von Timm H. Lohse aufgezählt wurden[132], um anschließend noch ein paar weitere Überlegungen anzufügen.

1. Materielle Ressourcen (Arbeit, Wohnung, Geld, usw.),
2. Soziale Ressourcen (Familie, Freunde, Arbeitskollegen, Nachbarn, Verein; *ich ergänze: Kirchengemeinden*),
3. Weltanschauliche Ressourcen (Werte, Welt- und Lebensanschauung, politische Überzeugung),
4. Kognitive Ressourcen (Bildung, *Reflexionsvermögen*),
5. Emotionale Ressourcen (Gefühle),
6. Kommunikative Ressourcen (*die Fähigkeit, sich mit anderen zu verständigen*),
7. Selbstorganisatorische Ressourcen (*in Bezug auf* Körper, Gesundheit, Lebensalter, Geschlecht, Leben in Ordnung halten.),
8. Geistig spirituelle Ressourcen (Glaube, Meditieren, Gebet, Handauflegung, Segen).

Ob nun die Ressourcen genau so benannt werden, wie Lohse vorgeschlagen hat, oder anders, ist nicht so entscheidend. Wichtig ist, dass Sie für Ihre Seelsorgearbeit ein Suchraster haben, das Ihnen hilft, Suchprozesse nach Ressourcen anzuregen und zu begleiten.

Idealtypisch kann für den Lösungsweg, den unser Gesprächspartner einschlagen möchte, gefragt werden, inwieweit er in allen acht Ressourcenbereichen jeweils Kraftquellen findet, die ihm helfen, seinen Weg zu gehen. Das muss in der Praxis in der Regel aber nicht vollständig gemacht werden, weil erstens unser Gegenüber das in dem ihm bewussten Bereichen ohnehin selbst tun wird und weil nicht immer alle Bereiche gleich relevant sind. Das Ressourcensuchen ist in der Kurzzeitseelsorge vor allem dann wichtig, wenn erkennbar wird, dass der Gesprächspartner in seinem Lösungswillen auf ›schwachen Beinen‹ steht, weil ihm offensichtlich seine entsprechenden Ressourcen nicht bewusst sind, oder weil er nicht die Idee hat, dass er auch neue Ressourcen erschließen könnte.

Sie können in der Regel davon ausgehen, dass jeder Mensch mehr Ressourcen hat, als ihm bewusst ist. Vieles wird entweder selbstverständlich

---

132 *Lohse*, Kurzgespräch, 101f. Die Begriffe in Klammern sind den beschreibenden Sätzen Lohses entnommen. Kursiv sind meine Umschreibungen des gemeinten Sachverhaltes und eine Ergänzung. – Den Blick auf Ressourcen gibt es natürlich auch in anderen Verfahren und Konzepten, also auch außerhalb der Ericksonschen Traditionslinie und der damit verbundenen »Potentialhypothese«. (In der Seelsorge z.B. *Heike Schneidereit-Mauth*, Ressourcenorientierte Seelsorge. Salutogenese als Modell für seelsorgerliches Handeln, Gütersloh 2015.) Das Spezifische der lösungsorientierten Verfahren ist die enge Verknüpfung von Lösungen und Ressourcen bei gleichzeitiger Vermeidung einer Fokussierung auf Probleme und Defizite.

genommen und fällt damit durch das bewusste Wahrnehmungsraster. Oder es wird aus anderen Gründen ausgeblendet, z.B. weil die Ressourcen nicht zum Selbstbild passen oder auch weil sie noch nie ausprobiert wurden. Wie auch immer, es lohnt sich zu suchen. Und vielleicht wird dabei manches zur Ressource, was auf den ersten Blick gar nicht wie eine Ressource wirkt. So können sich leidvolle Gefühle, wie Schmerz, Trauer oder Wut, als erstaunlich kraftvolle Energiequellen erweisen. Vielleicht gibt es auch alte verschüttete Begabungen und Erfahrungen, die jetzt plötzlich wieder von Bedeutung werden. Vielleicht gibt es eingeschlafene Freundschaften, die darauf warten, wieder geweckt zu werden, oder Hobbys, die neu belebt werden wollen. Vielleicht sind Ressourcen in greifbarer Nähe, die aber noch nie gesehen und genutzt wurden, z.B. ein Gesprächskreis in der Kirchengemeinde oder ein Coaching-Angebot von der eigenen Firma.

Gegen den Ericksonschen Optimismus, dass jeder Mensch immer alle Ressourcen, die er für seinen Lösungsweg braucht, als Potential greifbar hat, bleibe ich dennoch ein wenig skeptisch. Es gibt vielleicht auch dringend benötigte Kraftquellen, die sich für bestimmte Menschen nicht erschließen lassen oder die gar nicht erst da sind. Das gilt es dann wahrzunehmen und zu betrauern. Aber vielleicht gibt es in dieser ehrlichen Wahrnehmung, mitten in der Trauer, dass etwas nicht geht, dann doch plötzlich die Erfahrung von Trost, oder die Erfahrung einer Würde, die auch mit Einschränkungen aufrecht gehen kann, oder die Erfahrung des Glaubens, der sich auch in Not und Entbehrung von Gott getragen weiß. Dann hätte – Gott sei Dank – am Ende Erickson vielleicht doch Recht, denn auch Trost, Würde und Glauben erweisen sich dann als Ressourcen, bisweilen sogar als sehr starke Ressourcen.

9.2 Würdigen Sie das Leid selbst als Ressource

Es klingt paradox und ist es auch, aber genau das Leiden, weswegen jemand mit Ihnen das Gespräch gesucht hat, ist eine enorm wichtige Ressource. Ohne dieses Leiden hätte sich Ihr Gesprächspartner nicht auf den Weg gemacht, eine Lösung zu suchen. Allerdings, darauf hat Gunther Schmidt hingewiesen, ist es auch das Leiden, das den Blick verengt und im Tunnelblick gefangen hält.[133] Und als blickverengender Druck ist das Leiden keine Ressource! Zunächst muss eine gewisse Distanz gefunden werden zum Leiden, um den Blick wieder frei erheben zu können und sich nach Lösungswegen umzuschauen. Und insofern müsste man genauer sagen: Die im Leiden eingeschlossene Energie kann zur starken Res-

---

133 *Schmidt*, Liebesaffären, 63.

source werden, aber nur dann, wenn die eingeschlossene Energie transformiert und befreit wird in nach vorne gerichteten Lösungswillen.

Lassen Sie mich dazu ein starkes Beispiel erzählen. Auf einem Vortragsabend erlebte ich zwei befreundete Väter. Einer war Israeli und Jude, der andere Palästinenser und Moslem. Beide hatten durch Gewalttaten der Gegenseite ein Kind verloren, beide sind durch unerträgliche seelische Schmerzen hindurchgegangen und gehen immer noch hindurch, denn der Schmerz bleibt. Die aus diesem Schmerz geborenen anfänglichen Racheimpulse haben sie in einem längeren Prozess transformiert in den Willen zum Frieden. Sie arbeiten an vorderster Front an einer Vereinigung von Menschen mit ähnlichem Schicksal, die dafür eintreten mit den Feinden zu reden, statt auf sie zu schießen (theparentscircle.com). Auf die Frage, woher sie die Kraft dazu nehmen, antworteten sie: aus der »Power of Pain«. Die Kraft ihres bleibenden Schmerzes befähigt sie dazu, trotz allem Widerstand und auch Anfeindungen, die sie erfahren, am Weg des Friedens und der Versöhnung festzuhalten. Ich habe dieses Beispiel gewählt, weil der Verlust eines Kindes wohl zu den heftigsten Schmerzen gehört, die einem Menschen widerfahren können. Wenn es diesen beiden Vätern gelungen ist, so fragte ich mich an jenem Abend, die in ihrem Schmerz befindliche Kraft in eine solch beeindruckende Versöhnungsarbeit zu transformieren, um wieviel mehr müsste es mir gelingen, das Leiden an weit weniger dramatischen Dingen in kraftvolles Engagement für das Leben zu transformieren. Das ist das, was ich meine, wenn ich sage: Würdigen Sie das Leid selbst als Ressource. Natürlich, man kann auch am Leiden zugrunde gehen, das darf nicht ausgeblendet werden. Und die Freisetzung der im Leiden eingeschlossenen Kraft ist nicht leicht und kann ein längerer schmerzlicher Prozess sein. Die eingeschlossene Kraft kann sich auch in negativer zerstörerischer Energie entladen. Auch das darf nicht ausgeblendet werden. Die beiden Väter verglichen diese im Leiden eingeschlossene Kraft mit Kernenergie: Sie kann dazu gebraucht werden, enorme Zerstörung anzurichten oder aber Energie für Licht und Wärme zu erzeugen. Ich weiß, im Zeitalter des Atomausstieges ein ambivalentes Bild. Aber nehmen wir es einfach nur als Bild: Das Leid selbst kann eine enorme Kraftquelle sein, die unser Leben verändert, zum Bösen oder zum Guten. Wenn wir uns aber entscheiden, unser Leid nicht nur als Pech und Unglück, als Strafe oder gar als Schuld zu verstehen, und wenn wir uns ferner entscheiden, die darin enthaltene Energie als Kraftquelle für Wärme und Licht in unserem Leben zu nutzen, dann kann es der Beginn wichtiger Veränderungen in unserem Leben sein.

In der Kurzzeitseelsorge können für den dafür erforderlichen Perspektivenwechsel – mit aller Behutsamkeit – erste Impulse erarbeitet werden. »Gehen Sie in Gedanken einmal in die Zukunft, sagen wir 10 Jahre. Was hat sich von da aus rückwirkend gesehen durch Ihr jetziges Leiden in Ihrem Leben verändert. Waren es Veränderungen zum Bösen oder zum Guten? Was würde Ihnen in 10 Jahren fehlen, wenn Ihnen das Leben dieses Leiden erspart hätte? Worauf hätten Sie gerne verzichtet? Aber auch: Was davon möchten Sie im Nachhinein auf keinen Fall vermissen? Was ist Ihnen durch diese Erfahrung wichtig geworden und geblieben?« Achten Sie aber auch darauf, ob es unter Umständen zu früh ist für einen solchen Perspektivenwechsel. Dann verzichten Sie vorerst auf entsprechende Interventionen. Aber bleiben Sie für sich innerlich trotzdem bei dieser Perspektive. Es kann Ihnen helfen, nicht in den Sog des Leidens Ihres Gesprächspartners zu versinken, sondern auf zumindest atmosphärische Weise ein Anwalt der im Leiden verborgenen Kraft zu sein.

9.3 Nutzen Sie Komplimente als Vergrößerungsglas für Ressourcen

Mit Komplimenten[134] können Sie unmittelbar die Kraftquellen Ihres Gesprächspartners verstärken, ihnen sozusagen Energie zuführen. Ebenso gilt dies für alle erfolgreichen Ausnahmen in der Vergangenheit und für alle Lösungsschritte, die Ihr Gesprächspartner in Angriff genommen hat, sogar für alle Rückschritte, die er überstanden hat. Komplimente sind dabei nicht zu verwechseln mit Schmeicheleien, sondern sind gemeint als wertschätzendes Feedback. Indem Sie auf aufrichtige und stimmige Weise Ihren Respekt, Ihre Bewunderung, Ihr Erstaunen, Ihre Anerkennung für die erkennbaren Kraftquellen und die in Vergangenheit und Gegenwart gegangenen Lösungsschritte ausdrücken, helfen Sie Ihrem Gegenüber, diese Seiten an sich selbst mit mehr Wertschätzung wahrzunehmen, vielleicht sogar zum ersten Mal überhaupt wahrzunehmen.

Komplimente in diesem Sinne wirken wie ein »Vergrößerungsglas«[135] für Ressourcen und Potentiale. Und das ist insofern besonders wichtig, weil Ihr Gesprächspartner diese Aspekte seines Lebens entweder verkleinert, abwertet oder erst gar nicht sieht. Insofern kann es aber auch als Reaktion auf Ihre Komplimente dazu kommen, dass Ihr Gesprächspartner in die gewohnte Selbstabwertung verfällt und Ihre Komplimente an ihm regelrecht abprallen. Daher wirken indirekte Komplimente in der Regel besser als direkte Komplimente. Statt also zu sagen »Das haben Sie gut gemacht!« ist es besser zu sagen »Mich beeindruckt, wie Sie das gemacht haben!« oder – noch indirekter – als Frage verkleidet »Wie haben Sie das nur gemacht?!« Wenn Sie von Ihrem eigenen subjektiven Beeindrucktsein reden, fällt es dem Gegenüber schwerer, Ihrem Kompliment zu widersprechen. Fast unmöglich, einem Kompliment zu widersprechen, wird es, wenn Sie auf geschickte Weise Ihr Kompliment in eine Frage verkleiden.

---

[134] Ausführlich zum Thema »Komplimente« siehe *Isebaert*, Kurzzeittherapie, 33–37, sowie *Stollnberger*, Ausnahmen, 122–124 und 179–182.
[135] Begriff von *Prior*, Beratung, 58

Hier muss geradezu Ihr Gegenüber sich selbst ein Kompliment machen, wenn er Ihre Frage beantwortet. »Wie schaffen Sie das nur, trotz allem, was Sie so belastet, sich dennoch so um Ihre Kinder zu kümmern?« – »Was hat Ihnen die Kraft gegeben, trotz so vieler Rückschläge nicht aufzugeben?« – Auch wenn die ›Technik‹ der Komplimente gut geeignet ist, um Ressourcen und Potentiale zu vergrößern, so kann diese Technik den ganzen Kommunikationsprozess begleiten, und zwar von Anfang an. »Mich beeindruckt, dass Sie den Mut haben, mit Ihren Fragen nicht allein zu bleiben, sondern sich Rat zu suchen.« Fast unnötig zu sagen, dass diese ›Technik‹ nur funktioniert, wenn sie glaubwürdig ist. Machen Sie also nur Komplimente, wenn Sie es auch so empfinden. Aber wenn Sie erst einmal auf die oft phänomenalen Leistungen und Ressourcen eines leidenden Menschen zu blicken gelernt haben, dann werden Ihnen viele Komplimente von allein über die Lippen kommen. Auf diese Weise werden Ihre Komplimente von einer hilfreichen Technik schließlich selbst zur Ressource für Ihr Gegenüber.

9.4 Es gibt eine Kraft, die uns als Gnade geschenkt wird

Vor vielen Jahren war ich mit meiner Frau zusammen mit einer kleinen Gruppe auf Kreta zum Wandern. In der einsamen Berglandschaft begegnete uns eine alte schwarzgekleidete griechische Frau. Sie kam wie aus dem Nichts. Schweigend bot sie uns Oliven an und Wein. Wir nahmen, aßen und tranken. Die ganze Szene hatte fast etwas Unwirkliches. Wir alle waren auf seltsame Art berührt. Und fast so, wie sie gekommen war, ging sie wieder. Diese beinahe mystische Begegnung blieb mir sehr in Erinnerung. Vermutlich ist alles mit rechten Dingen zugegangen, aber gleichzeitig wurde für mich das »zweite Gesicht der Dinge« (Fulbert Steffensky[136]) sichtbar. In meiner Erinnerung verwandeln sich die Oliven manchmal in Brot. Das Ganze hatte etwas von Abendmahl, eine überraschende Wegzehrung aus einer anderen Dimension. Und so wie Steve De Shazer oft sagte »Shit happens«, so ist für mich die geschilderte Szene zum Bild geworden für die Frage, ob man nicht auch sagen kann, sagen muss: »Grace happens«. Michael Herbst fragt zu Recht, ob die Idee, die Menschen hätten für ihre Problemlösung alle Potentiale und Ressourcen in sich oder in ihrem Umfeld, nicht ergänzt und korrigiert werden muss durch die vertrauensvolle Gewissheit, dass uns manche Potentiale und Ressourcen auch von Gott geschenkt werden – »extra nos«.[137]

In gewissem Sinne kann man zwar durchaus sagen, dass Religion eine zugängliche eigene Ressource ist. Wer gelernt hat zu beten, findet diese

---

136 *Fulbert Steffensky*, Schwarzbrot-Spiritualität, Stuttgart 2010 (Neuausgabe), 19.
137 *Michael Herbst*, beziehungsweise. Grundlagen und Praxisfelder evangelischer Seelsorge, Neukirchen-Vluyn 2012, 15ff, 86ff und 331f.

Möglichkeit in sich. Wer in eine religiöse Gemeinschaft eingebunden ist und darüber Trost und Zuspruch erfährt, findet diese Ressource in seinem Umfeld. Vielleicht haben sich die eigenen Lebenslinien von Religion und Glauben entfernt, vielleicht sind die Trost- und Kraftquellen der Religion verschüttet, aber wer wieder einen Zugang findet, wer sich wieder erinnert, kann erleben, dass hier ihm zugängliche Ressourcen greifbar werden. Auch wer sich zum ersten Mal auf religiöse Kraftquellen einlässt, kann erleben, dass es für ihn eine neue aber greifbare Möglichkeit ist. Insofern würde die Ericksonsche Potentialhypothese auch in Bezug auf Religion schon stimmen, wenn erkennbar wird, dass hier Möglichkeiten vorliegen, die ein Mensch wiederentdecken oder neu ergreifen kann. Das gilt für Religion, insofern sie einen menschlichen Vollzug darstellt. Beten, Meditieren, Singen, Bibel lesen, Gottesdienst besuchen sind ja erstmal menschliche Vollzüge. Die darin liegenden Ressourcen nutzen zu wollen, kann ich in der Tat als Mensch entscheiden. Ob mir durch diese Ressourcen aber mehr als nur menschliche Beruhigung zuteil wird, das liegt dann nicht mehr in meiner Hand. Das lässt sich ganz einfach am Gebet zeigen. Ich kann mich entscheiden zu beten. Und vielleicht tröstet mich schon allein die Tatsache, dass ich bete. Ob und wie das Gebet aber erhört wird, ist Gottes Entscheidung. Insofern haben wir bei Religion eine doppelte Ressource. Wir haben den uns zugänglichen menschlichen Teil an religiösen Vollzügen, und wir haben den uns unzugänglichen Teil der göttlichen Antwort auf unsere religiösen Vollzüge. Religion gehört also zu den Bereichen, in denen wir etwas ander(e)s machen können, um unser Problemerleben in Richtung auf eine Lösung unterbrechen zu können, und zugleich gehört Religion zu den Bereichen, in denen wir erleben können, dass es Unterbrechungen der Gnade gibt, die wir nicht selbst machen können. Grace happens! Vielleicht, so möchte ich noch hinzufügen, gilt das auf hintergründige Weise aber auch für alle anderen Lösungswege. Trotz allen Potentialen, die wir aktivieren können, bleibt das Gelingen in einem tieferen Sinne unverfügbar. Das kann durchaus demütig und dankbar machen – und mich als Seelsorger von subtilen Helfer-Allmachtsphantasien befreien. Christliche Seelsorge hat hier die wunderbare Möglichkeit, nach aller zuvor notwendigen seelsorgerlichen Bemühung, das Gegenüber schließlich vertrauensvoll in Gottes Hände zu geben.

»Unterbrechung«, so sagte Johann Baptist Metz[138], sei die kürzeste Definition von Religion. Gerade auch aus der Perspektive der der Kurzzeitseelsorge zugrunde liegenden Konzepte ist das in der Tat eine sehr passende Formulierung. Religiöse »Unterbrechung« bietet im Grunde ein Dreifaches: Es kann eine Musterunterbrechung im oben beschriebenen

---

138 *Johann Baptist Metz*, Unterbrechungen. Theologisch-politische Perspektiven und Profile, Gütersloh 1986.

Sinn sein, also eine – und sei es auch nur kurze – Unterbrechung meines Eingeschlossenseins in mein Problem. Es bietet aber auch einen Zugang zu der psychologischen Wirkung religiöser Ressourcen. Ein Gebet ist immer auch eine psychologische Ressource, selbst wenn man als Beobachter davon ausgehen würde, dass es gar keinen Gott gibt. Und drittens: Eine religiöse »Unterbrechung« bietet schließlich die Hoffnung auf den unverfügbaren Einbruch der Gnade Gottes in mein Leben. Insofern wurden die religiösen Unterbrechungen nicht im vorherigen Kapitel über »Musterunterbrechungen« behandelt, obwohl sie dort durchaus auch passen würden, sondern wegen der ihnen innewohnenden psychologischen und der ihnen verheißenen religiösen Kraft in diesem Kapitel unter »Kraftquellen«.

9.5 Aus welchen religiösen »Unterbrechungen« kann Ihr Gegenüber Kraft schöpfen?

Kommen wir nun also zu der Seite von Religion, die wir in der Seelsorge methodisch bewusst, also wie eine Intervention direkt oder indirekt ansteuern können. Welche Interventionen sind in der Seelsorge geeignet, um dem Gegenüber zu helfen, religiöse Kraftquellen zu nutzen oder zu entdecken? Zu Beginn möchte ich von einer Erfahrung sprechen, die mich bis heute nachdenklich macht. Als vor vielen Jahren einer meiner Söhne nach einem schweren Unfall im künstlichen Koma lag und es völlig ungewiss war, ob er überlebt, suchte ich für mich selbst Seelsorge. Ich ging zur Krankenhausseelsorge, die in diesem Krankenhaus offensichtlich ökumenisch organisiert war. Eine katholische Nonne sagte mir, die evangelische Seelsorgerin sei im Urlaub. Und ohne weiter Worte zu machen, nahm sie mich bei der Hand, ging mit mir in die Krankenhauskapelle, zündete eine Kerze an und sprach mit mir ein Gebet. Und dann ließ sie mich wieder allein. Ich habe das als sehr starkes und tröstliches Ritual erlebt – und ich ging in dieser Zeit noch öfter in die Kapelle. Als die evangelische Seelsorgerin vom Urlaub zurückkam, hat sie mit mir lange Spaziergänge unternommen und sich viel Zeit für Gespräche genommen. Auch das tat mir gut, es war für mich eine sehr wertvolle *menschlich* zugewandte Erfahrung. Aber die Kraft des zuvor erfahrenen Rituals fand ich als *religiösen* Trost stärker, es brachte mich mehr mit der unverfügbaren Kraft Gottes in Verbindung. Und das, obwohl es von der Zeit her eigentlich ein sehr kurzes Ritual war. Das ist mir sehr nachdrücklich in Erinnerung geblieben – und es blieb auch bei anderen Gelegenheiten nicht die letzte Kerze, die ich in einer – meist katholischen – Kirche angezündet habe. Aber meine eigene Seelsorgepraxis besteht trotzdem aus überwiegend menschlich zugewandten Gesprächen, meist ohne religiöse Ritualelemente, es sei denn, jemand wünscht sich das ausdrücklich. Und daher frage ich mich bis heute, ob ich als Protestant nicht ein religiöses rituelles

Unterbrechungspotential verloren habe, das sehr hilfreich sein kann, wie
ich ja selbst erfahren habe. Warum bin ich in diesem Bereich so zögerlich
in meiner Seelsorge? Vielleicht, weil ich auch die anderen Geschichten
kenne? Ein unbeholfen überreichtes Trostheftchen, ein zu schnell gesagtes
Bibelwort, ein eher zudeckendes Gebet. Vielleicht weil ich geprägt bin
von einer Seelsorgetradition, die genau hier immer auch das Einfallstor
für religiöse Neurosen und menschliche Unstimmigkeiten befürchtet hat?
Vielleicht ist es Zeit, ohne die Gefährdungen zu vergessen, die unmittelbar religiösen Musterunterbrechungen wieder mehr aktiv anzubieten und
einzubringen.

Im Folgenden möchte ich danach fragen, wo die in der Kurzzeittherapie
wichtige Idee der Musterunterbrechung sich auf speziell religiöse Weise
anbieten lässt, als »Unterbrechung«. Verbunden mit der Frage, welche
unmittelbar religiösen Ressourcen durch solche »Unterbrechungen« zugänglich werden können. Wenn Gunther Schmidt sich selbst als »Realitätenkellner«[139] bezeichnet, indem er Ideen, Vorschläge und Wege anbietet, die das Gegenüber wie ein Menü wählen kann, um wieder zu neueren
befreiteren Realitäten in seinem Leben zu finden, so können wir, so meine ich, durchaus spirituelle Realitätenkellner sein, die unserem Gegenüber religiöse Menüs anbieten, die dieser in aller Freiheit auswählen und
kosten kann. Und genauso wenig wie ein Kellner über das Rezept diskutiert oder ein Menü verteidigt, wenn es abgelehnt wird, genauso wenig
sollten wir das in der Seelsorge tun. In der Kurzzeitseelsorge fehlt dazu
ohnehin die Zeit. Es ist ein freundliches Angebot, etwas auszuprobieren,
ob es schmeckt entscheidet der Gast. Dabei bleibt es unbenommen, dass
– wie bereits gesagt – alles, was wir religiös tun, sowohl eine menschlich
zugängliche als auch eine göttlich unverfügbare Seite hat. Welche religiösen Menüs also können wir als Seelsorger anbieten? Ich denke an folgende
durchaus ›klassischen‹ Menüs.

Gebet

An erster Stelle steht sicher das Gebet. Das ist etwas, das viele Menschen
auch von sich aus allein tun, wenn sie in Not sind. Wir können es ergänzen durch das Angebot geprägter Gebete, durch Gebete unserer Väter
und Mütter im Glauben, in denen Erfahrungen verdichtet sind, die wir
in unseren »Notgebeten« uns oft selbst nicht erschließen können. Wir
können ermutigen, solche Gebete zuhause zu sprechen. Wir können solche Gebete im Seelsorgegespräch anbieten. Und wir können natürlich
jederzeit auch frei beten. Wichtig dabei muss sein: Das Gebet darf keine
subtile Belehrung unseres Gegenübers in Gebetsform sein. Und unser
Gegenüber muss die Freiheit spüren, unser Angebot ohne Scham und
Gesichtsverlust auch ablehnen zu dürfen. Geschieht es aber, dass unser

---

139 *Schmidt*, Liebesaffären, 65.

Gegenüber für sich betet oder mit uns, so liegt darin schon rein psychologisch gesehen eine hilfreiche Musterunterbrechung. Eine neue Perspektive auf das Problemerleben öffnet sich, eine göttliche Perspektive. Das könnte man als religiöses Reframing bezeichnen. Das eigene Leben wird als umfangen vom göttlichen Leben erkennbar. Und zugleich werden die eigenen Lösungs- und Problemmuster insofern zumindest ein Stück weit unterbrochen, als dass die Idee, vielleicht sogar das Vertrauen entstehen kann, dass ich letztlich nicht alles selber machen kann und muss, sondern immer wieder auch loslassen kann. Dieses Loslassen wiederum kann die Voraussetzung werden, das zu erkennen und zu tun, was in aller Gelassenheit und ohne die ›vertrauenslose Sorge um sich selbst‹ getan werden kann.

Meditation

Meditation gibt es in unterschiedlichen Formen. Als gemeinsamen Nenner könnte man vielleicht sagen, es ist eine Übung des Geistes, um auszusteigen aus dem permanenten Gedankenfluss und aus dem dauernden Nachdenken über sich selbst. Egal ob ich über ein Bibelwort oder ein Bild meditiere, egal ob ich das Jesus-Gebet oder ein anderes Kurzgebet meditiere oder auch ob ich ganz gegenstandslos meditiere, es geht immer darum, die eigenen Gedanken loszulassen. Da wir, wie wir über den Konstruktivismus gelernt haben, unser Problemerleben zu einem großen Teil selber konstruieren,[140] kann es sehr befreiend wirken, wenn es in der Meditation gelingt, unsere permanente gedankliche Selbstkonstruktion für Momente loszulassen. Nicht umsonst wird auch von rein säkularen Therapeuten häufiger die Meditation als hilfreicher Weg empfohlen.[141]

Biblische oder andere religiöse Texte

Beide Textformen fasse ich hier zusammen, weil sie zum Teil ähnlich wirken. Da sie oft ohnehin aufeinander bezogen sind, ergänzen sie sich. Außerdem sind nicht alle biblischen Texte als religiöse Musterunterbrechung geeignet. (Es sei denn, man quält sich durch die Bücher der Chronik, dann kann man eine Zeitlang auch seine Probleme vergessen). Es gibt aber viele biblische Textgattungen, die Perspektiven öffnen, die uns helfen können, aus unserem Problemerleben herauszufinden. Um nur weniges anzudeuten: Die intensive Art des Betens der Psalmen kann uns helfen, neue ungewohnte Muster auch in unserem Gebetsverhältnis zu Gott einzufügen. Die Josefsgeschichte ermutigt zum Vertrauen in Gottes

---

140 Vgl. dazu auch die Ausführungen von Gunther Schmidt zur Problemkonstruktion. *Schmidt*, Einführung, 58ff.
141 Als Beispiel sei verwiesen auf *Hansruedi Ambühl*, Frei werden von Zwangsgedanken, Ostfildern 2012 (4. Auflage), 107ff. – Was er dort schreibt, lässt sich unschwer auch auf christliche Meditationspraktiken übertragen.

Führung. Das Gleichnis vom verlorenen Sohn lässt uns sehen, dass wir einen unverlierbaren Wert haben, jenseits unserer Probleme. Solche Texte können passgenau »ins Gespräch gebracht« werden (Peter Bukowski), bieten oft neue Perspektiven, also ein religiöses Reframing der Problemsituation, lassen vielleicht sogar Lösungswege aufleuchten.

Religiöse Erbauungsliteratur, die teilweise sehr weit verbreitet ist, wie z.B. Thomas von Kempen oder Jörg Zink, lassen uns teilhaben am Glaubensweg von Menschen, die schon für viele andere zu Zeugen des Evangeliums geworden sind. Wir erleben, dass wir nicht allein sind mit unserer Suche, mit unserem Ringen. Und was andere als Trost und Zuspruch erfahren haben, kann auch uns weiterhelfen. Es kann durchaus eine kurzzeitseelsorgerliche Intervention sein, auf solche Texte zu verweisen und sie als »Hausaufgabe« zu empfehlen.

Lieder

In unseren Gesangbüchern haben wir einen enormen Schatz an singbarem Glaubenszuspruch für fast alle Lebenslagen. Ich bin kein Neurobiologe, aber angeblich werden mit dem Singen sogar beide Gehirnhälften aktiviert. Trost- und Hoffnungslieder wie z.B. Paul Gerhardts »Befiehl du deine Wege« haben ein enormes Potential, wenn wir einen Zugang dazu haben. Da gerade die klassischen Choräle bei jüngeren Menschen kaum noch bekannt sind, sind sie als seelsorgerliche Intervention dann auch kaum oder nur eingeschränkt zu gebrauchen. Aber es gibt auch neues geistliches Liedgut, das in manchen Fällen auch ein großes Trostpotential haben kann. »Herr, ich komme zu Dir, und ich steh vor Dir, so wie ich bin ...« (Albert Frey) oder »Meine Hoffnung und meine Freude ...« (Taizé). Wer solche Lieder singen kann, wird spüren, dass ihm damit auch etwas geschenkt wird. Insofern ist durchaus eine kurzzeitseelsorgerliche Intervention denkbar, in der man empfiehlt, dass jedes Mal, wenn die Gedanken wieder um das Problem kreisen, stattdessen ein Lied gesungen werden soll.

Kirche

Kirche als Raum bietet einen äußeren räumlichen Kontext, der ›etwas mit uns macht‹. Noch nicht einmal ein Atheist wird eine Kirche betreten können, ohne an Gott zu denken. Kirche als Gebäude schafft eine Art hypnotische Induktion, unseren Geist auf Gott hin auszurichten. Fulbert Steffensky hat deutlich darauf hingewiesen, dass der Geist auch von außen nach innen geformt wird, dass wir für unsere Innerlichkeit durchaus die Äußerlichkeit des Kirchenraums brauchen.[142] Eine aus meiner Sicht

---

142 *Fulbert Steffensky*, Schwarzbrot-Spiritualität, Stuttgart 2010 (Neuausgabe), 25ff.

durchaus sinnvolle kurzzeitseelsorgerliche Intervention ist, dass man dem Gegenüber vorschlägt, über sein Problem einmal nicht zuhause im Wohnzimmer nachzugrübeln, sondern dazu in eine Kirche zu gehen. Kontextänderungen sind Musterunterbrechungen, und das Nachdenken über das Problem wird sich im Kontext eines Kirchenraumes mit hoher Wahrscheinlichkeit verändern. Und vielleicht endet ein solcher Kirchenbesuch ja mit Kerze und Gebet. Dafür allerdings sind selbst wir Protestanten oftmals auf katholische Kirchen angewiesen, es sei denn, wir haben selbst offene Kirchen.

Gemeinschaft

Gemeinschaft im Sinne von Gemeinde kann als hilfreiche Ressource erfahren werden. Ich formuliere das bewusst etwas zurückhaltender, weil mir durchaus bewusst ist, dass nicht jeder Mensch zu jeder Gemeinde passt und umgekehrt. Außerdem muss man damit rechnen, dass es auch Gemeinschaftsformen gibt, die als belastend erlebt werden können. Aber das ändert nichts daran, dass eine gelungene Gemeinschaftserfahrung, sei sie eher enger oder eher freier, für viele Menschen eine tragfähige Erfahrung darstellt. In der Kurzzeitseelsorge gilt es zu prüfen, ob das für mein Gegenüber eine hilfreiche Option sein kann – und umgekehrt, ob die mir bekannte Gemeinde/Gemeinschaft dafür auch geeignet ist.

Rituale

Wir Protestanten sind recht ritualarm, insbesondere auch was religiöse Alltagsrituale anbelangt. Aber was hindert uns daran, uns gelegentlich mal zu bekreuzigen? Luther hat das ja auch empfohlen. Oder eine Kerze anzuzünden, zuhause oder in einer Kirche? Warum nicht auch mal knien beim Gebet? Ein Kreuz oder eine Ikone küssen? (Darf man das sagen als Protestant?) Rituale nehmen unsere Sinne anders und umfassender in Anspruch, sie vermitteln uns unterschwellig den Eindruck (durchaus im Sinne einer hypnotischen Suggestion), dass es nicht an uns und unseren Gedanken allein liegt, ob etwas Heilsames geschieht. Sie erinnern uns daran, dass Gottes heilsames Geschehen ohne unser Zutun in uns wie von allein wirkt (opus operatum). Für Protestanten kann man durchaus als alltägliche rituelle Musterunterbrechung z.B. Luthers Morgen- und Abendsegen empfehlen, einschließlich der dazugehörigen Bekreuzigung.

Gottesdienst

Gottesdienst ist die christliche Hauptunterbrechung des Alltags schlechthin. Hier verdichten sich auch alle anderen Elemente in einen gemeinsamen Vollzug: Gebet, Meditation, biblische Texte, Auslegung, Gesang, Ritualhandlungen, Gemeinschaft, Kirchenraum. Wer hier einen Zugang hat, kann Sonntag für Sonntag sein alltägliches Problemerleben unterbrechen lassen, in der Hoffnung, dass diese Unterbrechung schon rein psychologisch gesehen Abstand und Perspektivenwechsel ermöglicht, und in der weiteren Hoffnung, dass der Gottesdienst ein Ort und ein Geschehen ist, bei dem es durchaus sein kann, dass »grace happens«.

Übung

– Überlegen Sie, was alles Quellen der Kraft sein können. Was haben Sie selbst als Kraftquellen erlebt, was kennen Sie vom Erfahrungsschatz anderer Menschen? Erstellen Sie sich eine Ressourcenliste. Sie können dazu, wenn Sie möchten, die oben wiedergegebene Ressourcenliste von T. Lohse zur Hand nehmen und mit Ihren eigenen Einfällen konkretisieren und ergänzen.

– Überlegen Sie für sich oder üben Sie im Rollenspiel, zu welchen Lösungswegen welche Kraftquellen hilfreich sein können. Am besten anhand von Beispielen. Welche Kraftquellen sind im Gespräch erkennbar? Zu welchen davon hat der Gesprächspartner einen bewussten Zugang? Welche scheinen ihm selber gar nicht bewusst? Üben Sie ein unaufdringliches, aber wertschätzendes Feedback (z.B. über Komplimente) für die von Ihnen erkannten Ressourcen.

– Überlegen Sie Formulierungen für Komplimente. Üben Sie vor allem indirekte Komplimente im Rollenspiel. Denken Sie daran, dass indirekte Komplimente oft wirkungsvoller sind. Statt »Das können Sie aber gut ...«, was gerne mit einem »Ja, aber ...« quittiert wird, ist es oft hilfreicher zu sagen: »Wie haben Sie das nur geschafft ...« oder »Mich beeindruckt, wie ...«

– Überlegen Sie für sich, oder üben Sie im Rollenspiel, auf behutsame Weise die Perspektive auf die im Leiden enthaltene Kraft zu lenken. Wie muss vorgegangen werden, damit das Leiden nicht verharmlost (Gefahr des Zynismus), sondern das Leiden gewürdigt wird?

– Was hilft Ihnen, Anschluss zu suchen an die Kraftquellen des Glaubens? Welche religiösen Unterbrechungsübungen haben Ihnen selbst schon geholfen? Was davon können Sie sich vorstellen, im Seelsorgegespräch anzubieten? Wenn Sie etwas anbieten, wie tun Sie das, und warum? Wenn Sie etwas, das Ihnen selbst geholfen hat, nicht anbieten, warum nicht?

10 Und im Alltag?

Der Alltag ist nicht nur ein wichtiger, es ist der wesentliche Teil der Kurzzeittherapie. Denn hier entscheidet sich, ob die gemeinsam gefundenen Lösungsimpulse Frucht tragen, hier vollzieht sich reale Veränderung. Darum hat Kurzzeittherapie den Alltag nicht nur nebenbei und nicht nur als Störfaktor im Blick, sondern als den entscheidenden Ort der Therapie. Er ist das Laboratorium der Veränderung – und der Gesprächspartner wird mit konkreten Aufgaben in dieses Laboratorium geschickt, um dort veränderungswirksame Experimente durchzuführen. Man redet auch von »Hausaufgaben«.[143] Das gilt nun entsprechend auch für Seelsorge, die mit kurzzeittherapeutischen Konzepten arbeitet.

10.1 Geben Sie Hausaufgaben!

Es mag Ihnen zunächst vielleicht ungewohnt vorkommen, in der Seelsorge Hausaufgaben zu geben. Aber in Kurzzeitverfahren und auch in manchen anderen Verfahren, wie z.B. der Verhaltenstherapie, ist es durchaus üblich, Hausaufgaben zu geben. Sie haben natürlich einen anderen Charakter als schulische Hausaufgaben. Und sie werden auch nicht einfach verordnet, sie werden empfohlen und gemeinsam vereinbart. Hausaufgaben sind Beobachtungs-, Erprobungs- oder Übungsaufgaben für den Alltag. Steve de Shazer orientiert sich in der Art der Hausaufgaben an den Kategorien »Kunde«, »Klagender« und »Besucher«.

10.1.1 Hausaufgaben für Kunden

Klienten sind Menschen, die eigenverantwortlich an einer Lösung arbeiten möchten. Ihnen können insofern Hausaufgaben gegeben werden, die ihre aktive Mitarbeit und ihre Experimentierbereitschaft voraussetzen.

Wurde z.B. bei der Suche nach »Ausnahmen« ein Verhalten erkannt, das in der Vergangenheit hilfreich war, so heißt die Aufgabe schlicht: »Ma-

---

143 Eine gute Darstellung zum Thema »(Haus)Aufgaben« findet sich bei *Stollnberger*, Ausnahmen, 184–220. Siehe auch *De Jong / Berg*, Lösungen, 183–208, sowie *De Shazer / Dolan*, Wunder, 37–40.

chen Sie mehr von dem, was funktioniert!« Oder beispielhaft etwas ausführlicher formuliert: »Wir haben in unserem gemeinsamen Gespräch
entdeckt, dass Sie früher jene Abende mit Ihrer Frau als sehr schön und
lebendig empfunden haben, an denen Sie miteinander ausgegangen sind.
Das haben Sie in den letzten Jahren vernachlässigt. Ich gebe Ihnen hier-
mit die Hausaufgabe, dass Sie an einem Abend in der Woche mit Ihrer
Frau ausgehen. Einverstanden?«

Eine zweite Art von Hausaufgaben für Klienten besteht darin, herauszufinden, ob etwas Neues oder etwas anderes funktioniert. Wurde im Gespräch eine gute oder vielleicht auch etwas verrückte Idee entwickelt, was
der Klient in Bezug auf das Problemerleben anders machen kann, dann
besteht die Hausaufgabe darin, genau dies im Alltag auszuprobieren. Das
oben genannte Beispiel mit der Wasserspritzpistole ist solch eine Hausaufgabe. Alle Formen von Musterunterbrechungen oder Ressourcenakti-
vierungen gehören zu dieser Art von Hausaufgaben, ebenso Veränderungen hinsichtlich des Kontextes. Die Ideen zu diesen Hausaufgaben werden entweder im Gespräch gemeinsam gefunden, oder – auch das ist
denkbar – sie beruhen auf einem guten Einfall des Therapeuten oder
Seelsorgers. Aber immer muss geklärt werden, ob der Klient auch bereit
ist, sich auf eine solche Hausaufgabe einzulassen.

10.1.2 Hausaufgaben für Klagende

Klagende bekommen Hausaufgaben, die ihnen helfen sollen zu erkennen,
inwieweit sie selbst etwas verändern können. Hausaufgaben sollen sozusagen helfen, ihre Selbstwirksamkeit und Selbstverantwortlichkeit allererst
zu entdecken, und damit das Gefühl zu überwinden, von unbeeinflussba-
rem Zufall und Willkürlichkeit abhängig zu sein. Dazu sind Beobachtungsaufgaben sehr hilfreich. »Beobachten Sie bis zu unserem nächsten
Termin bitte ganz genau, wann das Problem auftritt und wann es nicht
auftritt. Was tun Sie jeweils unmittelbar vorher oder währenddessen? Wo
befinden Sie sich? Mit wem sind Sie zusammen? – Machen Sie sich Noti-
zen darüber oder führen Sie Tagebuch!«. Auch wenn bei der Frage nach
den Ausnahmen oder in der Wunderfrage hilfreiche Ausnahmen oder
bereits erlebte Spurenelemente des Wunders erkennbar geworden sind,
aber der Klagende diese als ein rein zufälliges und willkürliches Auftreten
empfindet, gilt es, ähnliche Beobachtungsaufgaben zu stellen, nur mit
Fokus auf die Ausnahmen oder die Spurenelemente des Wunders.

Eine Sonderform der Beobachtungsaufgabe sind Vorhersageaufgaben.
Das Auftreten des Problems oder das Auftreten von Lösungsverhalten soll
am Abend vorher oder am Morgen des jeweiligen Tages vorhergesagt
werden. Die Vorhersage soll schriftlich festgehalten werden und jeweils
am Abend des Tages die Trefferquote notiert werden. Der Sinn dieser

Aufgabe ist es, die erlebte Unwillkürlichkeit oder Zufälligkeit des Auftretens von Problem- oder Lösungsverhalten Stück für Stück aufzuweichen und in mehr Willkürlichkeit und Selbstwirksamkeit zu überführen.[144] Wer z.B. eine Voraussage trifft, wird dazu neigen, sie auch erfüllen zu wollen, und fängt damit an, sein Problemverhalten zu beeinflussen. Ein beinflussbares Problemverhalten ist aber nicht mehr willkürlich und zufällig.

Für Menschen, die das Gefühl haben, dass ihr Problemerleben immer gleich schwer ist, kann die Hausaufgabe gegeben werden, für jeden Tag, für jeden Tagesabschnitt oder sogar für jede Stunde des Tages eine Skalierung des Problemerlebens (von 0 – 10) in ein kleines Notizbuch einzutragen. In aller Regel wird dadurch sichtbar, dass das Problemerleben Schwankungen unterliegt. Diese können dann im Nachgang auf »Ausnahmen« untersucht werden.

Klagende, die davon überzeugt sind, dass vor allem andere Menschen sich anders verhalten müssen, damit ihr Problem gelöst werden kann, können mit einer Beobachtungsaufgabe nach Hause geschickt werden, die ihnen helfen soll, ihren eigenen Anteil mehr und mehr zu erkennen. »Immer wenn N.N. so handelt, dass Sie mit ihm/ihr zufrieden sind, was haben Sie selbst unmittelbar zuvor oder währenddessen gemacht? Und wie haben Sie auf das Handeln von N.N. so reagiert, dass die Wahrscheinlichkeit höher geworden ist, dass er/sie wieder so handeln wird?«

Für Menschen, die zwar über ein Problem klagen aber überhaupt keine Idee haben, was sie anders machen möchten, hat Steve de Shazer die »Standardaufgabe der ersten Sitzung«[145] entwickelt. Sie fragt nach dem, was nicht verändert werden soll, anders gesagt, nach dem, was im Leben des Klagenden gut läuft und womit er zufrieden ist. »*Wir (ich) möchten(n) Sie bitten, von jetzt an und bis zu unserem nächsten Treffen auf alle Vorgänge in Ihrer Familie (Ihrem Leben, Ihrer Ehe, Ihrer Beziehung) zu achten – und zwar so, daß Sie sie uns (mir) das nächste Mal schildern können –, deren Fortsetzung Sie wünschen.*« Das ändert die Perspektive des Klagenden, vermittelt ihm mehr Dankbarkeit für das, was er schon hat, und lässt schlussendlich deutlicher werden, in welchem überschaubaren Bereich überhaupt Veränderungen gewünscht werden. Man kann das auch – vielleicht mit einem Augenzwinkern – als Verhinderung ungewollter Veränderungen einführen. »Sie sind ja zu mir gekommen, weil Sie einiges in Ihrem Leben verändern wollen. Damit wir nun nicht aus Versehen das Falsche verändern, teilen Sie mir bitte beim nächsten Mal mit, was in Ihrem Leben auf keinen Fall verändert werden soll, weil Sie damit zufrieden sind.«

---

144 Vgl. *De Shazer*, Der Dreh, 200f.
145 Auch »Formel-Aufgabe der ersten Sitzung« genannt. Im Folgenden wörtlich wiedergegeben nach *De Shazer*, Kurztherapie, 184.

10.1.3 Hausaufgaben für Besucher

Besucher erhalten keine Hausaufgaben, sondern werden freundlich verabschiedet. Von dazu berechtigten Instanzen oder von Angehörigen gezwungene Besucher können allenfalls überlegen, was sie tun müssen, damit diejenigen, die sie zum Besuch zwingen, zufrieden sein werden. Gezwungene Besucher werden wir, wie bereits erwähnt, in der Seelsorge in der Regel nicht erleben.

Hausaufgaben sind, das ist vermutlich schon deutlich geworden, insgesamt auch eine sehr gute Möglichkeit für die Seelsorge. Weil dies für viele Menschen ungewohnt ist, muss das Geben von Hausaufgaben kurz erläutert werden. Es ist auch sinnvoll, den beabsichtigten Sinn und den Zweck von Hausaufgaben transparent zu erklären. Der Gesprächspartner wird ermutigt, die Wirkung selbst zu überprüfen und nur das zu tun, was ihm hilft. Im Falle eines weiteren Gespräches bietet es sich an, die Erfahrung mit den Hausaufgaben auch gemeinsam auszuwerten.

10.2 Fragen Sie nicht nach den Hausaufgaben, sondern nach Verbesserung

Hausaufgaben machen in der Regel nur Sinn, wenn sie auch überprüft und ausgewertet werden. Das gilt für Kurzzeitverfahren nur indirekt. Denn es geht nicht darum, ob Hausaufgaben gemacht wurden, sondern ob eine Verbesserung eingetreten ist. Egal ob durch die Hausaufgaben verursacht oder durch etwas anderes. Hausaufgaben waren ja nur – gemeinsam besprochene – Vorschläge. Und unsere Gesprächspartner sind frei, sie zu erfüllen oder auch nicht. Insofern kann es irritierend sein, direkt nach den Hausaufgaben zu fragen. Besser ist es, ganz einfach zu fragen: »Was hat sich verbessert?«[146] Will man vorsichtiger sein, kann auch hinzugefügt werden »... und sei es auch nur ein klein wenig.« Wenn die Hausaufgaben dabei eine wichtige Rolle spielten, werden die Gesprächspartner das von sich aus in Zusammenhang bringen. Und dann macht es natürlich Sinn, die Hausaufgaben daraufhin auszuwerten, inwiefern sie hilfreich waren.

10.2.1 Umgang mit nicht gemachten Hausaufgaben

Zunächst gilt es, nochmals ausdrücklich zu sagen, dass – anders als in der Schule – nicht gemachte Hausaufgaben kein Problem darstellen. Im Gegenteil. Auch nicht gemachte Hausaufgaben sind hilfreich für den Lösungsweg. Für den Therapeuten oder Seelsorger ist das eine wertvolle

---

146 *De Jong / Berg*, Lösungen, 217ff, sowie *De Shazer / Dolan*, Wunder, 39f.

Rückmeldung, dass die Hausaufgabe offensichtlich ungeeignet oder die Zeit dafür noch nicht reif war. Eine nicht durchgeführte Hausaufgabe wird einfach zur Kenntnis genommen, ohne mit dem Gegenüber lange darüber zu reden. Schon gar nicht sollten Fragen gestellt werden, die dem Gegenüber ein Gefühl von Versagen, Nachlässigkeit oder Schuld vermitteln. Also niemals fragen: Warum haben Sie das nicht gemacht?

Wenn überhaupt über nicht gemachte Hausaufgaben gesprochen wird, dann mit der positiven Unterstellung einer kompetenten bewussten oder unbewussten Entscheidung des Gegenübers. Etwa in der Form:»Dass Sie sich gegen die vereinbarte Aufgabe entschieden haben, zeigt mir, dass Sie ein gutes Gespür haben für das, was für Sie dran ist. Gut, dass Sie auf dieses Gespür vertraut haben! Dieses Gespür wird uns auch helfen, dass wir etwas finden, das besser passen wird.« Sollte das Gegenüber von sich aus ein schlechtes Gewissen haben, sollte ebenfalls die unbewusste Kompetenz hervorgehoben werden.»Irgendetwas in Ihnen hat gespürt, dass das nicht dran ist. Haben Sie deswegen bitte kein schlechtes Gewissen. Lassen Sie uns vielmehr im Vertrauen auf Ihr Gespür gemeinsam überlegen, ob wir etwas anderes finden, das besser für Sie geeignet ist.«

10.2.2 Auswertung gemachter Hausaufgaben

Sind die Hausaufgaben dagegen gemacht worden, bieten sie reichlich Stoff zur Auswertung.

Umsetzungs-, Übungs- und Experimentieraufgaben können darauf untersucht werden, inwieweit sie das gewünschte Ergebnis gebracht haben, welche durch den Klienten beeinflussbaren Bedingungen am Erfolg beteiligt waren, insbesondere auch welche Ressourcen dabei eine Rolle gespielt haben. War der Erfolg so groß, dass im Grunde eine entscheidende Lösung gefunden ist, dann ist die Therapie oder seelsorgerliche Beratung zu Ende. Wird erkennbar, dass die Durchführung der Hausaufgaben ein vielversprechender Schritt auf dem Lösungsweg war, wird empfohlen, mehr davon zu tun. Wurden die Hausaufgaben zwar als sinnvoll empfunden, brachten aber noch nicht das gewünschte Ergebnis, wird überlegt, wo man nachjustieren muss. Und waren die Hausaufgaben überhaupt kein Erfolg, so müssen neue Alternativen überlegt werden.

Beobachtungsaufgaben werden dahingehend ausgewertet, inwieweit erkennbar geworden ist, dass der Klient entgegen seiner bisherigen Vermutung doch einen gewissen Einfluss hat. Das kann z.B. daran erkannt werden, dass er immer bevor eine positive Ausnahme eintrat, etwas Bestimmtes gemacht / nicht gemacht hat. Oder dass Schwankungen im Problemerleben nicht rein zufällig sind, sondern von allmählich klarer erkennbaren Faktoren abhängen, die durchaus im von ihm beeinflussbaren Bereich liegen. Auch bei der Auswertung der Vorhersageaufgaben, geht es nicht um die Ratefähigkeit des Klienten, sondern darum zu erkennen, inwieweit er auf die Erfüllung der Vorhersagen – vielleicht ungewollt und unbewusst – doch selbst Einfluss genommen hat. Bei der Standardaufgabe der ersten Sitzung schließlich wird deutlich, über welche gelingenden Aspekte der Klient sich in seinem Leben freuen kann. Das bildet die stabile Basis, das sind seine Ressourcen. Und gleichzeitig wird klarer abgrenzbar, ob und welche konkreten Veränderungswünsche noch bestehen.

10.3 Gibt es auch christliche Hausaufgaben?

Die oben als christliche »Unterbrechungen« dargestellten Möglichkeiten sind im Prinzip auch alle als Hausaufgaben möglich. Sie haben als christlicher Seelsorger durchaus auch die Möglichkeit, solche christlichen Hausaufgaben von sich aus vorzuschlagen. Achten Sie aber sehr darauf, ob es für Ihren konkreten Gesprächspartner ein stimmiger Vorschlag ist. Lässt sich ein Gesprächspartner auf solche christlichen Hausaufgaben ein, können sie auf dieselbe Weise wie alle anderen Hausaufgaben auch auf ihre Wirksamkeit überprüft werden, einschließlich der Option des Nachjustierens oder auch des Lassens. Da es bei den Hausaufgaben ja immer um das Einüben von Selbstwirksamkeit geht, wird es auch bei christlichen Hausaufgaben zunächst um die Selbstwirksamkeit gehen, also um den menschlich verfügbaren Anteil. Gleichzeitig bleibt aber auch eine Offenheit für das Unverfügbare, für einen Einbruch der Gnade. Das muss aber streng unterschieden werden von dem Gefühl der Willkürlichkeit und Zufälligkeit, weil es sonst unseren Gesprächspartner wieder zurückwirft in sein Gefühl, dass er selbst doch nichts zur Problemlösung beitragen kann. Der Einbruch der Gnade Gottes geschieht jedoch »in, mit und unter« all dem, was wir selbst tun können.

Übung

– Wiederholen Sie noch einmal die Kategorien des Wollens: Besucher, Klagende, Kunden. Was sind die jeweiligen Kriterien?

– Welche Art von Hausaufgaben ist für die jeweiligen Kategorien geeignet?

– Überlegen Sie (für sich oder im Rollenspiel), welche Hausaufgaben in welchen real erlebten oder frei erfundenen Seelsorgesituationen möglich gewesen wären oder sind.

– Achten Sie darauf, mit welchen Formulierungen Sie Hausaufgaben ins Gespräch einführen.

– Überlegen Sie sich mögliche religiöse Hausaufgaben, die entweder dem Kriterium der Beobachtungsaufgabe entsprechen oder dem Kriterium des Tuns und des Experimentierens. Gibt es Besonderheiten, die bei der Einführung solcher Hausaufgaben zu beachten sind?

10.4 Würdigen Sie zum Abschluss das Erreichte

Es ist sehr sinnvoll, darauf hat insbesondere Gunther Schmidt hingewiesen, einen würdigenden Abschluss zu finden[147]. Das sieht natürlich bei Gesprächen zwischen Tür und Angel anders aus als bei einem vereinbarten Gespräch oder einer Gesprächsreihe. Aber selbst bei Kurzgesprächen, so schreibt Lohse, ist es möglich, durch einen Händedruck oder durch Blickkontakt das Erreichte nochmals zu festigen und zu würdigen.[148]

Bei einem längeren Gespräch oder einer Gesprächsreihe kann der Abschluss ausführlicher gestaltet werden. Zunächst kann festgestellt werden, dass das erreicht ist, was geplant war. »Zu Beginn haben Sie gesagt, Sie sind zufrieden, wenn Sie auf einer Skala von 0 – 10 bis auf 7 kommen. Wo stehen Sie jetzt?« – »Auf einer 7!« – »Wunderbar! Dann haben Sie ja erreicht, wozu Sie zu mir gekommen sind. Wir können also mit dem erwünschten Erfolg unser Gespräch / unsere Gesprächsreihe beenden. Herzlichen Glückwunsch zu Ihrem Erfolg!«.

Neben bestärkenden Komplimenten, die den Erfolg und die Eigenleistung des Gesprächspartners auch nochmals konkret benennen und würdigen, kann hier noch eine Ermutigung für die Zukunft angefügt werden. Je nachdem kann dies durch eine paradoxe Rückschrittswarnung geschehen (»Rechnen Sie auch mit Rückschritten. Aber Sie wissen ja: Rückschritte sind hilfreiche Ehrenrunden und stellen den Erfolg keinesfalls in Frage, sondern helfen Ihnen, den eingeschlagenen Weg weiterzugehen.«) oder auch durch Skalierung der Zuversicht und der Frage, womit die Zuversicht noch gestärkt werden kann.

---

[147] Vgl. *G. Schmidt*, Einführung, 123.
[148] *Lohse*, Kurzgespräch, 126ff.

Exkurs: Sprachgesteuerte Kurzwahl: die Mini-Max-Interventionen von Manfred Prior

Wie wir bislang immer wieder gesehen haben, hat Kurzzeittherapie und Kurzzeitseelsorge viel mit bewusst gewählten sprachlichen Formulierungen zu tun. Das hängt damit zusammen, dass Sprache das zentrale Medium ist, mit dem wir permanent hypnotische Einladungen schaffen, sowohl in unserer Kommunikation nach außen mit anderen Menschen als auch in unserer Kommunikation nach innen mit uns selbst. Sprache ist also immer suggestiv, sie macht uns ständig Vorschläge (Suggestionen). Ob wir diese Vorschläge befolgen oder auch nicht, das liegt in hohem Maße an uns selbst. Wir können, so sagt es die Autopoiese-Theorie, nicht von außen wider unseren Willen zu etwas gezwungen werden, das wir innerlich umsetzen müssen. Wir sind frei, wie wir innerlich auf die permanenten kommunikativen Einladungen reagieren. Relativ frei. Denn wenn die äußeren kommunikativen Einladungen dem sehr ähnlich sind, wie wir innerlich mit uns selbst kommunizieren, dann rennen manchmal die äußeren Suggestionen offene innere Türen ein. Wenn ich z.B. ein Mensch bin, der sehr stark nach innen sich selbst perfektionistische Suggestionen macht, werde ich natürlich mehr anfällig sein für an mich herangetragene Vorschläge, die mir entweder Perfektionismus nahelegen oder die ich perfektionistisch interpretiere. Denn letztlich bin immer ich als Empfänger einer Botschaft derjenige, der bestimmt, was die Botschaft in mir auslöst. Ein geschickt kommunizierender Mensch weiß das, wird mich entsprechend »pacen« und macht mir dann Vorschläge, die ich mit hoher Wahrscheinlichkeit annehmen werde. Das kann auch für manipulative Zwecke eingesetzt werden, bei Verkaufsgesprächen zum Beispiel oder in der Politik.

Wenn nun aber jemand mit mir spricht, der auf veränderungswirksame Weise hilfreich mit mir kommunizieren will, also ein Therapeut oder Seelsorger, wird er mich nicht »pacen«, um sein Produkt an den Mann zu bringen, sondern um mich zu öffnen für Veränderungsimpulse. Das tut er, indem er seine sprachlich suggestiven Einladungen so formuliert, dass damit die Wahrscheinlichkeit erhöht wird, dass ich auch andere, neue Perspektiven wahrnehmen kann. Ich lasse mich also durch sprachliche Suggestionen einladen, die Dinge auch anderes zu sehen, zu hören, zu erleben. Das geht natürlich nur, wenn ich innerlich dazu bereit bin. Aber da jeder Mensch in sich die Potentiale zur Lösung hat, ebenso wie den potentiellen Zugang zu seinen Ressourcen, lassen sich diese Möglichkeiten durch geschickte sprachliche Formulierungen wecken, auch wenn sie bis dahin im Tiefschlaf waren. Im Prinzip ist das nochmals mit anderen Worten der Kerngedanke des lösungsorientierten Gesprächs. Weil es hier, mehr als wir in der Seelsorge bislang gewohnt sind, auf bewusst gewählte sprachliche Formulierungen ankommt, macht es Sinn, sich einen Handwerkskasten von hilfreichen suggestiven Formulierungen zurechtzulegen. Manfred Prior hat einen solchen Werkzeugkasten bereitgestellt. Im Folgenden sollen nun die 15 darin enthaltenen sprachlichen Werkzeuge vorgestellt werden, eine Art Kurzwahl-Taste zu Veränderungsimpulsen. Manfred Prior spricht von Mini-Max-Interventionen.[149] In gewissem Sinne sind die Mini-Max-Interventionen nochmals eine handtaschentaugliche Zusammenfassung des Kurzzeitansatzes.

Mini-Max 1: Formulierungen, die das, worüber mein Gegenüber klagt, so widerspiegeln, dass sie dabei die Vergangenheitsform nutzen, haben eine doppelte Wirkung. Sie anerkennen das, worüber mein Gegenüber klagt. Ja, bislang war das so! Aber durch die Vergangenheitsform wird unterschwellig suggeriert, dass der beklagte Sachverhalt sich in Zukunft auch ändern kann.

> »Sie haben mir ausführlich erzählt, wie Sie *bisher* mit Ihrer Frau immer gestritten haben, wenn Sie abends mal alleine ausgegangen sind.«
>
> »Mich hat sehr berührt, wie Sie *in der Vergangenheit* unter diesem Konflikt gelitten haben.«

Mini-Max 2: Frageformen oder Formulierungen, die mein Gegenüber dazu einladen, das, was er erzählt, nicht als Tatsache zu erzählen, sondern als prozesshaftes Geschehen, suggerieren, dass der Prozess auch in Zukunft weitergehen wird. Und in allem, was prozesshaft geschieht, schlummert auch eine Veränderungsmöglichkeit. Vermeiden Sie also Formulierungen, die nur zu Feststellungen verleiten (z.B. »ob«), und nutzen Sie stattdessen solche, die dazu helfen, Tatsachen zu verflüssigen: »Wie ...?«, »Was ...?« »Welche ...?«.

> »Erzählen Sie mir mal, *wie* Sie sich einen schönen Abend mit Ihrer Frau vorstellen können.«
>
> »Mich würde interessieren, *was* Sie dann miteinander machen werden.«

Mini-Max 3: Viele Menschen neigen dazu, ihre Klagen nur in negativer Form vorzubringen. Sie wollen etwas nicht mehr. Sie wollen, dass etwas aufhört. Das einfachste Wort, zu einer Suche nach positiven Alternativen einzuladen ist »sondern?« Möglich ist natürlich auch »stattdessen«. Es ist sozusagen die Zielbestimmung in Kurzform.

---

149 *Manfred Prior*, Mini-Max-Interventionen. Die Interventionen sind von mir so eingeführt, umschrieben und zusammengefasst, wie ich sie verstanden habe. Die konkreten sprachlichen Formulierungsvorschläge sind unmittelbar von Prior, die ausgeführten Beispielanwendungen wiederum von mir.

> »Ich möchte mich endlich nicht mehr streiten?« – »*Sondern* ...?«
>
> »Ich bin es leid, mir ständig darüber den Kopf zu zerbrechen!« – »Was würden Sie *stattdessen* gerne tun?«

Mini-Max 4: Menschen neigen dazu, mit Generalisierungen ihr Problem zu verabsolutieren. Dieser Problem-Absolutismus lässt sich mit einfachen Fragewörtern auf konstruktive Weise hinterfragen. Dazu geeignet sind Kurzfragen wie »Immer ...?« oder »Nie ...?«. Sie laden uns dazu ein, zu sehen, dass fast nie ein beklagter Sachverhalt ohne Ausnahmen ist.

> »Meine Kinder melden sich nie bei mir!« – »*Nie* ...?« – »Ja doch, manchmal rufen sie mich an.«
>
> »Immer muss ich mich um alles kümmern!« – »*Immer* ...?« – »Naja, fast immer. Gelegentlich kümmert sich auch mein Mann ...«

Mini-Max 5: Da unser Gehirn gut ansprechbar ist auf bildhafte Inhalte, ist es oftmals hilfreich, zu konkreten bildhaften Vergleichen anzuregen. Die haben auch den Vorteil, dass Aspekte des Problem- oder Lösungserlebens erkennbar werden, die sich erst durch den bildhaften Vergleich erschließen.

> »Wenn Sie für das geschilderte Problem einen bildhaften Vergleich wählen müssten, was würde Ihnen dazu am ehesten einfallen?« – »Unser Problem ist wie ein ewiges Karussell.« – »Was fällt Ihnen zu Karussell ein? – »Das ist was für Kinder! ... Sie haben Recht, wir streiten uns wie Kinder.« – »Wie würden Erwachsene mit einen Karussell umgehen?« – »Entweder gar nicht erst aufsteigen, oder absteigen, wenn es genug ist.«

Mini-Max 6: Selbst Hoffnungssprache kann das Leiden festhalten, wenn es mit Negationen verknüpft ist. Wenn ich sage »Hoffentlich nichts Schlimmes ...«, stelle ich mir unweigerlich das Schlimme vor, das nicht eintreten soll. Viel hilfreicher ist es, sich Gutes zu erhoffen. Deswegen schlägt Prior vor, bei solchen und ähnlichen Aussagen mit »sondern ...?« zurückzufragen. Und noch besser ist es, dazu anzuleiten, sich unmittelbar und direkt Gutes zu erhoffen. »Hoffentlich Gutes!«

> »Hoffentlich werde ich mich am Wochenende nicht wieder mit meinem Sohn streiten ...« – »Sondern ...«
>
> »Hoffentlich wird es mir in der nächsten Dienstbesprechung gelingen, auf konstruktive Weise das schwierige Thema anzusprechen ...«

Mini-Max 7: Ein sehr effektiver Vorschlag Priors besteht meines Erachtens auch darin, dass möglichst Formulierungen gewählt werden, die die

Zukunft offenhalten. Das knüpft in gewisser Weise an die erste Mini-Max-Intervention an. Eine Schlüsselformulierung ist »... noch nicht ...«.

> »Sie leiden sehr unter dem, was Sie mir geschildert haben. Sie suchen darin Gottes Willen zu verstehen. *Noch* haben Sie ihn *nicht* erkannt ...«

> »Sie haben sich sehr bemüht und können *noch nicht* sehen, was Sie dadurch schon erreicht haben.«

Mini-Max 8: Ganz im Sinne lösungsorientierter Zielfindung legt auch Prior großen Wert darauf, die Lösungsideen möglichst konkret zu beschreiben. Je genauer und je konkreter eine Lösung beschrieben werden kann, desto stärker wirkt die Einladung, nicht nur abstrakt davon zu träumen, sondern auch konkrete Schritte in diese Richtung zu gehen, ja es entsteht fast so etwas wie die Suggestion, dass die angestrebte Lösung eigentlich schon da ist, man muss sich nur noch auf den Weg machen. Hilfreich für die Konkretisierung einer Lösungsidee sind Fragewörter wie: »Was ...«, »Wann ...«, »Welche ...«, »Wer ...«, »Wie ...«, »Woran ...«, »Wodurch ...«, also alles W-Fragen. Lediglich die Warum-Frage sollte vermieden werden.

> »Sie haben als Idee für sich formuliert, dass Sie sich endlich mal mit Ihrem Sohn aussprechen wollen. *Wann* genau werden Sie das tun? *Was* genau werden Sie ihm sagen? *Welche* Worte werden Sie finden? *Woran* werden Sie erkennen, dass Sie sein Herz erreicht haben? *Wodurch* unterscheidet sich solch ein Gespräch von bisherigen Gesprächen?«

Mini-Max 9: Wie weiter oben auch schon dargestellt, ist eine der wichtigsten Einladungen die zum ersten kleinen Schritt. Damit wird suggeriert, dass der vor unserem Gesprächspartner liegende Weg nicht unmöglich ist, sondern gangbar, gangbar dadurch, dass er einen Beginn hat in Form von ersten kleinen und bewältigbaren Schritten. Hilfreich ist eine Formulierung wie z.B. »Was wäre ein erster kleiner Schritt ...« (Oder auch: »Was wäre der einfachste, leichteste Schritt..?). Dieser erste Schritt kann mit den unter dem vorausgehenden Punkt dargestellten W-Fragen konkretisiert werden. Der Wechsel von Konjunktiv und Indikativ fördert eher die Offenheit für Ideen oder die Verbindlichkeit der geplanten kleinen Schritte.

> »Was wäre *ein erster kleiner Schritt,* den Sie heute noch in Angriff nehmen könnten ...?« – »Ich könnte meinen Chef fragen, ob ich bei ihm einen Termin bekomme.« – *Wann* und bei *welcher* Gelegenheit werden Sie ihn fragen ...«

> »*Was* wäre *der einfachste* Einstieg, um das Gespräch mit Ihrer Partnerin zu beginnen ...? – Wie genau werden Sie das dann formulieren?«

Mini-Max 10: Sprache kann auch etwas sehr Verführerisches haben. Auch in der Seelsorge können wir unseren Gesprächspartner werbend zu Lösungsphantasien verführen. Am besten funktioniert das, so Prior, wenn wir ihn gleich mit zwei oder mehr guten Ideen dazu verführen, selber in Lösungsphantasien einzusteigen. Wichtig ist natürlich, dass unsere Ideen auch zu unserem Gesprächspartner passen. Eine mögliche Formulierung wäre z.B.: »Angenommen, Sie würden ...«

> »*Angenommen, Sie würden* mit Ihrem Mann heute Abend mal nicht streiten, würden Sie dann eher mit ihm einen schönen Spaziergang machen oder würden Sie eher mit ihm essen gehen, oder vielleicht – so wie Sie das früher oft gemacht haben – gemeinsam ins Kino gehen ...?«

Mini-Max 11: Ein bisschen trickreich ist es, an die unbewussten Ressourcen zu appellieren. Diese lassen sich kaum leugnen, sie sind ja unbewusst.[150] Damit können Blockaden umgangen werden, die einen bewussten Zugang zu Lösungsmöglichkeiten erschweren. Eine denkbare Formulierung wäre etwa die folgende: »Mit Ihrem bewussten Verstand wissen Sie nicht wie ..., haben dazu auch keine Idee ..., so dass eine Besserung eher aus Ihrem Unbewussten kommen muss ...«

> »Für mich wirkt es so, dass Ihr *bewusster Verstand bislang noch keine Idee* zu einem entspannteren Umgang mit Ihren Zukunftsängsten hatte, so dass eine *Besserung vermutlich aus Ihrem Unbewussten* sich entwickeln wird ...«
>
> »Mein Eindruck ist, dass Sie im Moment noch keinen Weg sehen, aber ich bin davon überzeugt, dass in Ihnen schon Lösungen schlummern, die vielleicht nur noch etwas Zeit brauchen, um Ihnen bewusst zu werden ...«

Mini-Max 12: Es gibt auch Gesprächspartner, die gerne allen Lösungsideen widersprechen, egal, ob sie von uns kommen oder von ihnen selbst. Es kommt sofort ein Ja-Aber. Hier hilft das, was Prior als »Nicht-Vorschläge« bezeichnet. Passende Formulierungen sind z.B.: »Es ist nicht nötig ...«, »Sie müssen jetzt noch nicht ...«

> »Sie haben eben die Idee gehabt, dass es ganz gut wäre, mit Ihrem Sohn mal ein offenes Gespräch zu führen. Aber sogleich fiel Ihnen ein, warum das nicht geht. Es ist vielleicht auch *nicht nötig*, das jetzt sofort zu machen ...«

---

[150] Vgl. dazu die Anmerkungen Gunther Schmidts über Ericksons Begriff des »Unbewussten«. *Schmidt*, Liebesaffären, 148ff. – An das Unbewusste als hilfreiche Instanz zu appellieren, fördert – so Schmidt – eine positive und vertrauensvolle Selbstbeziehung. Der Gesprächspartner kann sich kaum dagegen wehren, dass er hilfreiche Anteile hat, weil sie ihm ja ohnehin unbewusst sind.

> »Ein erster Schritt in dieser Angelegenheit wäre sicher hilfreich. *Sie müssen* ihn aber *jetzt noch nicht* sofort gehen ...«

Mini-Max 13: Nicht selten erleben wir, dass unsere Gesprächspartner in ihren Schilderungen übertreiben oder untertreiben, jedenfalls in unserer Wahrnehmung. Wenn wir solche Übertreibungen oder Untertreibungen wahrnehmen, dann, so schlägt Prior vor, können wir sie »pacen«, indem wir sie entsprechend übertrieben oder untertrieben einfach wiederholen. Und manchmal vielleicht noch eine kleine Schippe drauflegen oder mit einem humorvollen Augenzwinkern. Der Gesprächspartner fühlt sich einerseits verstanden, erkennt aber oftmals recht schnell seine Übertreibung oder Untertreibung.

> »Nie bekomme ich auch nur irgendetwas geregelt!« – »Mhm. Schlimm! Nichts, gar nichts bekommen Sie geregelt!?«
>
> »Es ist äußerst ungerecht! Mein Mann hilft mir absolut niemals im Haushalt!« – »Ihr Mann hilft NIE im Haushalt. Er tut absolut gar nichts, und alles, aber auch wirklich alles müssen Sie machen!? Das ist aber extrem ungerecht!«

Mini-Max 14: Prior erzählt auch davon, dass es sogenannte schwierige Fälle gibt, die immer widersprechen müssen. Hier empfiehlt er, die Energie des Widerspruchs zu nutzen, um lösungsorientierte Ideen zu unterbreiten. Dazu müssen diese Ideen auf eine solche Weise eingebracht werden, als hätten sie eh keine Chance. Hilfreich sind Formulierungen, die auf verständnisvolle Weise vorwegnehmen, dass das Gegenüber den Vorschlag ohnehin ablehnen wird. »Es ist nicht ganz leicht ...«, »Das wollen Sie wahrscheinlich nicht ...«. Der Klient reagiert dann sinngemäß mit einen »Doch ...!« Der unterstellten Ablehnung wird also spontan widersprochen, aber der darin verpackte Vorschlag am Ende vielleicht doch angenommen.

> »Es wird sicherlich *nicht ganz leicht für Sie* sein, Ihrer Tochter mal ein freundliches Wort zu sagen!«
>
> »Ich habe so die Idee, es wäre gut, wenn Sie sich auch mal etwas mehr Zeit für sich nehmen. Aber *das wollen Sie wahrscheinlich nicht*!«

Mini-Max 15: Wenn wir von unserem Gegenüber hören, wie er anderen Menschen oder auch sich selbst Vorwürfe macht, dann können wir ihn bitten, diese Vorwürfe versuchsweise mal in Wünsche umzuformulieren. Prior nennt dies die »VW-Regel«: aus Vorwürfen werden Wünsche. Und damit lässt sich konstruktiver arbeiten.

>»Mein Mann hört mir nie zu!« – »Wie würde es sich anhören, wenn Sie diesen Vorwurf einmal als Wunsch umformulieren?« – »Ich wünsche mir, dass mein Mann mir doch auch mal zuhören soll.«
>
>»Ich bin wirklich zu blöd, um das auf die Reihe zu bekommen!« – »Vorwürfe sind oft verdeckte Wünsche. Wenn Sie diesen Vorwurf an sich selbst mal – nur versuchsweise – als Wunsch formulieren, was würden Sie sich dann von sich selbst wünschen?« – »Ich würde mir wünschen, dass ich das doch nochmal etwas besser auf die Reihe bekomme, und vielleicht auch etwas freundlicher mir mir selbst umgehe!«

Diese von Prior vorgeschlagenen fünfzehn sprachlichen Werkzeuge, die dazu helfen sollen, mit einfachen sprachlichen Mitteln eine hilfreiche Wirkung auszulösen, sind eine Ermutigung, bewusst mit Sprache so umzugehen, dass sie für unsere Gesprächspartner zu einer hilfreichen Einladung wird, erst im Gespräch mit uns und dann – oder genauer gesagt gleichzeitig – im inneren Selbstgespräch neue Töne anzuschlagen. Diese wiederum können, wenn es gut geht, durchaus nachhaltige Wirkung im Leben unseres Gesprächspartners nach sich ziehen. Ob es immer ein Minimal-Maximal-Effekt ist, würde ich bezweifeln, aber die Wahrscheinlichkeit zu hilfreichen Veränderungen wird durch treffsichere Formulierungen doch deutlich erhöht. Wichtig ist, aber das gilt ja sowieso ganz grundsätzlich, dass solche sprachlichen Werkzeuge immer auf empathische Weise angewandt werden sollen, und nicht als lieblose Technik.

Übung

– Welche Mini-Max-Interventionen sprechen Sie an, und welche nicht? (Zur Vertiefung empfehle ich die Lektüre von Manfred Pior: Mini-Max-Interventionen).

– Überlegen Sie sich, in welchen Gesprächssituationen, die Sie erinnern, eine der dargestellten Mini-Max-Interventionen hilfreich gewesen wäre.

– Legen Sie sich für die Mini-Max-Interventionen, die Sie ansprechen, einen kleinen eigenen »Werkzeugkoffer« zurecht, in dem entsprechende vorgefertigte Satzstücke enthalten sind, auf die Sie bei Bedarf zurückgreifen können.

– Üben Sie im Rollenspiel den Einsatz und die mögliche Wirkung der Mini-Max-Interventionen.

Checkliste: Kurzzeitseelsorge

Zum Schluss noch eine zusammenfassende Checkliste. Sie soll in stichwortartiger Kurzform helfen, im Blick zu behalten, wie ein Gespräch strukturiert werden kann, und welche Interventionen jeweils dazu passen. Um es nochmals zu sagen: Es ist kein unabänderliches Schema, sondern eine Orientierung, mit der man im realen Gespräch mehr oder weniger flexibel umgehen sollte. Insbesondere die Schritte C.2 bis C.4 sind – je nach Gesprächsverlauf – in der Reihenfolge austauschbar.

A. Gesprächsanfrage

1. Klären: jetzt oder später?
a) Bedingungen wahrnehmen:
– Welche erkennbaren Wünsche hat mein Gegenüber?
– Was kann ich leisten oder anbieten?
– Wie sind die Rahmenbedingen (Ort / Zeit)?
– Entscheiden: jetzt oder später?
b) Wenn jetzt: Sich beschränken auf das, was jetzt möglich ist (vgl. Lohse).
– Mandat beachten!
– In angemessener Zeit zum Abschluss kommen.
c) Wenn später: Terminvereinbarung.
– Vermittlung von Wertschätzung, vermeiden von Problemsuggestion.
– Setzen von vorbereitenden lösungsorientierten Impulsen.

B. Beginn des Gespräches

1. Kurzer freundlicher Smalltalk (falls passend)
a) Das Gelingende großschreiben, Ressourcen/Potentiale wahrnehmen.
b) Wertschätzung / Anerkennung zeigen (Komplimente).

2. Einstieg in das Anliegen
a) Was ist Ihr Anliegen? (Nicht: Was ist Ihr Problem?)
– Klären: Kunde, Klagender oder Besucher?
b) Falls notwendig: Kompetenzorientiertes Zuhören bei der Problemschilderung.
– Einfühlsam positives Feedback über erkennbar gewordene Kompetenzen.

3. Zielklärung
a) Falls Ziel direkt erkennbar, weiter mit C. 1.
b) Falls Ziel nicht direkt erkennbar:
– Nicht weg von, sondern hin zu (»sondern ...?«).
– Indirekte Fragetechniken (Konjunktiv, Dritte).
– Ausnahmen als Zielrichtung?
– Wunderfrage.

c) Falls Ziel gar nicht erkennbar:
– Beobachtungsaufgabe für den Alltag, insbesondere: was soll nicht verändert werden.

C. Mitte des Gespräches

1. Konkretisierung des erkennbar gewordenen Zieles
a) Möglichst konkrete Ausgestaltung und Beschreibung des Ziels (Kriterien!).
b) Klärung von Ambivalenzen und unerwünschten Nebenwirkungen,
ggf. Zielkorrektur.
c) Klärung, woran erkennbar wird, dass das Ziel hinlänglich erreicht ist
(Skalierung).

2. Suche nach vorhandenen Potentialen zur Zielerreichung
a) Bereits offensichtlich vorhandene Potentiale (vgl. Smalltalkphase).
b) In Ausnahmen erkennbare Potentiale (ausführliche Suche nach Ausnahmen!).
c) Im Problemerleben verborgene Potentiale (z.B. die Kompetenzen des
Problems).
d) In der Zielvision erkennbare Potentiale.

3. Suche nach notwendigen Ressourcen zur Zielerreichung
a) In der Person liegende Ressourcen.
b) In ihrem Umfeld liegende Ressourcen.
c) Religiöse Ressourcen [sofern nicht bereits in a) und b) enthalten].

4. Erarbeiten der ersten Schritte zum Ziel
a) Mehr dessen, was funktioniert.
– Ermutigen, erfolgreiche alte Lösungen (»Ausnahmen«) bewusst an-
zusteuern (ggf. das Leichteste davon zuerst).
b) Etwas ander(e)s machen: Neue Lösungen konstruieren.
– Was davon und wieviel davon könnte als erster kleiner Schritt in
Angriff genommen werden?
c) Etwas ander(e)s machen: Musterunterbrechung im Verhalten.
– Aus der Situation abgeleitete Musterunterbrechungen: Pause, Hinzufügung, Reihenfolge.
– Standardisierte Musterunterbrechungsübungen
d) Etwas ander(e)s sich vorstellen: Musterunterbrechung im Kopf.
– Andere Namen, anderer Rahmen (Reframing).

D. Ende des Gespräches

1. Aufgaben/Experimente für den Alltag vereinbaren (»Hausaufgaben«)
a) Klient: Umsetzungsaufgaben.
b) Klagende: Beobachtungsaufgaben.

2. Klären, ob weiterer Termin
a) Ein weiterer Termin.
b) Mehrere Termine, dann max. Anzahl festlegen.

3. Ermutigung und Bestärkung der Zuversicht
a) Komplimente für das Erreichte (Selbstwirksamkeit).
b) Rückschrittsprophylaxe.

E. (Falls) weitere Gespräche

1. Klären, was sich verbessert hat
a) Hat etwas geholfen, mehr davon (Selbstwirksamkeit erkunden und stärken).
b) Hat etwas nicht geholfen, etwas anderes probieren.

2. Klären, ob Ziele korrigiert werden müssen
a) Was wurde noch nicht genügend berücksichtigt?
c) Nachjustierung des Zieles oder zweitbestes Ziel.

3. Abschluss
a) Erfolg würdigen, Rückschrittsprophylaxe (wie D.3)
b) Bei Misserfolg: Delegation oder Weiterarbeit?

11 Möglichkeiten und Grenzen

Eine »eierlegende Wollmichsau« gibt es nicht, auch nicht bei den therapeutischen Konzepten und Verfahren, die wir als methodische Grundlagen in die Seelsorge integrieren. Das gilt auch für Kurzzeitverfahren. Ich möchte jedenfalls nicht behaupten, dass das Neue nun endlich das ultimativ Beste ist, während das Alte einfach als überholt gelten soll. In der Seelsorge wurden schon viele therapeutische Konzepte integriert, angefangen von Freuds Psychoanalyse bis hin zu Konzepten aus der systemischen Therapie.[151] Und es wäre mehr als anmaßend, ihnen ihre Berechtigung abzusprechen. Ich empfinde diese Konzepte vielmehr als unterschiedliche »Brillen«, die ein Seelsorger aufsetzen kann. Er wird damit jeweils Unterschiedliches sehen und erkennen – aber vielleicht auch Widersprüche zu anderen Perspektiven aushalten müssen. Und so sind auch Kurzzeitverfahren zunächst nichts anderes als eine weitere Brille, mit der man etwas sehen kann, das man vorher vielleicht so noch nicht sehen konnte oder zumindest noch nicht so deutlich. Ich finde, diese Brille ist für Seelsorge ausgesprochen nützlich, vor allem für all die Situationen, in denen wenig Zeit zur Verfügung steht. Dabei sind kurzzeittherapeutische Konzepte keine bloße Verlegenheitslösung aus Zeitmangel, sondern sie bieten auch ganz grundsätzlich eine eigene Perspektive auf menschliche Veränderungsmöglichkeiten – mit eigenen Chancen und Möglichkeiten, aber eben auch Grenzen.

11.1 Die Chancen der Kurzzeitseelsorge

Nur wer sucht, wird auch finden. Mit diesem leicht abgewandelten biblischen Zitat möchte ich hinweisen auf die Chancen der Kurzzeitseelsorge, aber auch auf eine erste Grenze. Lösungsorientiere Kurzzeitseelsorge ist sehr gut geeignet für Menschen, die eine Lösung suchen. Ihnen kann geholfen werden, ihre Lösung auch zu finden, und das geht zuweilen auf recht effektive Weise. Wer aber keine Lösung sucht, weil er davon über-

---

[151] Eine gute zusammenfassende Darstellung solcher Konzepte einschließlich der Erörterung ihrer Bedeutung für die Seelsorge findet sich bei *Michael Klessmann*, Pastoralpsychologie. Ein Lehrbuch. Neukirchen-Vluyn 2004. Ebenso auch in *Michael Klessmann*, Seelsorge. Ein Lehrbuch, Neukirchen-Vluyn 2008.

zeugt ist, dass er keine braucht, dem können wir auch nicht beim Suchen helfen. In klassischer Therapie sprach man von fehlender Krankheitseinsicht. Das klingt in meinen Ohren zu wenig wertschätzend. Eher würde ich von fehlendem eigenen Lösungswunsch sprechen. Dabei kann es durchaus sein, dass andere im Umfeld eines solchen Menschen sich wünschen, er hätte endlich mal einen Lösungswunsch. Jeff Zeig hat das in einem Vortrag einmal auf eine sehr humorige Weise formuliert. Er unterscheidet zwischen Menschen mit »onion-problems« und Menschen mit »garlic-problems«. Ersteren kommen selbst die Tränen, bei letzteren merken das vor allem die anderen. Einem Menschen mit garlic-problem kann nicht geholfen werden, es sei denn, sein Problem verwandelt sich in ein onion-problem. Wo immer aber Menschen mit einem Problem zu uns kommen, für das sie eine Lösung suchen, bietet Kurzzeitseelsorge eine einfache und effektive Möglichkeit, ihnen bei der Lösungssuche zu helfen und sie zu ersten Schritten zu ermutigen.

Kurzzeitseelsorge ist darum hervorragend geeignet für alle Formen von Alltagsseelsorge.[152] Das liegt an der einfachen Methodik. Wobei einfach nicht mit banal verwechselt werden darf, sondern so wie De Shazer es formulierte: »Easy but not simple.« Kurzzeittherapie und von ihr inspirierte Seelsorge arbeitet minimal-invasiv. Sie hat also kaum eine Eingriffstiefe, jedenfalls keine von außen kommende. Die innere Wirkung und die Nachhaltigkeit können dagegen durchaus groß sein. Dabei kommt sie komplett ohne Pathologie aus und beschränkt sich stattdessen auf die Frage, wie für das Gegenüber hilfreiche Unterschiede entstehen können. Ob solche Unterschiede hilfreich sind, bestimmt allein das Gegenüber. Kurzeitseelsorge ist in diesem Sinne geprägt von einem großen Respekt vor der Wahlfreiheit des Gegenübers, hat eine demütige und dienende Grundeinstellung. Sie ist insofern ungeeignet, um jemand aus religiösen oder sonstigen Gründen auf den ›richtigen Weg‹ zu führen. Aber sie ist sehr geeignet, jemandem zu helfen, seinen eigenen Weg zu finden, auch seinen eigenen Weg mit Gott. Wenn man das respektiert, kann man auch nicht so viel falsch machen. Jedenfalls dann, wenn wir die Souveränität unseres Gegenübers konsequent achten.

Bei bestimmten Gesprächsanlässen, wie z.B. Geburtstagsbesuchen, ist Kurzzeitseelsorge völlig frei von einem problemsuchenden Blick. Sie freut sich über das Gelingende im Leben des Anderen und verfügt mit wertschätzendem Smalltalk und aufrichtigen Komplimenten über gute Mög-

---

152 Der Begriff »Alltagsseelsorge« wurde von Eberhard Hauschildt nachhaltig geprägt. Er meint damit eine alltagsnahe Form von Seelsorge, die in normalem alltäglichem Sprachgebrauch nicht die hohe Kunst der Therapie und Verkündigung in Reinform praktiziert, sondern beides in einfachen sozusagen auf den Alltag heruntergebrochenen therapeutischen oder verkündigenden Gesprächselementen in eine weitgehend normale Unterhaltung integriert. *Eberhard Hauschildt*, Alltagsseelsorge. Eine soziolinguistische Untersuchung des pastoralen Geburtstagsbesuches, Göttingen 1996.

lichkeiten, etwas Positives zum Kohärenzgefühl[153] des Gegenübers beizu-
tragen. Und sollte das Gegenüber von sich aus (!) den Wunsch nach Lösungssuche erkennen lassen, so kann relativ einfach mit wenigen Mitteln
eine lösungsorientierte Gesprächssequenz eingebaut werden.

Ähnlich ist es bei vielen anderen alltäglichen Gesprächssituationen, sei es
bei Begegnungen auf der Straße, bei Gesprächen im Mitarbeiterkreis, bei
allen Gesprächen zwischen Tür und Angel, auch bei Gesprächen mit Kol-
legen/innen, Nachbarn, Freunden und Familie. Wobei hinzugefügt werden muss, dass das Gespräch immer auch der jeweiligen Beziehungsqualität entsprechen muss. Niemand ist der Therapeut seiner Kollegen, seiner
Nachbarn, seiner Freunde oder Familie. Wohl aber können in solchen
Gesprächen lösungssuchende Gesprächsanteile eingebaut werden. Sie bewahren eher die Augenhöhe und schützen eher vor Scham als problemfo-
kussierende Gespräche. Beachtet werden muss auch die ›hypnotische Auf-
ladung‹ der Gesprächspartner, also die innere bewusste und unbewusste
Bereitschaft, Suggestionen auf sich wirken zu lassen. Der Ärztin höre ich
anders zu als der Nachbarin, dem Supervisor anders als meiner Frau. Und
so ist auch damit zu rechnen, dass die positive Aufnahme von hilfreichen
Suggestionen abhängig ist von der Erwartungshaltung, mit der ich in ein
Gespräch gehe.[154] Das eine ist aber meines Erachtens nicht besser als das
andere. Bei weniger aufgeladenen Gesprächen bin ich womöglich nicht so
veränderungsorientiert, fühle mich dafür aber freier, die Impulse auszu-
wählen, die mir nützen. Bei aufgeladenen Gesprächen bin ich dagegen in
der Regel erfüllt von hoher Veränderungserwartung, muss mich dafür
aber gelegentlich dazu ermutigen (lassen), die Impulse auch wirklich au-
tonom darauf zu überprüfen, ob sie mir nützen. Insofern ist der Kurzzeitansatz für eine Vielzahl von hilfreichen Gesprächen in ganz unterschiedlichen Zusammenhängen geeignet. Man muss nur den Einfluss der jeweiligen Gesprächssituation und des Gesprächsanlasses im Blick behalten.

Bei Kurzzeitseelsorge geht es auch nicht in erster Linie um ein schematisches Vorgehen, obwohl eine gewisse schematische Disziplin durchaus
hilfreich sein kann, sondern es geht zuerst und zunächst um eine veränderte Grundhaltung, mit der ich lösungsorientiert in ein Gespräch gehe.
Dann kann ich je nach Gesprächssituation entscheiden, wie viele lösungsorientierte Impulse für das Gespräch hilfreich sind. Zwischen sehr
diszipliniertem Vorgehen (bei expliziten Beratungsgesprächen) und fle-
xiblem Einstreuen lösungsorientierter Gesprächselemente (in Alltagsge-
sprächen) besteht ein breites Spektrum.

---

153 Im Sinne von *Aaron Antonovsky*, Salutogenese. Zur Entmystifizierung der Gesundheit, Tübingen 1997, 33ff. Das Kohärenzgefühl besteht aus den Elementen Ver-
stehbarkeit, Handhabbarkeit und Bedeutsamkeit.
154 *Schmidt*, Liebesaffären, 146.

Bei ausdrücklich lösungssuchenden Gesprächen ist der Kurzzeitansatz aus meiner Sicht das erste Mittel der Wahl. Hier entfaltet er seine besondere Stärke. Und wie das gehen kann, habe ich in diesem Buch darzustellen versucht.

Für seelsorgerliche Gespräche im Zusammenhang von Kasualien gilt im Prinzip Ähnliches, wie ich oben zu Geburtstagsbesuchen gesagt habe: Lösungsorientierte Sequenzen lassen sich immer einfügen. Das wird natürlich im Trauergespräch anders aussehen als im Traugespräch. Aktives Trösten gehört leider nicht zum Repertoire kurzzeittherapeutischer Techniken, das muss dann schon von Herz zu Herz geschehen. Wobei es auch in Trauerprozessen insofern einen lösungsorientierten Blick geben kann, als nach Wegen und Ressourcen gemeinsam gesucht werden kann, die helfen, die Trauer zu bewältigen oder mit ihr leben zu lernen.

In bestimmten Zusammenhängen ist es auch nicht vermeidbar, dass Vorgesetzte mit ihren Mitarbeitern Gespräche führen, die seelsorgerliche Elemente enthalten. Der Theorie nach sollte das vermieden werden, in der Praxis geht das nicht immer, und es wäre manchmal auch menschlich nicht in Ordnung, das zu verweigern. Bei einem lösungs- und ressourcenorientierten Ansatz ist das zumindest aber deutlich leichter machbar, weil der in diesem Zusammenhang besonders belastende analysierende Blick auf Probleme weitgehend vermieden werden kann. Stattdessen gibt es den aufrichtenden Blick auf Potentiale.

Sehr gut geeignet ist Kurzzeitseelsorge auch für Gespräche mit Menschen aus anderen Milieus und aus anderen Kulturen.[155] Denn dieser Ansatz unterstützt ja darin, eine Wahlfreiheit für hilfreiche Unterschiede gerade auf dem Hintergrund der Milieus und der Kultur des Gegenübers aufzubauen. Dazu muss ich als Seelsorger weder das Milieu und die Kultur des Gesprächspartners teilen noch völlig verstehen. Ich muss vor allem die Fremdheit respektieren, und mich lediglich insoweit auf seine Sprache und seine Welt einlassen, dass ich dem Gegenüber helfen kann, in seinem Weltrahmen das zu finden, was für ihn hilfreich ist.

11.2 Der Gesprächspartner als Supervisor

Kurzzeitverfahren verfügen über gute Ergebnisse bei Evaluationsforschungen. Das ist zweifellos gut zu wissen. Aber ausruhen oder sich blind darauf verlassen kann man sich dennoch nicht. Denn unsere wichtigste Auswertung und Rückmeldung bekommen wir immer von unserem kon-

---

[155] Vgl. dazu den Ansatz von *Christoph Schneider-Harpprecht*, Interkulturelle Seelsorge, Göttingen 2001.

kreten Gegenüber. Er oder sie entscheiden in jedem Einzelfall, was wirksam und hilfreich ist – und was nicht. Und darum ist es am besten, von vornherein unseren Gesprächspartner in dieser Rolle zu sehen. Das hat mindestens zwei Vorteile. Erstens wird er in seiner Kompetenz wertgeschätzt, zu beurteilen, was ihm guttut. Das muss nicht in jeder Gesprächsphase ausdrücklich verbal formuliert werden, aber er wird es schon allein an unserer anderen Haltung merken. Und natürlich gibt es Gesprächsphasen, da müssen wir unseren Gesprächspartner auch direkt fragen: »War das hilfreich? Können Sie damit etwas anfangen? Möchten Sie das mal ausprobieren? Achten Sie darauf, ob es Ihnen hilft. Usw.«. Der Gesprächspartner wird auf diese Weise zum Supervisor der Seelsorge[156] und übt sich zugleich darin, sein eigener Selbstsupervisor zu werden. All das stärkt sein Gefühl für seine Selbstwirksamkeit.

Der zweite Vorteil hängt mit dem ersten unmittelbar zusammen und besteht darin, dass wir bereits im Gespräch eine kostenlose erste Supervision bekommen, und zwar unmittelbar von unserem Gesprächspartner. Dazu ist es wichtig, mit ihm in gutem Kontakt zu sein, zu spüren, ob etwas stimmig ist oder nicht. Wenn deutlich wird, dass unser Gegenüber mit dem, was wir sagen oder vorschlagen, »Bauchschmerzen« hat, so gilt es diese unmittelbar ernst zu nehmen, und entweder bestimmte Bauchschmerzen verursachende Interventionen ohne großes Aufheben links liegen zu lassen oder bei Bedarf auch ein kurzes klärendes Gespräch zu führen. In einem solchen Gespräch sollte immer mit Komplimenten (siehe oben) die Anerkennung zum Ausdruck gebracht werden, dass unser Gegenüber ein gutes Gespür für sich selbst hat. Aber bitte keine tiefschürfende Problemanalyse, warum unser Gegenüber mit etwas, was wir gesagt haben, nichts anfangen kann. Allenfalls gemeinsam nach besseren Alternativen suchen – und vielleicht erweist sich unsere »falsche« Intervention dabei im Nachhinein als guter Anstoß – sei es in Abgrenzung, sei es in Weiterentwicklung.

Ganz entscheidend ist für Kurzzeittherapie und von ihr methodisch beeinflusste Seelsorge: Es gibt keinen Widerstand![157] Was in bestimmten Verfahren als »Widerstand« bezeichnet wurde, gilt im Ansatz der Kurzzeitverfahren als gute und unerlässliche Selbstsorge unseres Gesprächspartners – und zugleich als wichtiges Feedback an uns. Es wird deutlich: Etwas passt noch nicht, etwas ist noch nicht stimmig. Der Widerstand ist also begraben – und als äußerst wertvolles Feedback wieder auferstanden. Und als etwas solches Wertvolles ist er von uns auch zu betrachten. Niemals darf darauf bestanden werden, dass wir beim Anderen etwas erkannt haben, das nach unserer professionellen Einsicht aber stimmen muss.

---

156 So formuliert *Schmidt*, Liebesaffären, 101, in Bezug auf Therapie.
157 *Isebaert*, Kurzzeittherapie, 38f.

Niemals darf darauf bestanden werden, dass eine Intervention nun aber doch die richtige ist, weil sie nachgewiesenermaßen wirksam sein soll. Selbst wenn es so wäre, was in dieser Allgemeinheit angezweifelt werden darf, so ist doch die letzte Instanz unser Gegenüber, das entscheidet, womit er oder sie etwas anfangen kann und möchte. Vielleicht müssen wir manchmal einfach aushalten, dass unser Gegenüber manches anders sieht als wir, oder dass anderes wirkt, als wir denken. Es kann durchaus sein, dass gelegentlich ganz andere Dinge sich als wirksam erweisen als die geplanten Interventionen – und manchmal sogar Dinge, die gar nicht als Intervention gedacht waren.[158] Für christliche Seelsorge mag es vielleicht eine Hilfe sein sich vorzustellen, dass nicht nur unser Gegenüber ein Recht auf seinen eigenen Weg hat, sondern dass Gott selbst sich die Freiheit nimmt, mit ihm ganz eigene und manchmal auch überraschend andere Wege zu gehen.

Sobald Sie im Seelsorgegespräch das Gefühl haben oder es auch mehr oder weniger deutlich gesagt bekommen, dass etwas nicht stimmig ist, nehmen Sie es ernst. Für mich gibt es eine einfache Faustregel: Im Zweifelsfalle lieber menschlich stimmig als methodisch korrekt! Und wenn Sie darauf achten, können Sie auch nicht so viel falsch machen. Der große Charme der Kurzzeitverfahren besteht ja gerade darin, dass Sie völlig frei sind von dem Druck, ein Experte sein zu müssen, der besser weiß, was der andere hat und braucht, als dieser selbst. Sie helfen ihm lediglich dabei, genau das selber herauszufinden.

11.3 Ist Kurzzeitseelsorge eine Form von »positivem Denken«?

Vielleicht ist Ihnen beim Lesen die Frage in den Sinn gekommen, ob das alles nicht nur eine Form von »positivem Denken« ist. Einfach nur das Positive sehen und alles Negative möglichst ausblenden, jedenfalls nicht lange dabei verharren. Eine solche Kritik möchte ich durchaus ernstnehmen. Es kann in der Tat zur Gefahr werden, die Endlichkeit und bleibende Brüchigkeit des Lebens auszublenden, auch wenn das von den Kurzzeitverfahren nicht beabsichtigt ist. Die Fragestellung der Kurzzeitverfahren ist schlicht und einfach: Was hilft? Und was hilft jetzt als erstes? Und die Antworten sind pragmatisch, pragmatisch hinsichtlich dessen, was sich als möglichst schnell wirksam erweist.

Wenn Sie jemandem, der über Bord geht, einen Rettungsring zuwerfen, würden Sie das als positives Denken bezeichnen? Oder möchten Sie erst mit ihm diskutieren, warum er nicht besser aufgepasst hat? Wenn Sie jemanden auf einer Wanderung treffen, der sich verirrt hat, und Sie zeigen

---

158 *Schlippe / Schweizer*, Lehrbuch, 293f.

ihm einen Weg, wie er dorthin kommen kann, wohin er möchte, würden Sie das als positives Denken bezeichnen? Oder möchten Sie mit ihm erst besprechen, wann er sich zum ersten Mal in seinem Leben verlaufen hat und warum er das immer wiederholen muss? Wenn Sie Ihr Kind ermutigen und bestätigen für etwas, das es alleine geschafft hat, würden Sie das als positives Denken bezeichnen? Oder möchten Sie ihm lieber alle Fehler aufzeigen, die es gemacht hat? Ich gebe zu, diese Beispiele sind suggestiv und insofern vielleicht nicht ganz fair. Aber die Beispiele zeigen, dass wir in solchen und ähnlichen Situationen sofort lösungs- und ressourcenorientiert denken. Und wir fragen uns nicht, ob wir dabei »positiv denken«. Nur bei seelischen Problemen glauben wir oftmals, wir müssten problem- und defizitorientiert vorgehen, als müssten wir unbedingt das Negative ausleuchten und dessen Ursachen genau erkunden, bevor wir etwas daran ändern können.

Kurzzeittherapie und von ihr inspirierte Seelsorge leugnet nicht, dass es Negatives gibt. Es ist ja gerade das Leiden, das Menschen veranlasst, Hilfe zu suchen. Dieses Leiden wird ernstgenommen, auch gerade dadurch, dass es nicht noch verschlimmert oder festgehalten wird, indem es im helfenden Gespräch auf wenig hilfreiche Weise einseitig problemorientiert betrachtet wird. Wenn schon, dann so, dass das »Positive« im »Negativen« gesucht wird, nicht um das Negative zu banalisieren, sondern um – bildlich gesprochen – mit den guten Steinen aus den Ruinen etwas Neues zu bauen.

In der Regel fällt aber genau diese Perspektive unseren Gesprächspartnern nicht leicht. Sie sehen oftmals nur das Negative im Negativen. Das gilt es einfühlsam ernst zu nehmen – und dennoch die Perspektive auf die gleichwohl vorhandenen Potentiale und möglichen Lösungen nicht zu verlieren. Gelingt dieser Perspektivwechsel, fühlen sich unsere Gesprächspartner sofort deutlich weniger hilflos und inkompetent. Manchmal aber bleibt uns nur übrig, stellvertretend für sie diese Hoffnungsperspektive wachzuhalten, keinesfalls argumentativ besserwisserisch, sondern als atmosphärisch wahrnehmbare Vertrauenshaltung in die Möglichkeiten unseres Gegenübers.

Wichtig dabei ist auch, sich klarzumachen, dass lösungsorientiertes Vorgehen kein erlösungsorientiertes Vorgehen ist. Wir sind und bleiben endliche Wesen, Sterbliche. Es geht also nicht um ein von allen Übeln erlöstes Leben, sondern um ein Leben, das jetzt und hier wieder weitergehen kann. Es geht nicht um die Befreiung von allen Problemen, aber um die Befreiung von lähmender Problemtrance. Insofern ist es wichtig, immer wieder deutlich zu machen, dass es keine perfekten und vollkommenen Ziele geben kann, sondern nur endliche Ziele. Die Akzeptanz von Endlichkeit ist insofern elementar wichtig.[159] Hier hat gerade Seelsorge die Möglichkeit zu dem befreienden Hinweis, dass wir Menschen sind und nicht Gott und dass wir gerade in unserer Bruchstückhaftigkeit und Begrenztheit von Gott geliebt und angenommen sind.

Und schließlich muss auch noch gesagt werden, dass es trotz allem lösungsorientierten Bemühen auch ein Scheitern geben kann, jedenfalls ein Scheitern nach menschlichen Maßstäben. Für Gott aber gibt es noch Wege, wenn wir keine mehr sehen. Wenn wir offensichtlich nichts mehr tun können, können wir jemand immer noch der Liebe Gottes anvertrauen – und so stellvertretend den Glauben aufrechterhalten, dass niemand tiefer fallen kann als in Gottes Hände.

In der Kurzzeitseelsorge, und ich denke in aller Seelsorge, geht es also nicht um ein oberflächliches »positives Denken«, sondern um das tiefe »positive Vertrauen«, dass Gott selbst der eigentliche Wegbegleiter unseres Lebens ist. Aus diesem Vertrauen heraus kann getrost und zuversichtlich das Naheliegende und das nach menschlichem Ermessen Wirksame getan werden im Wissen, dass wir im Erfolg und im Scheitern, in unseren Möglichkeiten und in unseren Grenzen von Gott getragen werden. Insofern könnte man die Grundhaltung, das Grundvertrauen der Kurzzeitseelsorge mit den Worten von Albrecht Goes zusammenfassen: »Nicht fürcht ich, fürder sei / Nicht Weg in allen Wegen / Und Heimweg nicht.«[160]

11.4 Gibt es Probleme, die nicht für Kurzzeitverfahren geeignet sind?

Wenn man die einschlägige Literatur zur Kenntnis nimmt, so sieht man, dass so gut wie alle gängigen »Krankheitsbilder« damit behandelt werden – auch sog. schwere klinische »Krankheitsbilder«. Und wenn man den Autoren glauben kann, dann geschieht dies in der Regel durchaus erfolgreich. Das liegt vermutlich unter anderem daran, dass auch in diesen »schweren« Fällen die Menschen so genommen und wertgeschätzt werden, wie sie sind. Ihre Welt und ihr Erleben werden ernstgenommen (im Sinne von »pacen«), und eben auch ihre offensichtlichen oder verborgenen Kompetenzen. Und von dem Punkt aus, an dem das Gegenüber steht, werden dann mit ihm gemeinsam stimmige Ziele formuliert und zu seinem konkreten Leben passende Lösungen konstruiert. Pathologie spielt dabei in der Regel keine Rolle, wohl aber der Blick auf genau die Potentiale und Ressourcen, die der jeweilige Mensch – trotz aller Einschränkungen – immer noch hat oder vielleicht sogar auf besondere Weise hat.

---

[159] So auch Gunther Schmidt in einem Vortrag.
[160] Aus dem Gedicht »Nicht stürzt«, zitiert nach *Herbert Vinçon*, Ich suche dich. Ein Gebetbuch für jeden Tag, Neukirchen-Vluyn 2001, 13.

Die Frage der Konkurrenz zwischen Kurzzeitverfahren und Langzeitverfahren soll hier nicht diskutiert werden. Ich gehe davon aus, dass beide ihre Berechtigung haben. Wer hier gerne ein definitives Urteil hätte, wird sich vermutlich auf einen Standpunkt stellen, der ihm ohnehin aus verschiedenen Gründen persönlich nahe liegt. Meist findet man dafür auch gute Gründe. Mein Eindruck ist, dass das fachliche Ringen darum, ob das Langzeit- oder das Kurzzeitparadigma besser ist, noch nicht definitiv abgeschlossen ist, und vielleicht auch nicht abschließbar ist. Das liegt vermutlich auch an der zu Beginn dieses Buches gemachten Feststellung, dass der Mensch eben nicht ergründlich ist – und dass man, je nachdem welche Brille man aufsetzt, durchaus Unterschiedliches sehen kann. Unsere Wahrnehmung, so lehrt auch der Konstruktivismus, ist nie objektiv – und auch nie frei von Interesse. »To a man with a hammer, everything looks like a nail.« (Mark Twain) Mein Vorschlag ist daher in Anlehnung an De Shazer, in aller Bescheidenheit das zu tun, was funktioniert, und, so würde ich ergänzen, das zu tun, was in dem Rahmen, in dem wir stehen, machbar, realistisch und sinnvoll ist. Und da Kurzzeitverfahren sowohl funktionieren als auch in Zusammenhängen sich anbieten, in denen weder der Ratsuchende noch der Ratgebende viel Zeit investieren wollen und können, so scheint es mir doch aus guten Gründen das erste Mittel der Wahl für alltagsnahe Seelsorge. Und zwar zunächst einmal unabhängig von den »Krankheitsbildern«, die angeblich oder zu Recht jemand zugeschrieben werden. Wer zur Seelsorge kommt, dem darf mit Krankheitsbildern nicht der Zugang verwehrt werden. Einfühlsames Pacen und Suchen nach den Lösungen, die für den Anderen gangbar sind, ist das, was Sie jedem anbieten können. Wenn sich jemand in seinem biographischen Gewordensein besser verstehen möchte, wenn jemand regelmäßige Begleitung und emotionale Rückenstärkung braucht, wenn jemand ein tiefgründiges Verstehen seines Problems wichtig ist, wenn jemand längerfristig am Modell eines Therapeuten lernen möchte, oder was auch immer in eine solche Richtung geht, dann ist er ja – zurecht – frei, entsprechende Angebote aufzusuchen. Und es ist gut, wenn er sie dann auch findet. Und immer dann, wenn in Kurzzeitseelsorge dieses Bedürfnis erkennbar werden sollte, kann es eine mögliche »Lösung« sein, den Gesprächspartner bei der Suche und Auswahl entsprechender Angebote zu unterstützen.

Aus meiner Sicht gibt es also kein fixes Diagnoseraster, mit dem man als »Fachfrau/mann« von vornherein sagen könnte: Hier geht Kurzzeitseelsorge definitiv nicht. Anders gesagt: Mit lösungsorientierter Kurzzeitseelsorge anzufangen geht immer.[161] Es wird dabei erkennbar werden, welche Ziele unser Gegenüber für sich selbst erreichen möchte und mit welchen

---

161 So *Bamberger*, Beratung, 201, mit Verweis auf einen Vorschlag von *Peter Kaimer*, Lösungsorientiert zuerst! Ein Vorschlag, in: Verhaltenstherapie und psychosoziale Praxis, 1995.

Schritten er sich auf eine Lösung zubewegen kann. Wenn dies auf eine für unser Gegenüber zufriedenstellende Weise gelingt, dann hat Kurzzeitseelsorge ihren Sinn erfüllt. Wenn dies jedoch nicht gelingt, dann macht es keinen Sinn, unbegrenzt einfach weiterzumachen. Wenn spätestens nach dem fünften Termin noch nicht erkennbar geworden ist, dass unser Gegenüber hilfreiche Veränderungen für sich feststellen kann, sollte geklärt werden, wie es weitergeht. Dabei geht es vor allem um folgende Fragen: Soll nun an jemand anderen delegiert werden, oder möchten Sie selbst eine weitere Begleitung übernehmen? An wen und auf welche Weise soll delegiert werden? Und wenn Sie selbst bereit sind weiterzuarbeiten, was können Sie dafür anbieten? Und ist das, was Sie anbieten können, auch das, was Ihr Gegenüber haben möchte? Darüber sollte ganz offen gesprochen werden. Wichtig ist, dass das Gespräch zweierlei vermittelt: einmal, dass Sie selbst für die eigene Endlichkeit gegenüber dem Gesprächspartner die Verantwortung übernehmen und den Mangel an Erfolg nicht einfach dem Unvermögen oder dem Unwillen des Anderen zuschreiben. »Offensichtlich war das, was ich Ihnen bislang anbieten konnte, für Sie nicht wirklich hilfreich. Das tut mir leid. Lassen Sie uns gemeinsam überlegen, wie es weitergehen kann.« Sodann wäre wichtig, dass die Tür der Hoffnung auf hilfreiche Veränderung nicht zugeschlagen, sondern offengehalten wird. Entweder in dem man anbietet, selbst mit dem Gegenüber weiterzuarbeiten. Dann muss aber neu verhandelt werden, wie das aussehen soll. Das ist eine Option für Seelsorger, die dafür Zeit und Möglichkeit haben, und vor allem auch für jene, die die Kompetenz besitzen, langfristige Begleitungsformen anzubieten. Das wird aber in vielen Fällen alltäglicher Seelsorge die Ausnahme bleiben. Häufiger, realistischer und in vielen Fällen auch empfehlenswerter wird es sein, den Gesprächspartner weiterzuvermitteln.

11.5 Wann können und sollten Sie delegieren?

Weitervermittlung an jemand Anderen ist nicht ganz einfach und ein heikles Thema, das behutsam angegangen werden muss. Sehr wichtig dabei ist, auf die unterschwelligen (quasi hypnotisch wirkenden) Subtexte zu achten, die ausgelöst werden können. Wer gleich zu Beginn von Delegation spricht, vermittelt dem Anderen das Gefühl, dass es erstens ein Fehler war, vom Seelsorger überhaupt Hilfe zu erwarten, weil zweitens sein Problem offensichtlich so groß ist, dass er gleich zum richtigen Fachmann weitergeschickt werden muss. Der Subtext kann aber auch lauten: Dem Seelsorger ist es offensichtlich unangenehm, sich mit mir zu beschäftigen, deswegen schickt er mich gleich weiter. Die sofortige Delegation schon beim ersten Kontakt ist meines Erachtens nur erlaubt, wenn der Seelsorger beim besten Willen keine Zeit und Möglichkeit sieht. Dann aber muss die Delegation so ausgesprochen werden, dass klar ist, dass es nicht am Problem des Gegenübers liegt, sondern an der eigenen zeitlichen oder sonstigen Begrenzung. »Gerne würde ich mit Ihnen sprechen. Aber aus dem und dem Grund geht das bei mir leider nicht. Das bedaure ich sehr. Deswegen würde ich Sie bitten, sich an den/die Kollegen/in N.N. zu wenden. Ich gebe Ihnen gleich die Rufnummer.« Das wird aber vermutlich die Ausnahme bleiben. Auf keinen Fall sollte dem Gegenüber vermittelt werden, er habe offensichtlich ein so großes Problem, dass sich der Seelsorger nicht in der Lage sieht, ihm zu helfen. Natürlich wird er dann sofort schlussfolgern: »Wie schlimm muss es mit mir stehen!«. Das ist nicht unbedingt hilfreich.

Auch Überforderung des Seelsorgers ist ein denkbarer Grund zur Delegation. Ob ein Problem allerdings wirklich so beschaffen ist, dass er sich zu Recht überfordert fühlt, wird er in der Regel erst erkennen können, wenn er sich zumindest auf ein kurzzeitseelsorgerliches Gespräch eingelassen hat. Oft wird sich zeigen, dass es doch Ausnahmen, Zielvorstellungen und gangbare kleine Lösungsschritte gibt, die einen Ansatz zur gemeinsamen Arbeit bieten. Sollte es aber wirklich der Fall sein, dass sich der Seelsorger von einer Problemlage – aus welchem Grund auch immer – überfordert fühlt, muss die Delegation sehr wertschätzend formuliert werden, möglichst so, dass das Gegenüber nicht entmutigt, sondern hoffnungsvoll woanders um Hilfe ersucht wird. »Mir liegt sehr daran, dass Ihnen geholfen wird. Und ich gehe fest davon aus, dass das möglich ist. Nur leider merke ich, dass ich aus dem und dem Grund, der bei mir liegt, mich nicht in der Lage sehe, Ihnen bei Ihrem Anliegen möglichst schnell und effektiv zu helfen. Das tut mir leid. Denn Ihnen soll ja schnell geholfen werden. Daher würde ich gerne mit Ihnen gemeinsam überlegen, wer für Sie hilfreich sein könnte.« Auch diese Form der Delegation sollte die Ausnahme bleiben.

Delegation sollte üblicherweise erst dann ins Auge gefasst werden, wenn – wie oben schon angedeutet – nach einer bestimmten Anzahl von Terminen keine Veränderung eingetreten ist.[162] Spätestens nach etwa fünf Terminen wird das erkennbar sein. Wenn die Termine im Abstand von vier Wochen gegeben wurden, dann sind das ja auch immerhin schon vier Monate. Dann muss das klar benannt werden. »Wir haben uns nun schon fünfmal getroffen. Nach dem, was Sie mir berichten, war das, was wir hier gemeinsam versucht haben, in keiner Weise hilfreich. Sehe ich das richtig? Falls ja, könnte es daran liegen, dass ich mit dem, was ich Ihnen anbieten kann, möglicherweise nicht der Richtige für Sie bin. Würde es in Ihren Augen Sinn machen zu überlegen, ob Sie lieber mit jemand anderem weitermachen möchten? Wir können ganz offen dar-

---

162 Vgl. bei *Prior*, Beratung und Therapie, 105 das mündliche Zitat von Dorothea Thomassen.

über reden, denn es geht ja nicht um mich, sondern darum, dass Sie die Hilfe bekommen, die Sie wirklich weiterbringt.« Ohne Scham und ohne Entmutigung auszulösen, muss dann überlegt werden, von wem unser Gegenüber weitere Hilfe erwarten kann. Empfehlungen können dabei hilfreich sein, können aber auch als subtile Verpflichtung wahrgenommen werden, sich auf den Empfohlenen (unkritisch) einzulassen.

So weit zu diesem Thema, das um der Endlichkeit und Begrenztheit unserer Bemühungen willen notwendig dazugehört. Aber ich wünsche Ihnen die Erfahrung, dass konsequent lösungsorientiertes Arbeiten oftmals gar keine Delegation erforderlich macht. Das werden Sie daran merken, dass recht schnell hilfreiche Veränderungen eintreten können, aus denen Ihr Gegenüber Hoffnung schöpft und die ihn ermutigen, seinen Weg weiterzugehen. Das Ziel wird auch hier in der Regel darin bestehen, dass Ihr Gegenüber mit den Veränderungen zufrieden ist, nicht darin, dass die Veränderungen perfekt sind und ihn von allen Anfechtungen der Endlichkeit für immer befreien.

12 Ein Anfang ist gemacht

Es war die Absicht dieses Buches, Sie in die Grundgedanken einer Kurzzeitseelsorge einzuführen, die methodisch auf den Konzepten von Kurzzeittherapie basiert. Zugleich sollte Ihnen damit etwas an die Hand gegeben werden, das Ihnen hilft, Kurzzeitseelsorge einzuüben und auch schon konkret damit anzufangen.

Zum Schluss soll nun noch kurz aufgezeigt werden, wie die nächsten Schritte aussehen können, wenn Sie sich entscheiden, das Konzept der Kurzzeitseelsorge für sich weiter zu verfolgen.

12.1 Nächste Schritte

Vielleicht haben Sie die eingestreuten Übungen schon gemacht. Zumindest die Eigenreflexionen sind dafür geeignet, sich bereits beim Lesen damit zu beschäftigen. Zum Üben in Rollenspielen oder zum kollegialen Austausch müssen Sie sich natürlich erst verabreden. Ich finde, das geht mit allen Kollegen/innen, mit denen Sie sich solche gemeinsamen Übungen und einen offenen Austausch darüber vorstellen können. Einen Supervisor brauchen Sie dazu nicht. Sie können sich selbst gegenseitig hilfreiche Rückmeldungen geben. Es geht ja bei diesen Übungen gerade nicht darum, in die Untiefen der eigenen Konflikte abzusteigen oder diffizile systemische Probleme zu analysieren. Es geht schlicht darum, gemeinsam auszuprobieren und herauszufinden, wie bestimme Interventionen funktionieren könnten.

Denn ähnlich wie Ihre Gesprächspartner in der Seelsorge stehen auch Sie vor der spannenden Aufgabe, selbst herauszufinden, was Sie bei bestimmten Interventionen empfinden, was Sie als hilfreich erleben, was Sie letztlich überzeugt oder Sie zumindest so weit anspricht, dass Sie sich vorstellen können, es auch mal »in echt« auszuprobieren. Hoffentlich erleben Sie dann beim gemeinsamen Üben, wie sich eine experimentierfreudige und lösungsorientierte Atmosphäre anfühlen kann.

Der Übungscharakter beschränkt sich übrigens nicht nur auf Eigenreflexion, Rollenspiele und kollegialen Austausch, so wichtig und hilfreich das sein kann. Der Übungscharakter bleibt in diesem Konzept ein Leben lang erhalten. Das liegt daran, dass jeder Gesprächspartner einmalig ist und selbst bei bewährten Standardinterventionen immer überprüft werden muss, ob sie für diesen konkreten Menschen auch wirklich hilfreich sind oder ob etwas anderes gemacht werden sollte. Und der Übungscharakter bleibt auch darin bestehen, dass wir den Gesprächspartner immer auch als kompetenten Übungspartner betrachten können. Nicht nur wir versuchen, ihm zu helfen, auch er wird uns helfen, immer wieder herauszufinden, wie wir auf gute Weise hilfreich sein können.

Natürlich befreit uns das nicht von der Aufgabe, uns auch ganz grundsätzlich weiterzubilden und damit unseren Möglichkeitsraum zu erweitern. Aus meiner Sicht können Sie aber bereits jetzt anfangen, kurzzeitseelsorgliche Methoden auszuprobieren. Voraussetzung ist lediglich, dass Sie auf wertschätzende und respektvolle Weise mit Ihrem Gegenüber umgehen und ihm nichts angedeihen lassen, was Ihr Gegenüber nicht selbst als für stimmig befunden für sich übernehmen und ausprobieren möchte. Seelsorger, die bereits eine therapeutische oder pastoralpsychologische Ausbildung haben, haben einen Vorteil und einen Nachteil. Der Vorteil ist, dass sie eine Grundlage besitzen, die eine stabile Basis bietet, um auch Neues auszuprobieren. Der Nachteil kann sein, dass sie für dieses Neue stärker umdenken müssen oder zwischen Alt und Neu auch Widersprüche empfinden mögen. Es kann aber sehr interessant sein, solche Spannungen als offene Frage zu leben und neugierig zu sein, welche Antworten Sie finden werden.

Wer daran interessiert ist, wird für Kurzzeittherapie und Kurzzeitseelsorge auch Fortbildungsmöglichkeiten finden. Für dezidierte Kurzzeitseelsorge gibt es (noch) nicht so viel. Hervorzuheben sind insbesondere die Angebote, die auf Initiative von Timm H. Lohse entstanden sind. Im säkularen Bereich gibt es dagegen sehr viele und auch sehr unterschiedliche Angebote, und da müssen Sie einfach schauen, was Sie anspricht. Bleiben sie dabei einerseits neugierig, aber auch kritisch.

Und es gibt natürlich eine ganze Menge Literatur, die Sie lesen können, wenn Sie sich weiter vertiefen möchten. In diesem Buch habe ich versucht, mich auf Themen und Anregungen zu beschränken, die mir wesentlich erschienen. Aber der Fundus dessen, was wir an Ideen und Konzepten für die Kurzzeitseelsorge übernehmen können, ist damit noch längst nicht erschöpft. Es gibt eine reichhaltige Fülle an weiteren Ideen und – bei näherem Betrachten – auch durchaus unterschiedliche kurzzeittherapeutische Nuancierungen. Und es lohnt sich immer, auch die Texte der »Erfinder« selbst zu lesen.

12.2 Lektüreempfehlung

An dieser Stelle möchte ich Ihnen aus meiner Sicht wichtige Literatur nennen. Es ist im Wesentlichen die Literatur, mit der ich selbst gearbeitet habe. Ich beschränke mich dabei auf je ein oder zwei einführende Bücher für jedes Konzept und auf einige weiterführende Bücher, für alle, die sich vertieft mit dem Thema beschäftigen möchten. Ein kleiner Kommentar soll Ihnen helfen, einzuschätzen, ob das Buch für Sie interessant sein könnte. (Der **Fettdruck** soll helfen, die abgekürzt zitierten Bücher schnell zu finden).

Praxishandbuch

Bamberger, Günter G., Lösungsorientierte **Beratung**. Praxishandbuch, Weinheim 1999, 2001 (2. völlig neu bearbeitete und erweiterte Auflage) – *Eine gute praxisnahe Einführung in lösungsorientierte Kurzberatung, vor allem nach De Shazer. Gut geeignet für alle, die gerne gleich praxisorientiert weiterlesen wollen.*

Der geistige Vater der Kurzzeitverfahren: Milton Erickson

a) Einführung

Zeig, Jeffrey K., **Einzelunterricht** bei Erickson. Hypnotherapeutische Lektionen bei Milton H. Erickson, Heidelberg 2002, 2005 (2. Auflage) – *Einer der bekanntesten Schüler Ericksons erzählt, was und wie er bei ihm gelernt hat. Eine gute Einführung in die Ericksonsche Denk- und Arbeitsweise.*

b) Vertiefung

Rosen, Sidney (Hg.), Die **Lehrgeschichten** von Milton H. Erickson, Salzhausen 2013 (10. Auflage). – *Dieses Buch enthält Geschichten (Fallbeispiele), die Erickson selbst erzählt hat. Die Geschichten zeigen, wie er arbeitet, und zugleich sind diese Geschichten wiederum »Instrumente« seiner Arbeit.*

Haley, Jay, Die **Psychotherapie** Milton H. Ericksons, Stuttgart 2006. – *Das Buch beschreibt anhand vieler Beispiele das therapeutische Vorgehen Milton Ericksons – thematisch sortiert nach dem menschlichen Lebenszyklus, also von der Jugend bis zum Alter.*

Neurolinguistisches Programmieren (NLP)

a) Einführung

O'Connor, Joseph / **Seymour**, John, Neurolinguistisches Programmieren: Gelungene Kommunikation und persönliche Entfaltung, Kirchzarten bei Freiburg 1992, 2004 (14. Auflage) – *Ein sehr gutes Einführungs- und Lehrbuch des NLP*

b) Vertiefung

Bandler, Richard / Grinder, John: Kommunikation und Veränderung. Struktur der Magie II, Paderborn 1982, 2001 (8. Auflage) [1976] – *Hier wird vor allem das NLP-Konzept der »Repräsentationssysteme« entwickelt, also der Frage, wie Erfahrungen im Menschen gespeichert (»repräsentiert«) werden und wie sie wieder abgerufen werden können.*

Bandler, Richard / Grinder, John, Metasprache und Psychotherapie. Struktur der Magie I. Paderborn (Junfermann) 1981, 2001 (10. Auflage) [1975] – *Hier entwickeln die Autoren in Auseinandersetzung mit der Transformations-Grammatik ein Meta-Modell menschlicher Kommunikation und deren Entschlüsselung. Es bildet die zweite wichtige Säule des NLP.*

Bandler, Richard / Grinder, John: Neue Wege der Kurzzeit-Therapie. Neurolinguistische Programme, Paderborn 1981, 2001 (13. Auflage) [Frogs into Princes, 1979] – *Das Buch bietet einen »umfassenden Überblick« (Buchrückseite) über NLP, vor allem zu den Themen »Repräsentationssysteme«, »Ankern« und »Reframing«.*

Bandler, Richard / Grinder, John, Patterns. Muster der hypnotischen Techniken Milton H. Ericksons. Paderborn 1996, 2005 (3. Auflage) [1975] – *Hier untersuchen und modellieren die Autoren die Arbeit von Milton Erickson. Das Buch enthält auch Aufsätze von Erickson selbst. Es bildet die erste wichtige Säule des NLP.*

Bandler, Richard / **Grinder**, John, **Reframing**. Ein ökologischer Ansatz in der Psychotherapie (NLP), Paderborn 1985, 2000 (7. Auflage) [1982] – *In diesem Buch wird die Technik des »Reframing«, wie sie vom NLP weiterentwickelt wurde, ausführlich dargestellt.*

Walker, Klaus, Abenteuer Kommunikation. Bateson, Perls, Satir, Erickson und die Anfänge des Neurolinguistischen Programmierens (NLP), Stuttgart 1996, 2010 (5. Auflage) – *Dieses Buch zeichnet den Entstehungsprozess des NLP nach und gibt dazu solide und fundierte Informationen. Es wird sichtbar, dass NLP vom Ursprung her ein seriöses wissenschaftliches Verfahren ist.*

Lösungsorientierte Kurzzeittherapie nach De Shazer

a) Einführung

De Jong, Peter / **Berg**, Insoo Kim, **Lösungen** (er-)finden. Das Werkstattbuch der lösungsorientierten Kurztherapie, Dortmund 1998, 2003 (5. verbesserte und erweiterte Auflage) – *Ein sehr praxisnahes und gut lesbares*

Buch, sehr empfehlenswert. Die Co-Autorin I.K. Berg ist die Ehefrau von De Shazer und hat den Ansatz mitentwickelt.

Stollnberger, Verena: **Ausnahmen**, Skalen, Komplimente. Der lösungs-fokussierte Ansatz nach Steve de Shazer und Insoo Kim Berg. Marburg 2009 – *Ein sehr fundiertes Buch, das als Sekundärliteratur gut zur Einfüh-rung in den lösungsorientierten Ansatz geeignet ist.*

b) Vertiefung

De Shazer, Steve / **Dolan**, Yvonne, Mehr als ein **Wunder**. Lösungsfokus-sierte Kurztherapie heute, Heidelberg 2008. [More than Miracles, 2007] – *Das letzte Buch, an dem De Shazer mitgewirkt hat. Eine Art Bilanz kurz vor seinem Tod. Zu Beginn gibt es eine gute und kurze Zusammenfassung des ausgereiften Konzeptes der lösungsfokussierten Kurztherapie (S. 22–42).*

De Shazer, Steve, Das **Spiel** mit den Unterschieden. Wie therapeutische Lösungen lösen, Heidelberg 1992, 2009 (6. Auflage) [Putting Differenz to Work, 1991]. – *Das dritte wichtige Buch, in welchem De Shazer seinen entwickelten Ansatz nun nochmals selbst reflektiert, unter anderem mit syste-mischen und sprachphilosophischen Erwägungen. Er konkretisiert seine Ge-danken im zweiten Teil mit vielen Fallbeispielen.*

De Shazer, Steve, Der **Dreh**. Überraschende Wendungen und Lösungen in der Kurzzeittherapie, Heidelberg 1988, 2004 (8. Auflage) [Clues, In-vestigating Solutions in Brief Therapy, 1988] – *Das zweite wichtige Buch, in welchem De Shazer seinen eigenen Ansatz weiterentwickelt.*

De Shazer, Steve, Muster familien-therapeutischer Kurzzeit-Therapie, Heidelberg 2012 [Patterns of Brief Family Therapy – an Ecosystemic Approach, 1982] – *Dieses Buch bildet nach De Shazers eigener Einschät-zung den Endpunkt seiner früheren problemfokussierten Sichtweise, allerdings mit ersten Aspekten, die den Übergang zu seinem späteren lösungsfokussierten Ansatz vorbereiten. Das Buch ist insofern vor allem »historisch« interessant.*

De Shazer, Steve, Wege der erfolgreichen **Kurztherapie**. Stuttgart 1989, 2003 (8. Auflage) [Keys to Solution in Brief Therapy, 1985] – *Das erste wichtige Buch, in dem der Autor seinen eigenen Ansatz formuliert. Deutlich erkennbar ist, wie er seinen Ansatz aus bisherigen Konzepten der systemischen Familientherapie herausarbeitet. Sein wichtigster Gewährsmann ist Milton Erickson.*

De Shazer, Steve, **Worte** waren ursprünglich Zauber, Dortmund 1996 [Words were Originally Magic, 1994] – *In diesem Buch argumentiert der Autor sehr stark (sprach-)philosophisch mit Bezug auf Wittgenstein. Außerdem bietet er komplette und lange Fallbeispiele.*

Walter, John L. / **Peller**, Jane E., Lösungs-orientierte **Kurztherapie**. Ein Lehr- und Lernbuch, Dortmund 1994, 2004 (6. unveränderte Auflage) – *Ebenfalls ein hilfreiches Buch zur Einführung in den lösungsorientierten Ansatz. Manchmal merkt man dem Buch die Übersetzung aus dem Englischen noch etwas an.*

Das hypno-systemische Verfahren nach Gunther Schmidt

a) Einführung

Schmidt, Gunther, **Einführung** in die hypnosystemische Therapie und Beratung, Heidelberg 2005 – *Kurzfassung seines Ansatzes, kompakt und konzentriert.*

b) Vertiefung

Schmidt, Gunther, **Liebesaffären** zwischen Problem und Lösung. Hypnosystemisches Arbeiten in schwierigen Kontexten, Heidelberg 2004 – *Das entscheidende Buch von G. Schmidt, in dem er sein Verfahren entwickelt. Gut lesbar. Das Buch ist länger als die von Schmidt selbst geschriebene Kurzfassung (s.o.), aber andererseits ist die lebendige Entwicklung der Gedanken für interessierte Leser leichter nachvollziehbar.*

Leeb, Werner A. / Trenkle, Bernhard / Weckenmann, Martin F. (Hg.), Der Realitätenkellner. Hypnosystemische Konzepte in Beratung, Coaching und Supervision, Heidelberg 2011 – *Ein Aufsatzband als Hommage an G. Schmidt. Enthält eine Sammlung z.T. interessanter Aufsätze über Grundlagen, Anwendung und Methoden.*

Schmidt, Gunther / Dollinger, Anna / Müller-Kalthoff, Björn (Hg.), **Gut beraten** in der Krise. Konzepte und Werkzeuge für ganz alltägliche Ausnahmesituationen, Bonn 2010 – *Ein Aufsatzband, der die verschiedenen praktischen Anwendungsmöglichkeiten des Ansatzes illustriert (z.T. Seminarkonzepte).*

Schmidt, Gunther, Wie hypnotisieren wir uns erfolgreich im Alltag – Einführung in hypnosystemisches Empowerment. **DVD**. Hg. von Bernd Ulrich, Müllheim/Baden 2011. – *Die DVD enthält den Videomitschnitt eines knapp dreistündigen Vortrags zu wichtigen Konzepten der hypno-systemischen Therapie mit vielen anschaulich erzählten Beispielen – und immer auch mit einem Schuss Humor.*

Das »Brügger«-Modell von Luc Isebaert

Isebaert, Luc, **Kurzzeittherapie** – ein praktisches Handbuch. Die gesundheitsorientierte kognitive Therapie, Stuttgart 2005. – *Das einzige, aber sehr gute Buch von Luc Isebaert. Gut lesbar, mit vielen Anwendungshinweisen.*

Das Kurzgespräch nach Timm H. Lohse

a) Einführung

Lohse, Timm H., Das **Kurzgespräch** in Seelsorge und Beratung. Eine methodische Anleitung, Göttingen 2003 – *Das Buch, das der Kurzzeitseelsorge in Deutschland zum ersten Mal zum Durchbruch verhalf. Sehr praxisnah.*

b) Vertiefung

Lohse, Timm H., Das **Trainingsbuch** zum Kurzgespräch. Ein Werkbuch für die seelsorgerliche Praxis, Göttingen 2006 – *Wie der Titel schon sagt: ein Trainingsbuch. Gut geeignet, um den Ansatz von Lohse zu vertiefen und zu üben.*

Lohse, Timm H., **Grundlagen** des Kurzgesprächs: Kenntnisse und Fertigkeiten für ein bündiges Beratungsgespräch, (Books on Demand) 2012. – *Eine Nachlieferung von Theorie. Lohse orientiert sich dabei an sprachphilosophischen und kommunikationswissenschaftlichen Konzepten.*

Manfred Prior

Prior, Manfred, **Beratung und Therapie** optimal vorbereiten. Informationen und Interventionen vor dem ersten Gespräch, Heidelberg 2006, 2008 (3. Auflage) – *Das Buch bietet gute Gedanken darüber, wie man schon beim Erstkontakt oder einer Terminvereinbarung hilfreiche Impulse setzen kann.*

Prior, Manfred, **Mini-Max-Interventionen**. 15 minimale Interventionen mit maximaler Wirkung, Heidelberg 2002, 2009 (8. Auflage) – *Das Buch fokussiert insbesondere auf sprachliche Suggestionen und fasst damit viele Kurzzeitinterventionen nochmals praxistauglich zusammen.*

Systemtheorie und Konstruktivismus

Simon, Fritz B., Einführung in **Systemtheorie und Konstruktivismus**, Heidelberg 2006 – *Eine prägnante Einführung in beide Theorien, die als Referenztheorien für Kurzzeitverfahren wichtig geworden sind. Dicht geschrieben. Selbst die Autoren empfehlen zweifache Lektüre.*

Weitere Literatur zur Vertiefung und Weiterarbeit

Hesse, Joachim (Hg.), Systemisch-lösungsorientierte Kurzzeittherapie, Göttingen 1997. *Dieses Buch enthält Vorträge der Pioniere auf einem Symposium, das 1995 in Köln stattfand. Hier finden Sie kurze und gut lesbare Darstellungen des je eigenen Ansatzes – zum damaligen Zeitpunkt –, insbesondere von Watzlawik, de Shazer, Schmidt, Isebaert und einigen anderen.*

Sehr geeignet als Einführung in die Grundgedanken. Nachteil: nur noch antiquarisch zu beziehen oder über Bibliotheken ausleihbar.

Schlippe, Arist von / **Schweizer,** Jochen, **Lehrbuch** der systemischen Therapie und Beratung. Göttingen 2007 (10. Auflage). *Dieses Lehrbuch behandelt die systemischen Therapiekonzepte insgesamt. Deswegen ist es relativ komplex und geht weit über Kurzzeitverfahren hinaus. Es ist aber für alle interessant, die Kurzzeitverfahren unter der ›Familienverwandtschaft‹ der systemischen Verfahren betrachten möchten. Wichtige Grundprinzipien und Konzepte, die zum Teil auch für Kurzzeitverfahren gelten, werden anschaulich erläutert.*

Theobold, Rolf, Zwischen **Smalltalk** und Therapie. Kurzzeitseelsorge in der Gemeinde, Neukirchen-Vluyn 2013. *Diese Dissertationsschrift liegt dem hier dargestellten Konzept von Kurzzeitseelsorge zugrunde. Diese Arbeit ist vergleichsweise gut lesbar und geeignet, um den wissenschaftlichen Hintergrund dieser Kurzzeitseelsorge näher kennenzulernen. Die Arbeit wurde betreut von Michael Klessmann.*

12.3 Entwickeln Sie Ihre eigene Kurzzeitseelsorge

Prüfen Sie immer, ob Sie mit den Anregungen dieses Buches oder auch der zur Lektüre empfohlenen Bücher etwas anfangen können. Das tun Sie vermutlich sowieso. Ich möchte Ihnen aber sagen, dass dies ausdrücklich in meinem Interesse liegt und auch dem »dienenden« und »demütigen« Grundkonzept des Kurzzeitansatzes entspricht. Es nützt nämlich überhaupt nichts, eine Idee oder eine Intervention auszuprobieren, die Sie in einem Buch gelesen haben, die angeblich »richtig« sein soll, die sich aber für Sie nicht stimmig anfühlt oder die Sie aus anderen Gründen nicht überzeugt. In dem vom Konstruktivismus geprägten Kurzzeitansatz gibt es sowieso nichts »Richtiges«, nur mehr oder weniger »Nützliches« und »Hilfreiches«. Und genauso wie alle unsere Gesprächspartner herausfinden müssen, was für sie selbst hilfreich und nützlich ist, so müssen auch Sie als Seelsorger/in für sich herausfinden, was für Sie nützlich und hilfreich ist. Dazu konnte ich in diesem Buch allenfalls »Anregungen« geben und »Einladungen« formulieren. Und es würde mich in der Tat freuen, wenn Sie lustvoll und experimentierfreudig das ausprobieren und üben, was Sie angesprochen hat. Aber Sie bestimmen die Ziele, Sie entscheiden, was passend ist, Sie entscheiden, welche Schritte Sie gehen möchten. Dabei gilt die Ermutigung von De Shazer: Wenn etwas funktioniert, machen Sie es weiter! Wenn etwas nicht funktioniert, machen Sie es anders oder machen Sie etwas anderes!

Übung

– Wenden Sie die Standardaufgabe der 1. Sitzung (siehe oben Kapitel 10.1.2) auf Ihre bisherige Seelsorgearbeit an. Was empfinden Sie als so gut und nützlich, so dass Sie es auf jeden Fall beibehalten möchten? Machen Sie sich selbst ein Kompliment für das, was Sie dabei herausfinden.

– Wenn Sie bislang schon therapeutische Konzepte in Ihre Seelsorgearbeit integriert haben, ergänzen Sie die erste Frage entsprechend: Welche Konzepte möchten Sie auf jeden Fall beibehalten?

– Welche Ideen und Konzepte aus diesem Buch haben Sie angesprochen? Was davon möchten Sie in Ihre Seelsorgearbeit übernehmen?

– Notieren Sie sich, in übersichtlicher Form, ein paar grundlegende kurzzeitseelsorgerliche »Faustregeln«, die Sie als »Handgepäck« immer dabei haben möchten. (Alles andere lässt sich bei Bedarf ja auch immer mal wieder nachlesen).

– Geraten Sie durch Übernahme kurzzeittherapeutischer Konzepte in Widerspruch zu bisherigen Konzepten, die Sie beibehalten möchten? Wenn ja, wie könnten Sie das lösen? Wäre »sowohl / als auch« eine Lösung? Wann ja, wann »sowohl« und wann »als auch«?

– Haben sich für Sie in Bezug auf das Thema »Glauben« in der Seelsorge neue Aspekte ergeben? Wenn ja, welche?

– Wenn für Sie kurzzeitseelsorgerliches Arbeiten ein attraktives Ziel ist, das Sie anstreben möchten, sei es als ausschließlichen Arbeitsstil, sei es ergänzend zu Ihrem bisherigen Arbeitsstil, skalieren Sie Ihren jetzigen Stand. 10 wäre es, wenn Sie Ihr Ziel in absoluter Perfektion erreicht hätten, 0 wäre der Punkt, an dem Sie sich zum ersten Mal entschieden haben, kurzzeitseelsorglich zu arbeiten. Mit welcher Punktzahl wären Sie zufrieden, so dass Sie sagen können, jetzt kann ich es gut genug? Woran würden Sie (und andere) das erkennen? An welchem Punkt befinden Sie sich jetzt? Was hat Ihnen geholfen, an diesen Punkt zu kommen? Und was noch? Was wäre der nächste überschaubare kleine Schritt, um einen halben oder vielleicht sogar einen ganzen Punkt weiter zu kommen?